Die Legitimation der strafbewehrten Verschreibungspflicht bei Arzneimitteln

Europäische Hochschulschriften

European University Studies

Publications Universitaires Européennes

Reihe II	**Rechtswissenschaft**
Series II	Law
Série II	Droit

Band/Volume **6017**

Katja Bolender

Die Legitimation der strafbewehrten Verschreibungspflicht bei Arzneimitteln

PETER LANG

Bibliografische Information der Deutschen Nationalbibliothek
Die Deutsche Nationalbibliothek verzeichnet diese Publikation in der Deutschen Nationalbibliografie; detaillierte bibliografische Daten sind im Internet über http://dnb.d-nb.de abrufbar.

Zugl.: Marburg, Univ., Diss., 2017

D 4
ISSN 0531-7312
ISBN 978-3-631-74944-9 (Print)
E-ISBN 978-3-631-76101-4 (E-PDF)
E-ISBN 978-3-631-76102-1 (EPUB)
E-ISBN 978-3-631-76103-8 (MOBI)
DOI 10.3726/b14355

Diese Publikation wurde begutachtet.

www.peterlang.com

Vorwort

Die vorliegende Arbeit wurde im Wintersemester 2017/2018 von der Juristischen Fakultät der Philipps-Universität Marburg als Dissertation angenommen.

Mein aufrichtiger Dank gilt meinem Doktorvater Prof. Dr. Dr. h.c. Georg Freund, der das Zustandekommen der Arbeit durch seine stets hilfsbereite und interessierte Haltung mit begleitet und mich dadurch in außergewöhnlicher Weise unterstützt und gefördert hat. Herrn Prof. Dr. Wolfgang Voit danke ich für die rasche Erstellung des Zweitgutachtens.

Mein herzlicher Dank gebührt schließlich Nico, der mich während dieser Zeit ausnahmslos unterstützt und mir dabei geholfen hat, den Fokus nicht aus den Augen zu verlieren. Schließlich danke ich meiner Familie und meinen Freunden, die mir während der Dauer der Dissertation stets zur Seite standen.

Berlin, im Dezember 2017
Katja Bolender

Inhaltsverzeichnis

A Einführung und Gang der Untersuchung

Die Verschreibungspflicht ist ein wichtiges Instrument, um gesundheitlichen Gefahren zu begegnen und den sicheren Einsatz eines Arzneimittels, letztlich also den Schutz des Verbrauchers, zu gewährleisten. Nur so kann sichergestellt werden, dass die Abgabe, Dosierung und Anwendung verschreibungspflichtiger Arzneimittel der Kontrolle und Überwachung durch fachlich geschulte Personen unterliegt.[1] Die Bedeutung dieser Sicherstellung wurde durch den Wirkstoff Thalidomid[2], welcher in den sechziger Jahren traurige Berühmtheit erlangte, eindrücklich vor Augen geführt. Mangels einschlägiger Regelungen, konnte der Hersteller Grünenthal erst im Mai 1961 für das bis dahin freiverkäufliche Arzneimittel Contergan einen Antrag stellen, das Arzneimittel der Verschreibungspflicht zu unterwerfen, ohne es jedoch gänzlich vom Markt nehmen zu müssen. Bereits 1959 war allerdings bekannt, dass der Wirkstoff zu schweren Nervenschäden führen kann. Beim Einsatz nebenwirkungsbehafteter und damit schädlicher Substanzen sind daher bestimmte Sicherungsmaßnahmen eine unverzichtbare Notwendigkeit, um den Bürger vor Gesundheitsgefahren zu schützen. Heute können thalidomidhaltige Arzneimittel auf Grundlage des § 3a der Arzneimittelverschreibungsverordnung (AMVV)[3] nur auf Vorlage eines sog. T-Rezeptes abgegeben werden. Dieses besteht aus einem zweiteiligen amtlichen Vordruck (Original und Durchschrift) und wird ausschließlich durch das Bundesinstitut für Arzneimittel und Medizinprodukte (BfArM) an Ärzte abgegeben, denen die medizinischen Informationsmaterialien auf der Basis der aktuellen Fachinformation vorliegen, die versichern, die Sicherheitsmaßnahmen bei der Verschreibung einzuhalten und die über ausreichende Sachkenntnis verfügen. Solche regulatorischen Besonderheiten, die von der üblichen Verschreibung abweichen, sind zum Schutz der menschlichen Gesundheit dringend notwendig.[4]

---

1 Der besseren Lesbarkeit wegen wird nachfolgend hinsichtlich der Verschreibung, Abgabe und Anwendung von Humanarzneimitteln und Humanmedizinern gesprochen. Nur sofern es auf den Unterschied ankommt wird von Tierarzneimitteln und Tierärzten gesprochen.

2 Zum Contergan-Fall in Gänze s. *Kirk*, Der Contergan-Fall.

3 Weitere regulatorische Besonderheiten für den Apotheker finden sich in § 17 Abs. 2 lit. b) und Abs. 6 lit. b) ApBetrO.

4 Nicht zu Unrecht warnte das BfArM im Jahr 2013 Apotheker davor, fehlerhafte oder unvollständig ausgefüllte T-Rezepte zu beliefern; vgl. Pressemitteilung des BfArM vom 14. 05. 2013 Nr. 05/13.

Jedem Bürger kommt das Recht zu, vor bestimmten Gefahren beschützt zu werden und diese vermeiden zu können. Insbesondere dort, wo dem Bürger nicht aus eigenen Kräften Selbstschutz möglich ist, erfordert die Rechtsordnung die Übernahme eines Schutzauftrags zugunsten von Leib und Leben als vornehmlich zu nennende Rechtsgüter des Verbrauchers aus Art. 2 Abs. 2 Satz 1 GG. Der staatliche Schutzauftrag, den Bürger vor Gefahren zu bewahren, wo dessen Selbstschutz fehlt oder unzureichend ist, ist als solcher anerkannt.[5] Es ist daher Aufgabe des Staates, grundrechtsrelevante Güter zu schützen und zu fördern.[6] Diese Verwirklichung des Schutzauftrages ist mitunter auch mit strafrechtlichen – und damit den schärfsten – Mitteln unseres Rechtssystems zu verwirklichen. Dass diese Verwirklichung als Kehrseite der Medaille wiederum grundrechtsrelevante Rechte des von einer strafbewehrten Verhaltensnorm Betroffenen einschränkt, bedingt die Erfüllung gewisser Voraussetzungen. Zu nennen sind hier die Interessen desjenigen, der verschreibungspflichtige Arzneimittel ohne die erforderliche Verschreibung abgibt, oder des mündigen Bürgers, der eine Freiheitseinschränkung zum Zwecke des Schutzes seiner selbst nicht hinnehmen möchte. Diese konfligierenden Interessen gilt es in einen angemessenen Ausgleich zu bringen. Maßgeblich geht es – um unangemessene Freiheitsbeschränkungen und staatliche Sanktionen zu vermeiden – zunächst um die genaue Bestimmung, welches Verhalten als fehlerhaft einzuordnen ist und dadurch überhaupt erst einer strafrechtlichen Sanktionierung unterfallen kann und welches Verhalten demgegenüber als erlaubt einzustufen ist. Die Einordnung als rechtlich missbilligtes Verhalten kann nur vorgenommen werden, wenn eine entsprechende Verhaltensnorm ihrerseits rechtlich legitimiert ist. Dies ist der Fall, wenn die Verhaltensnorm einen legitimen Zweck verfolgt und das Mittel geeignet, erforderlich und angemessen ist. Die spezifische Konkretisierung eines Verhaltensunrechts ermöglicht es, basierend auf einer tragfähigen Methodik, rechtliche Pflichten beispielsweise jener, die verschreibungspflichtige Arzneimittel abgeben, konkret zu erfassen. Hierdurch wird vermieden, dass lediglich einzelne strafrechtliche Sachverhalte erfasst werden können. Denn eine zu kasuistische und zu punktuelle Regelungssystematik, die vor allem im Sanktionsnormbereich dazu führt, dass nicht jedes rechtlich durchaus zu missbilligende Verhalten erfasst werden kann, vermag dem staatlichen Schutzauftrag nicht gerecht zu werden. Die vorliegende Arbeit verfolgt daher das Ziel, mit einem allgemeingültigen Konzept, exemplarisch aufgezeigt an der

---

5 St. Rspr., vgl. etwa BVerfGE 77, 170, 214; 79, S. 174, 201 f.; BVerfG NJW 1997, 2509.

6 *Hufen*, Staatsrecht II, § 5 Rn. 5 f.

arzneimittelrechtlichen[7] Verschreibungspflicht als Verhaltensreglementierung, rechtlich legitimierbare Verhaltensnormen systemgerecht zu konkretisieren und zu erfassen und auf diese Weise zu klären, welche Verhaltensweisen entsprechend rechtlich zu missbilligen sind. Erst im Anschluss daran ist die Angemessenheit der auf der Verschreibungspflicht basierenden Sanktionsnormen zu klären.[8] Nach erfolgter Untersuchung der Legitimation der Verhaltensnormen des § 48 AMG soll daher die Legitimation ihrer Strafbewehrung in den einschlägigen Sanktionsnormen einer näheren Untersuchung unterzogen werden. Schließlich ist die *differenzierte* Strafbarkeit der Abgabe verschreibungspflichtiger Human- und Tierarzneimittel einer auch rechtspolitisch ausgerichteten Untersuchung zu unterziehen. Dass der Verbraucherschutz gleichermaßen (wie bei der Abgabe von Humanarzneimitteln an Menschen) tangiert ist, wenn (Human- und/oder Tier-) Arzneimittel bei Tieren zum Einsatz kommen, die der Gewinnung von Lebensmitteln dienen, steht außer Frage.

Zahlreiche auch in den Medien verbreitete und nicht abreißende Meldungen um Tierskandale untermauern die Bedeutung einer korrekten Erfassung von Verhaltensunrecht im Sinne eines effektiven Schutzes der *menschlichen* Gesundheit. In der Pilotstudie „VetCAb-Pilot" (Veterinary Consumption of Antibiotics)[9] haben Wissenschaftler und Wissenschaftlerinnen die Verbrauchsmengen von Antibiotika in der Nutztierhaltung kontinuierlich erfasst und ermittelt, dass einem Hähnchen während der Dauer seiner Mastzeit von in Deutschland circa 39 Tagen, durchschnittlich an circa 10,1 Tagen ein Antibiotikum verabreicht wurde.[10] Insgesamt wurden im Erhebungsjahr 2011 25.641 kg an antibiotischen Wirkstoffen bei Rindern, Schweinen und Hähnchen eingesetzt.[11] Der Antibiotikaeinsatz führt zur Bildung von Resistenzen, welche sich über die Nahrung auf

7 Die Thematik der Verschreibungspflicht von Medizinprodukten wird indes nicht abgehandelt.

8 Zur Differenzierung von Verhaltens- und Sanktionsnormen s. MüKo/*Freund*, StGB, Vor §§ 13 ff. Rn. 27 ff.; *ders.*, AT, § 1 Rn. 5 ff.

9 Die Studie wurde im Auftrag des Bundesinstituts für Risikobewertung (BfR) von der tierärztlichen Hochschule Hannover und der Universität Leipzig durchgeführt.

10 Repräsentative Verbrauchsmengenerfassung von Antibiotika in der Nutztierhaltung – Kurzbericht über die Ergebnisse der Studie „VetCAb-Pilot", Fachinformation (Stand: 9. Juli 2013); abgerufen unter www.vetcab.de (zuletzt aufgerufen: 18. 03. 2015).

11 Repräsentative Verbrauchsmengenerfassung von Antibiotika in der Nutztierhaltung – Kurzbericht über die Ergebnisse der Studie „VetCAb-Pilot", Fachinformation (Stand: 9. Juli 2013); abgerufen unter www.vetcab.de.

den Menschen übertragen können.[12] Im Rahmen der Gewinnung von Lebensmitteln kann es zur Übertragung dieser resistenten Keime auf Lebensmittel, wie beispielsweise Milch oder Fleisch, kommen.[13]

Die aktuelle Diskussion um den Einsatz von Antibiotika bei Nutztieren betrifft nur einen von vielen Problempunkten, welche die Brisanz des Themas ausmachen. Zu denken ist etwa an den Pferdefleischskandal, der Anfang 2013 auf Deutschland überschwappte.[14] Seit dem 01. 07. 2009[15] müssen Tierhalter für ihre Pferde einen sogenannten Equidenpass besitzen, in welchem festgelegt werden muss, ob das Tier zur Gewinnung von Lebensmitteln dienen soll oder nicht. Die Verpflichtung soll dem Verbraucherschutz dienen und verhindern, dass medizinisch behandelte Equiden und damit Arzneimittelrückstände, die sich bei Pferden insbesondere in Muskelfleisch absetzen, in die Lebensmittelkette gelangen. Die einmalige Festlegung ist nicht widerrufbar.[16] Trotz dieser in der Europäischen Union geltenden Gesetzeslage, kommt es zu gesetzlichen Umgehungen, an dessen Ende der Verbraucher als Leidtragender steht. Der britische Umweltminister erklärte im Januar 2013, dass in mehreren in Großbritannien geschlachteten Pferden Phenylbutazon nachgewiesen wurde, obwohl der Wirkstoff nur verwendet werden darf, wenn das Tier nicht zur Schlachtung zwecks Gewinnung von Lebensmitteln freigegeben ist.[17] Zu diesem Zeitpunkt

---

12 S. unter anderem: *M. Wadl/K. Heckenbach/I. Noll/S. Ziesing/W. Pfister/J. Beer/S. Schubert/T. Eckmanns* Increasing Occurrence of Multidrug-Resistance in Acinetobacter baumanii Isolates From Four German University Hospitals, 2002–2006, Infection 2010; 38, 47–51.

13 Das 16. Gesetz zur Änderung des Arzneimittelgesetzes (16. AMG-Novelle; Sechzehntes Gesetz zur Änderung des Arzneimittelgesetzes vom 10. Oktober 2013, BGBl. I, S. 3813) verfolgt daher das Ziel, den Einsatz von Antibiotika in der Nutztierhaltung einzudämmen, indem Nutztierhalter den Einsatz von Antibiotika kontrollieren und falls erforderlich reduzieren sollen. Korrelierend hierzu erhalten die Überwachungsbehörden mehr Kontrollbefugnisse.

14 Hier ging es maßgeblich um kennzeichnungsrelevante Aspekte, weil verwendetes Pferdefleisch nicht als solches deklariert wurde, Verbraucher hierdurch somit getäuscht wurden.

15 Verordnung (EG) Nr. 504/2008 der Kommission vom 06. Juni 2008 zur Umsetzung der Richtlinien 90/426/EWG und 90/427/EWG des Rates in Bezug auf Methoden zur Identifizierung von Equiden, ABl. L 149 vom 07. 06. 2008, S. 3 ff.

16 Vgl. Art. 20 Abs. 1 Verordnung (EG) Nr. 504/2008.

17 Süddeutsche Zeitung, Schmerzmittel in Pferdefleisch nachgewiesen, 14. 02. 2013 http://www.sueddeutsche.de/panorama/aus-britischer-schlachtung-schmerzmittel-in-pferdefleisch-nachgewiesen-1.1600124 (zuletzt aufgerufen am 12. 01. 2015).

wurde das Fleisch bereits zum Teil verarbeitet und nach Frankreich verkauft. 2015 wurde bekannt, dass mehr als 200 Pferde, die in der Arzneimittel- genauer in der Serumherstellung zur Produktion von Antikörpern eingesetzt werden, zu Fleisch verarbeitet und als Lebensmittel verkauft wurden.[18] Dies vor Augen geführt, zeigt sich die Unabdingbarkeit der systematischen strafrechtlichen Aufarbeitung von Sachverhalten im Bereich des Arzneimittelstrafrechts.

Vor diesem Hintergrund bildet die genaue Erfassung der Legitimation bestimmter Verhaltensnormen in Form von Ver- und Geboten die Basis für die korrekte Erfassung von *Fehl*verhalten. In einem weiteren, hiervon zu differenzierenden Schritt, ist der Legitimation der Strafbewehrung der Verschreibungspflicht als Verhaltensnorm besondere Aufmerksamkeit zu schenken. In der Untersuchung sind jeweils arzneimittelrechtlich geltende Besonderheiten zu berücksichtigen und auch relevante Unterscheidungen im Human- und Tierarzneimittelrecht herauszuarbeiten. Im Kontext der Untersuchung der Legitimation der Sanktionsnorm speziell zu beachten ist das derzeit bestehende Differenzierungskonzept der verschreibungslosen Abgabe von Humanarzneimitteln und solchen Tierarzneimitteln, die zur Anwendung an Tieren bestimmt sind, die der Gewinnung von Lebensmitteln dienen.[19]

---

18 Welt 24, Pferdefleisch aus Pharma-Forschung landet im Essen, 15. 10. 2015 https://beta.welt.de/wirtschaft/article122989277/Pferdefleisch-aus-Pharma-Forschung-landet-im-Essen.html (zuletzt aufgerufen am 07. 09. 2016).

19 Nachfolgend werden solche Arzneimittel, die nicht zur Anwendung bei Tieren bestimmt sind, die der Gewinnung von Lebensmitteln dienen, als einfache Tierarzneimittel bezeichnet.

B Strafe und ihr Anknüpfungspunkt

Eine *Bestrafung* kann nach dem Grundverständnis dieser Begrifflichkeit nur erfolgen, wenn der Ausgangspunkt ein Verhalten bildet, welches durch die Normenordnung als verboten bzw. als rechtlich missbilligt eingeordnet ist und deswegen nicht geduldet wird. Die Minimalanforderung einer Bestrafung stellt daher ein rechtlich zu missbilligendes Verhalten dar.[20] Welches Verhalten hierbei einem Missbilligungsurteil unterzogen werden soll und muss, lässt sich nicht pauschal beantworten. Vielmehr bedarf es der Spezifizierung eines Verhaltens und damit korrelierend eines spezifischen Verstoßes, nämlich den gegen die aufgestellte und konturierte Verhaltensnorm. Die Bestrafung stellt sich dann in einem nachgelagerten Schritt als normgeltungserhaltende Maßnahme dar.[21] Der maßgebliche Schutzaspekt des Strafrechts ist die Erhaltung der geltenden Norm, nachdem das Rechtsgut bereits beeinträchtigt (verletzt oder gefährdet) wurde, sodass dem durch die Verhaltensnorm geschützten Rechtsgut nur eine mittelbare Bedeutung zukommen kann.[22] Bevor an Schuldspruch und Strafe gedacht werden kann, geht es um Rechtsgüterschutz *durch* bestimmte Verhaltensnormen – also durch Ver- und Gebote. Deren Legitimationsgrund ist der unmittelbare Schutz eines bestimmten Rechtsguts. Bei Aufstellung von Ge- und Verboten muss der verfassungsrechtliche Verhältnismäßigkeitsgrundsatz beachtet werden. In die Rechte des Bürgers darf nur zu einem legitimen Zweck eingegriffen werden, wobei zur Erreichung dieses Zwecks nur geeignete, erforderliche und angemessene Mittel gewählt werden dürfen.[23] Ohne eine legitimierte Verhaltensnorm kann es nicht zur nachgelagerten Sanktionierung durch Anwendung einer Sanktionsnorm kommen, die ihrerseits der verfassungsrechtlichen Rechtfertigung bedarf. Für eine Sanktionierung erforderlich ist ein tatbestandsspezifischer Verhaltensnormverstoß. Ein solcher spezifischer Verstoß, ist zunächst Voraussetzung, um in einem zweiten Schritt den entsprechenden, die

---

20 Zum straftatbestandlich missbilligten Verhalten vgl. MüKo/*Freund*, StGB, Vor §§ 13 ff. Rn. 57 ff.; *ders.*, Erfolgsdelikt und Unterlassen, S. 51 ff, 112 ff.

21 *Freund*, AT, § 1 Rn. 8 ff.

22 Vgl. auch MüKo/*Freund*, AMG, Vor § 95 Rn. 2; MüKo/*ders.*, StGB, Vor §§ 13 Rn. 69; *ders.*, Erfolgsdelikt und Unterlassen, S. 93; *Kindhäuser*, Gefährdung als Straftat, S. 134 f.; *Domeier*, Gesundheitsschutz und Lebensmittelstrafrecht, S. 212; *Sieber*, ZLR 1991, 451, 468; *Vogel*, GA 1990, 241, 259.

23 Zur rechtsstaatlichen Bindung von Eingriffen s. BVerfGE 45, 187, 253 f.; 90, 145, 171 ff.

legitimierte Verhaltensnorm in Bezug nehmenden, Straftatbestand anzuwenden, der eine entsprechende Strafbarkeitsanordnung trifft.[24] Wenn es kein (Fehl-)Verhalten gibt, das der rechtlichen Verhaltensnormenordnung in spezifischer Hinsicht zuwiderläuft, kann es auch keine Strafbarkeit geben. Das Grundkonzept der Annahme eines spezifischen Verhaltensnormverstoßes ergibt sich aus vorstrafrechtlichen Überlegungen zu den Legitimationsbedingungen für Verhaltensnormen in einer freiheitlich verfassten Rechtsgemeinschaft.[25]

I. Ausgangslage: Regelungsgehalt von Strafbarkeitsanordnungen – Sanktionsvoraussetzungen

Strafen stellen ebenso wie der ihnen vorangehende Schuldspruch grundrechtsrelevante Eingriffe und damit öffentlich-rechtliche Maßnahmen dar.[26] Während die Freiheitsstrafe das grundrechtlich geschützte Recht auf Freiheit aus Art. 2 Abs. 2 Satz 2 GG tangiert, berührt die Geldstrafe Vermögensinteressen, die durch Art. 14 Abs. 1 GG geschützt sind. Schon der Schuldspruch führt mit seinem Vorwurf rechtlichen Fehlverhaltens zu einer Statusbeeinträchtigung, die der Betroffene als Bürger nicht hinzunehmen hat, wenn es dafür keinen zureichenden Grund gibt.[27] Ein Eingriff in diese Grundrechte in Form einer strafrechtlichen Sanktionierung muss sich einer verfassungsrechtlichen Rechtfertigung unterziehen. Die Sanktionierung eines – vorgelagerten und eigenständig zu legitimierenden – Verhaltensnormverstoßes muss daher ihrerseits einen legitimen Zweck verfolgen, zur Erreichung dieses Zwecks geeignet, erforderlich und angemessen (verhältnismäßig) sein.[28] Dabei muss der verfolgte Zweck

---

24 Die Erfüllung weiterer Sanktionsvoraussetzungen neben dem tatbestandlichen Verhaltensnormverstoß etwa bei vollendeten Erfolgsdelikten ist für die Anwendung der Sanktionsnorm unerlässlich. So kann das Verhalten als solches, welches gar nicht in den Erfolg als Fehlverhaltens*folge* gemündet ist, nicht die gleiche Reaktion auf ein Fehlverhalten nach sich ziehen, wie das bei Verletzung gerade des durch die Verhaltensnorm zu schützenden Rechtsgutes intendiert ist. Vgl. hierzu näher *Freund*, Erfolgsdelikt und Unterlassen, S. 128 ff.

25 Vgl. zum sekundären Charakter des Strafrechts allgemein *Freund*, AT, § 1 Rn. 12 ff.

26 Ausführlich zum Verhältnis von Strafrecht und Verfassungsrecht *Lagodny*, Schranken der Grundrechte.

27 Zum Eingriffscharakter bereits des Schuldspruchs s. etwa *Kaiser*, Die Beschwer als Voraussetzung strafprozessualer Rechtsmittel, S. 159 f.; ferner etwa *Freund/Rostalski*, JZ 2015, 164, 165; *dies.*, JZ 2015, 716, 716 f.

28 BVerfG NJW 1963, 1597, 1598; BVerfG NJW 1963, 2368, 2369 f.; BVerfG NJW 1970, 505, 505 ff.; *Frisch*, Vorsatz und Risiko, S. 51 ff.; zur verfassungsrechtlichen Legitimation

überhaupt in den Aufgabenbereich des Staates fallen.[29] Der massive Eingriff in die Freiheitsrechte des Betroffenen ist Grund genug, die Strafe als *ultima ratio* anzusehen.[30] Das folgt bereits unmittelbar aus dem Kriterium der Erforderlichkeit des eingesetzten Mittels.

1. Der legitime Zweck von Strafe

Die vorzunehmende Prüfung erfolgt dahin gehend, ob eine Bestrafung des Delinquenten als Reaktion auf den Verhaltensnormverstoß überhaupt einem legitimen Zweck dient. Dieser liegt nach dem hier vertretenen Strafrechtskonzept in der Verfolgung eines ganz bestimmten präventiven Zwecks und nicht in der zweckfreien (absoluten) vergeltungsorientierten Repression.[31] Maßgeblich geht es um die dem Staat obliegende Aufgabe des Rechtsgüterschutzes. Dieser Schutz muss zukunftsorientiert sein, da anderenfalls schon rein begrifflich kein Schutz erreicht werden kann. Die Sanktion als solche – würde sie nur rein repressiv bedeutsam sein – kann dem Schutz des konkret beeinträchtigten Rechtsgutes nicht mehr dienen, denn dieses ist bereits verletzt oder gefährdet worden. Die zuvor zu fordernde Abwendung von Gefahren ist nach der begangenen Tat nicht mehr zu erreichen. Der Schuldausgleich allein, der nicht den Schutz eines Rechtsgutes verfolgt, ist verfassungsrechtlich nicht zu rechtfertigen.[32] Die Bestrafung des Täters nützt dem Leben des Mordopfers nichts mehr. Ein mit der Verfassung im Einklang stehendes Strafrecht muss daher stets eine für die Zukunft bedeutsame Schutzfunktion erfüllen. Dieser legitime Zweck der Sanktionierung nach begangener Straftat kann nur im Schutz der Geltung der übertretenen Verhaltensnorm durch angemessen missbilligende Reaktion

---

strafrechtlicher Sanktionsnormen *Freund*, GA 2010, 193, insbesondere 195 ff.; *ders.*, GA 1995, 4, 6; *Lagodny*, Schranken der Grundrechte, S. 10 f., 137 ff., 275 ff.

29 *Freund*, AT, § 1 Rn. 2.

30 Zur Begrifflichkeit des Ultima-ratio-Charakters s. BVerfG NJW 1975, 573, 584 f.; *Vogel*, GA 1990, 241, 259; Baumann/Weber/Mitsch/Eisele/*Eisele*, Strafrecht AT, § 2 Rn. 18; im Übrigen vgl. etwa BVerfG NJW 1993, 1751, 1754 f.; BVerfG NJW 1998, 443, 443 f.; BVerfG NJW 2008, 1137, 1138.

31 Zur absoluten Straftheorie in Form der Vergeltungstheorie erläuternd s. *Roxin*, AT, § 3 Rn. 2 ff.; Baumann/Weber/Mitsch/Eisele/*Eisele*, Strafrecht AT, § 2 Rn. 43 ff.; Kindhäuser/Neumann/Paeffgen/*Hassemer/Neumann*, StGB, Vor § 1 Rn. 269 ff.; MüKo/*Radtke*, StGB, Vor §§ 38 ff. Rn. 33.

32 *Freund*, AT, § 2 Rn. 4; *ders.*, Erfolgsdelikt und Unterlassen, S. 82 f.; *Frisch*, Vorsatz und Risiko, S. 46; *Domeier*, Gesundheitsschutz und Lebensmittelstrafrecht, S. 209 f.

liegen.[33] Deren Geltung ist auch und gerade für die rechtliche Ordnung des zukünftigen Zusammenlebens von grundlegender Bedeutung.

2. Die Geeignetheit und Erforderlichkeit von Strafe

Der Schuldspruch und die Strafe müssen geeignet und erforderlich sein, um die Geltungskraft der Verhaltensnorm zu sichern. Dem Schuldspruch kommt dabei die Funktion zu, das verwirklichte Unrecht des Täters in Gestalt eines rechtlichen Vorwurfs zu formulieren. Die Strafe dient auf dieser Basis der Quantifizierung des Vorwurfs und verleiht ihm den erforderlichen Nachdruck zur Wiederherstellung der Geltung der Verhaltensnorm, die der Täter übertreten hat. Der Infragestellung der Normgeltung durch den Täter muss sinnfällig widersprochen werden. Durch Schuldspruch und Strafe wird der Norm wieder zu ihrer gebührenden Geltung verholfen und damit der durch die Tat gestörte Rechtsfrieden wiederhergestellt.[34] Die Bestrafung zur Erreichung des legitimen Zwecks muss von mehreren geeigneten Mitteln das relativ mildeste darstellen. Es gilt, das ultima-ratio-Prinzip in besonderem Maße zu beachten. Das geschieht, wenn Schuldspruch und Strafe genau die angemessen missbilligende Reaktion auf die begangene Straftat darstellen. Damit ist bereits das nächste verfassungsrechtlich anerkannte Eingriffskriterium miterfasst:

3. Die Angemessenheit (Verhältnismäßigkeit im engeren Sinne)

Die Erfassung der Angemessenheit bedarf nicht etwa – wie man vielleicht meinen könnte – einer umfassenden Abwägung widerstreitender Interessen. Vielmehr ist das eingesetzte Mittel in Gestalt von Schuldspruch und Strafe stets und nur dann angemessen, wenn damit die richtige – und das heißt: die angemessen missbilligende – Antwort auf die begangene Straftat gegeben wird. In diesem Zusammenhang spielt die persönliche Verantwortlichkeit des Normbrüchigen die entscheidende Rolle. Der von ihm begangene Verhaltensnormverstoß (ggf. mit seinen Folgen) beeinträchtigt die Normgeltung genau in dem Maß, in dem er diesen Verstoß zu verantworten hat. Für sein normwidriges Verhalten ist der Täter nach dem Maß seiner persönlichen Schuld verantwortlich.[35] Damit ist die Bedeutung des Schuldgrundsatzes im strafrechtlichen Kontext angesprochen.

---

33 *Freund*, Erfolgsdelikt und Unterlassen, S. 88 ff.; MüKo/*ders.*, StGB, Vor § 13 Rn. 66 ff.; *ders.*, AT, § 1 Rn. 5 ff.

34 Vgl. näher hierzu und zum Folgenden *Freund*, Erfolgsdelikt und Unterlassen, S. 88 ff.; MüKo/*ders.*, StGB, Vor § 13 Rn. 66 ff.; *ders.*, AT, § 1 Rn. 5 ff.

35 S. zur schuldangemessenen Reaktion näher unter B.I.5.

4. Die Bedeutung des Schuldgrundsatzes

Der Schuldgrundsatz ist auch aus verfassungsrechtlichen Gründen[36] bei einer Bestrafung zu beachten. Denn wem kein persönlicher Schuldvorwurf gemacht werden kann, der kann auch nicht strafrechtlich belangt werden.[37] Die Schuld hat im System der gerechten Bestrafung nicht nur eine rein strafbegründende, sondern auch eine strafbegrenzende Funktion.[38] Der Schuldvorwurf erfolgt in Form eines Fahrlässigkeits- oder Vorsatzvorwurfs. Um dem Betroffenen Fahrlässigkeit oder Vorsatz vorwerfen zu können, muss der Betroffene auch persönlich und geistig in der Lage sein, sein Verhalten zu erfassen und dabei das Unrecht seiner Tat entsprechend zu bewerten. Dem Umstand, dass der Betroffene u. U. hierzu nicht in der Lage ist, trägt § 20 StGB Rechnung. Hiernach handelt ohne Schuld, wer nicht fähig ist, das Unrecht seiner Tat einzusehen oder gemäß einer gewonnenen Einsicht zu handeln. Mithin kann derjenige, der geistig nicht in der Lage ist, Unrecht zu erkennen, schon keinen Verhaltensnormverstoß im strafrechtlich relevanten Sinne begehen. Man denke etwa an ein 4-jähriges Kind.[39] Auch die Intensität der Bestrafung hat sich dementsprechend am Maß der persönlichen Vorwerfbarkeit zu orientieren.

5. Die schuldangemessene Reaktion auf den Verhaltensnormverstoß

Schuldspruch und verhängte Strafe müssen die angemessene Reaktion auf den Verhaltensnormverstoß (ggf. nebst seinen Folgen) darstellen. Inhalt und Gewicht des Verhaltensnormverstoßes und die entsprechende Reaktion hierauf, also Schuldspruch und Strafe, folgen dabei einer in Abhängigkeit zueinander linear steigenden Funktion. Je gewichtiger sich der normative Gehalt des Verhaltensnormverstoßes nebst etwaigen Folgen darstellt, desto höher muss die Strafe ausfallen. Derjenige, der gegen das Verbot der Tötung eines Menschen verstößt, muss härter bestraft werden als derjenige, der einem anderen lediglich ein Päckchen Zigaretten stiehlt. Hierbei spielt die durch die Verhaltensnorm

36 Zum verfassungsrechtlich verankerten Schuldprinzip *nulla poene sine lega culpa (Keine Strafe ohne Schuld)*, welches aus dem Rechtsstaatsprinzip in Art. 20 Abs. 3 GG folgt, s. BVerfG NJW 1967, 195, 197; *Roxin*, AT, § 3 Rn. 51 ff.

37 BGH NJW 1952, 593, 594; Schönke/Schröder/*Stree/Kinzig*, StGB, Vorb. §§ 38 ff. Rn. 18 f.

38 *Jakobs*, Strafrecht AT, 1. Abschnitt Rn. 22 ff., 17. Abschnitt Rn. 33; Schönke/Schröder/*Stree/Kinzig*, StGB Vorb. §§ 38 ff. Rn. 18 f.; Lackner/Kühl/*Lackner*, StGB, § 46 Rn. 23; *Domeier*, Gesundheitsschutz und Lebensmittelstrafrecht, S. 219.

39 § 19 StGB regelt entsprechend die Schuldunfähigkeit des Kindes.

normativ umgesetzte Wertentscheidung des Grundgesetzes eine zentrale Rolle für die Rangordnung. Denn das Leben nimmt einen höherrangigen Stellenwert ein als das geringwertige Eigentum.[40] Die normative Wertigkeit des begangenen Verhaltensnormverstoßes ist daher für eine angemessene strafrechtliche Reaktion von zentraler Bedeutung und muss entsprechend beachtet werden. Die normative Wertigkeit des Verhaltensnormverstoßes stellt sich bei der Wiederherstellung der uneingeschränkten Geltungskraft der Verhaltensnorm im Falle des gestohlenen Zigarettenpäckchens geringerwertig dar, als dies bei einer Tötung der Fall ist. Die entsprechende Reaktion auf den Verhaltensnormverstoß folgt somit aus dem Legitimationsgrund der Verhaltensnorm, also dem durch sie zu schützenden Rechtsgut. Um eine schuldangemessene Bestrafung zu gewährleisten, müssen die Legitimationsgründe der übertretenen Verhaltensnorm beachtet werden. Durch den Verstoß gegen die entsprechend legitimierte Verhaltensnorm wird staatliches Handeln als Reaktion hierauf ausgelöst, sofern und soweit der Normbrüchige für sein Verhalten individuell verantwortlich ist.

Durch den gerichtlichen Schuldspruch und die entsprechende Strafe wird der Status der verletzten Verhaltensnorm wiederhergestellt, wie er *vor* dem Verhaltensnormverstoß bestand. Dem Delinquenten wird sein Normbruch nebst Folgen vorgeworfen und sein Fehlverhalten vor Augen geführt, für das er die Verantwortung trägt.[41] Schließlich wird hierdurch auch der Gemeinschaft hinreichend vor Augen geführt, dass sich der Täter durch sein schuldhaftes Verhalten widersprüchlich in Bezug auf die bestehende Verhaltensnorm verhalten hat. Der insoweit verunsicherten Gemeinschaft wird durch Schuldspruch und Strafe verdeutlicht, dass eine staatliche Reaktion auf den begangenen Verhaltensnormverstoß erfolgt, welche die Normgeltung sichert.[42] Der Schuldspruch nebst Strafe stellt daher die Reaktion auf das schuldhaft begangene Unrecht dar. Die Gemeinschaft verdeutlicht hiermit, dass sie an der Geltung der durch den Täter übertretenen Verhaltensnorm festhält.

Schuldspruch und Strafe stellen aber auch intensive Eingriffe den Status bzw. in die Rechtsgüter des Delinquenten dar. Dieser wird mit beidem rechtlich getadelt und einer spürbaren Einbuße unterworfen. Diese Eingriffe durch

---

40 Zur Geringwertigkeitsgrenze beim Diebstahl geringwertiger Sachen nach § 248a StGB s. OLG Hamm NJW 2003, 3145; OLG Frankfurt am Main NStZ-RR 2008, 311; *Lackner/Kühl*, StGB, § 248a Rn. 1 ff.

41 S. dazu auch *Freund*, Erfolgsdelikt und Unterlassen, S. 107, 128 ff.

42 So auch *Freund*, Erfolgsdelikt und Unterlassen, S. 89.

Schuldspruch[43] und Strafe sind alternativlos notwendig und schuldangemessen, wenn und soweit Schuldspruch und Strafe der Intensität des Verstoßes entsprechen.

Nur wenn sich Schuldspruch und Strafe als angemessene Reaktion auf das entsprechende personale Unrecht darstellen, ist auch ein angemessener Schutz der Normgeltung möglich. Eine unangemessene Reaktion erfasst das begangene Fehlverhalten (ggf. nebst Folgen) nicht richtig und ist daher schon nicht geeignet, normativ dem Schutz der Geltung der Verhaltensnorm zu dienen. Ein unangemessenes Zur-Verantwortung-Ziehen durch einen falschen Schuldspruch und/oder eine dem Fehlverhalten nebst Folgen nicht gerecht werdende Strafe ist nicht in der Lage, den drohenden Normgeltungsschaden abzuwenden.[44]

II. Die Legitimation von Verhaltensnormen durch einen legitimen Zweck (verhaltensnormlegitimierende Rechtsgüterschutzinteressen)

Der Schutz von Rechtsgütern potentieller Opfer einer Straftat fällt in den originären Aufgabenbereich des Staates. Er gelingt dadurch, dass bestimmte Verhaltensweisen als rechtlich missbilligt eingestuft werden und der um Rechtstreue bemühte Bürger sie vermeidet. Ein nicht missbilligungswürdiges Verhalten ist von der allgemeinen Handlungsfreiheit nach Art. 2 Abs. 1 GG gedeckt.[45] Die Aufstellung von Verhaltensnormen in Form von Ge- und Verboten bringt eine Freiheitsbeeinträchtigung auf Seiten des Betroffenen mit sich, der sein Verhalten nach eben diesen Ge- und Verboten ausrichten soll. Diese Verhaltensordnung, die bestimmt, welches Verhalten „richtig" und welches „falsch" ist, nimmt dem Bürger die Befugnis, sich willkürlich so zu verhalten, wie er es gerne möchte. Sie stellt somit eine rechtliche Beschränkung der Handlungsfreiheit des Einzelnen dar, die – wie jeder Eingriff in Rechtsgüter – verfassungsrechtlich legitimiert sein muss. Zu beachten sind insbesondere die sich aus dem verfassungsrechtlich verankerten Verhältnismäßigkeitsgrundsatz ergebenden Anforderungen: Die Einschränkung der Handlungsfreiheit muss

---

43 Zum Eingriffscharakter bereits des Schuldspruchs s. *Kaiser*, Die Beschwer als Voraussetzung strafprozessualer Rechtsmittel, S. 159 f.; *Freund/Rostalski*, JZ 2015, 164, 165; *dies.*, JZ 2015, 716, 716 f.

44 *Freund*, Erfolgsdelikt und Unterlassen, S. 108; *Sieber*, ZLR 1991, 451, 467.

45 Der Schutzbereich von Art. 2 Abs. 1 GG ist allerdings auch dann betroffen, wenn der Eingriff durch die Verhaltensnorm rechtlich zulässig ist.

einem legitimen Zweck dienen, sie muss zur Erreichung dieses Zwecks geeignet, erforderlich und angemessen sein.

Erst als (mögliche) Reaktion auf einen Verstoß gegen die als solche legitimierte Verhaltensnorm ist sodann die strafrechtliche Sanktionierung von Bedeutung. Es sind sachlich zwei Eingriffe in Rechte des Bürgers zu unterscheiden: Der primäre Eingriff liegt in der Reglementierung durch die Verhaltensnorm; den sekundären Eingriff stellt die Sanktionierung (in Form von Schuldspruch und Strafe) aufgrund der Sanktionsnorm dar. Beide Eingriffe können und müssen differenziert voneinander betrachtet und legitimiert werden, da sie die Rechte des Betroffenen jeweils für sich beschränken. Ein angemessener Ausgleich der kollidierenden Güter und Interessen muss zunächst durch das Verhaltensnormsystem geschaffen werden, welches sowohl die Rechtgütererhaltungsinteressen auf der einen als auch die Freiheitsinteressen auf der anderen Seite in ausreichender Weise würdigt und berücksichtigt.

Diese systematische Unterscheidung von im Wesentlichen zwei Gliederungsebenen führt zu einem sachgerechten Gesamtkonzept des Rechtsgüterschutzes. Denn zum einen geht es um die Legitimation der *prä*strafrechtlichen Ge- und Verbote, also der Verhaltensnormen. Zum anderen geht es um die Legitimation der strafrechtlichen Sanktionierung bei Übertretung der vorgelagerten Verhaltensnormen.[46] Inwieweit der Rechtsgüterschutz durch diese grundsätzlich differenzierten Instrumentarien (Verhaltens- und Sanktionsnorm) gewährleistet ist und welche Kriterien dabei erfüllt sein müssen, gilt es im Folgenden näher zu untersuchen.

1. Der geltungserhaltende Schutz der Verhaltensnorm durch die Sanktionsnorm – Zur Unterscheidung der verschiedenen Schutzzwecke bei der Verhaltensnorm und bei der Sanktionsnorm

Schuldspruch und Strafe können keinen Rechtsgüterschutz im Sinne einer unmittelbaren präventiven Sicherung desselben leisten. Eine strafrechtliche Sanktionierung vermag den bereits eingetretenen Schaden am Rechtsgut nicht auszugleichen. Auch eine etwa eingetretene Gefährdung ist als solche nicht ungeschehen zu machen. Im Zeitpunkt der Bestrafung ist der Prozess der Rechtsgutsbeeinträchtigung bereits beendet, das Vermögen des Opfers beispielsweise schon gemindert oder der Fußgänger durch den betrunkenen Kraftfahrer in Gefahr gebracht worden. Das Rechtsgut ist infolge des Verhaltensnormverstoßes bereits

---

46 Vgl. auch *Freund*, AT, § 1 Rn. 2; *Frisch*, Vorsatz und Risiko, S. 59 ff.; *Wolter*, Objektive und personale Zurechnung, S. 25 ff., 46 ff., 51 ff.

irreversibel beeinträchtigt (verletzt oder gefährdet) worden.[47] Rechtsgüterschutz durch die Sanktionsnorm und ihre Anwendung kann daher niemals ein unmittelbarer sein.[48] Auch aus dem Blickwinkel des Rechtsgüterschutzes zeigt sich somit abermals die Notwendigkeit der Differenzierung zwischen Verhaltens- und Sanktionsnormen. Denn eine pauschale Gleichsetzung des Schutzes von Rechtsgütern durch die Verhaltensnorm einerseits und durch die Sanktionsnorm andererseits geht fehl.

Der – wenn auch nur mittelbare, weil nachgelagerte – Schutz eines Rechtsguts durch Strafe, bedingt vorab, dass ein solches Rechtsgut zuvor zunächst überhaupt besteht, diesem also Kontur verliehen wurde, so dass es durch die aufgestellte Verhaltensnorm geschützt werden kann. Nur dann weiß der Einzelne, wie er sein Verhalten danach auszurichten hat. Welches Verhalten ihm also verboten und welches Verhalten im Sinne einer rechtsgüterschützenden Gefahrenabwehr sogar geboten ist.[49] Derjenige, der sein Verhalten danach ausrichtet, verleiht der aufgestellten Verhaltensnorm dadurch faktische Geltungskraft. Derjenige aber, der sich nicht nach Maßgabe der ihm gegenüber legitimierten Norm verhält und dieser zuwiderhandelt, bringt dadurch zum Ausdruck, dass ihn diese geltungsfordernde Verhaltensnorm zumindest faktisch nicht bindet. Sein Fehlverhalten gefährdet die Geltungskraft der übertretenen Verhaltensnorm. Die Rechtsgemeinschaft muss darauf angemessen missbilligend reagieren, um den durch die Tat gestörten Rechtsfrieden wiederherzustellen. Das Instrument dafür ist der Schuldspruch mit entsprechender Strafe.[50] Mit einer solchen Bestrafung kann dadurch dem Rechtsgüterschutz gedient werden, dass sie als rechtlich richtige Antwort auf den Verhaltensnormverstoß die Geltungskraft der übertretenen Verhaltensnorm sichert.

2. Unmittelbarer Rechtsgüterschutz durch die Verhaltensnorm

Präventiver Rechtsgüterschutz, mit dem die Nichtbeeinträchtigung von Rechtsgütern zu gewährleisten ist, kann nur durch der Bestrafung vorgelagerte

---

47 MüKo/*Freund*, StGB, Vor §§ 13 Rn. 66; *ders.*, Erfolgsdelikt und Unterlassen, S. 80; *Gropp*, AT, § 1 Rn. 82.

48 MüKo/*Freund*, AMG, Vor § 95 Rn. 2; MüKo/*ders.*, StGB, Vor §§ 13 Rn. 70; *ders.*, Erfolgsdelikt und Unterlassen, S. 93; *Kindhäuser*, Gefährdung als Straftat, S. 134 f.; *Domeier*, Gesundheitsschutz und Lebensmittelstrafrecht, S. 212; *Sieber*, ZLR 1991, 451, 468.

49 *Lagodny*, Schranken der Grundrechte, S. 85 ff.; *Frisch*, Vorsatz und Risiko, S. 59.

50 *Jakobs*, Strafrecht AT, 1. Abschnitt Rn. 1 f., 9 ff.; *ders.*, ZStW 1995, 843, 844; *Kindhäuser*, Gefährdung als Straftat, S. 31.

Verhaltensnormen (Ge- und Verbote) verwirklicht werden. Ein Schutz der Rechtsgüter kann mit dieser Normenordnung tatsächlich und unmittelbar dadurch bewirkt werden, dass der Einzelne durch die konkretisierten Verhaltensnormen sein Verhalten an eben diesen ausrichtet. Nur mit Verhaltensnormen gelingt im Vorfeld der Schädigung bei vorausgesetzter Rechtstreue eine Lenkung des Verhaltens einzelner Personen. Auf der Ebene der Legitimation der Verhaltensnorm greift als Legitimationsgrund – und zwar als legitimer Zweck der Verhaltensnorm – der Schutz der jeweiligen Rechtsgüter. Ein entsprechender Rechtsgüterschutz bedingt zuallererst, dass die Verhaltensnorm ein bestimmtes verletzliches Rechtsgut (wie etwa Leib oder Leben) in Bezug nimmt. Denn nur dann kann das Vermeiden einer Gutsbeeinträchtigung eine verhaltensnormlegitimierende Funktion erfüllen. Die *Möglichkeit der Verletzung des Rechtsguts* eröffnet der Verhaltensnorm somit den durch sie vorzunehmenden Schutz.[51] Eine Handlung, die geeignet ist, diese Schädigungsmöglichkeit zu schaffen oder eine Unterlassung, die geeignet ist, eine bereits bestehende Schädigungsmöglichkeit nicht abzuwenden, kann insofern die Verhaltensnorm inhaltlich konkretisieren. Ist das Verhalten demgegenüber schon gar nicht geeignet, eine Schädigungsmöglichkeit für das Rechtsgut zu schaffen oder nicht abzuwenden, so kann dieses Verhalten auch nicht rechtlich missbilligt werden; es ist dann von der allgemeinen Handlungsfreiheit gedeckt.[52] Für die Legitimation der Verhaltensnorm ist dabei von besonderer Bedeutung, dass die Norm, die bestimmte Schädigungsmöglichkeiten (durch Tun oder Unterlassen) verhindern soll, nur dann als Eingriff gerechtfertigt sein kann, wenn sie zur Erreichung ihres legitimen Zwecks geeignet, erforderlich und angemessen ist. Zur Lösung des Konflikts bedarf es einer umfassenden Güter- und Interessenabwägung. Dabei sind insbesondere die tangierten Individualrechtsgüter konkret betroffener Personen und die Freiheitsentfaltungsinteressen des potenziellen Normunterworfenen zu berücksichtigen.[53] Nur auf diese Weise kann ein angemessener Rechtsgüterschutz durch die entsprechend legitimierte Verhaltensnorm erreicht werden, die das Schaffen einer bestimmten Schädigungsmöglichkeit verbietet oder das Abwenden einer bestimmten Schädigungsmöglichkeit gebietet.

Die zweigliedrige Strukturierung zwischen Verhaltens- und Sanktionsnorm zeigt die Notwendigkeit der genauen Konkretisierung der Verhaltensnorm und ihrer Legitimation auf. Erst wenn festgestellt werden kann, dass ein Verhalten als

---

51 In diesem Sinne auch *Reus*, Das Recht in der Risikogesellschaft, S. 131 ff.

52 *Freund*, AT, § 2 Rn. 8.

53 *Freund*, AT, § 1 Rn. 17 ff.; *ders.*, Erfolgsdelikt und Unterlassen, S. 52.

fehlerhaft einzuordnen ist, mithin ein Verhaltensnormverstoß begangen wurde, kann dieser zeitlich nachgelagert einer entsprechenden Konsequenz zugeführt werden, indem darüber zu befinden ist, ob das Fehlverhalten auf der Basis einer bestimmten Strafvorschrift sanktioniert werden darf.[54] Diese wichtige Differenzierung spiegelt sich auch im komplexen – und im Verhaltensbereich anpassungsfähig zu haltenden – Regelungskonzept des Arzneimittelrechts wider. Hier finden sich Ansätze, Verhaltensnormen zu beschreiben, etwa in § 5 AMG, der das Verbot des Inverkehrbringens bedenklicher Arzneimittel normiert, oder aber in § 48 AMG, der die Abgabe verschreibungspflichtiger Arzneimittel entgegen der Verschreibungspflicht verbietet. Die entsprechenden Sanktionsnormen sind erst „weiter hinten" im Gesetz, also gesetzestechnisch nachfolgend in den §§ 95 ff. AMG normiert. Allerdings ergibt sich allein aus den gesetzlichen Regelungen des AMG noch nicht ohne Weiteres, welches Verhalten genau rechtlich richtig und welches rechtlich falsch ist. Umso eindringlicher stellt sich deswegen die Frage, was genau eine Verhaltensnorm als solche ausmacht bzw. wie ihr Kontur zu verleihen ist. Im Interesse eines effektiven Rechtsgüterschutzes sind daher die konkreten Anforderungen, die an ein rechtlich zu missbilligendes Verhalten zu stellen sind, genau herauszuarbeiten.

a) Verhaltenserfassung und -bestimmung

Will man einen Normbrüchigen als Reaktion auf sein fehlerhaftes Verhalten einer angemessenen Sanktion unterziehen, so bedingt dies vorab die genaue Erfassung des Verhaltensunrechts. Verhaltensunrecht kann sich aber nur aus dem Verstoß gegen eine rechtlich *legitimierte* Verhaltensnorm ergeben. Diese ist dem Rechtsgüterschutz durch angemessene Verhaltensreglementierung verpflichtet und muss dem Rechtsunterworfenen möglichst klare Vorgaben machen. Gerade in einer Gesellschaft, in der aufgrund ihrer Schnelllebigkeit neue komplexe Gefahren und Schädigungsmöglichkeiten entstehen, die in einem Bereich wie dem Arzneimittelrecht – auch aufgrund ständiger Änderungen – kaum mehr überschaubar sind, muss der Einzelne klären können, *wie* – nämlich durch welches Verhalten konkret – eine Schädigung vermieden werden kann.[55]

54 Aufgrund dieser Konzeptionierung spricht man auch von der sekundären Normenordnung des Strafrechts; vgl. etwa MüKo/*Freund*, StGB, Vor §§ 13 ff. Rn. 46; *ders.*, AT, § 1 Rn. 12 ff.; *ders.*, Erfolgsdelikt und Unterlassen, S. 28 ff.; 80 ff.; 113 ff.; *Frisch*, Tatbestandsmäßiges Verhalten, S. 112 ff.; *Heghmanns*, Straftatbestände zum Schutz von Verwaltungsrecht, S. 35 ff.; 42 ff.

55 In diesem Sinne auch *Reus*, Recht in der Risikogesellschaft, S. 83 f.; *Domeier*, Gesundheitsschutz und Lebensmittelstrafrecht, S. 40 Fn. 16.

Anderenfalls würde man den um Normentreue bemühten Bürger in einer nicht zu rechtfertigenden Ungewissheit belassen, in ständiger Angst zu leben, etwas Falsches zu tun. Nur durch die Vorgabe einer konkreten Verhaltensanweisung und ein daran ausgerichtetes Verhalten, kann der Rechtsunterworfene am gesellschaftlichen Leben teilnehmen, ohne einer ständigen Überforderung ausgesetzt zu sein. Folgerichtig muss daher bei den relevanten Verhaltensnormen angesetzt werden.[56]

Bereits die Aufstellung bestimmter Verhaltensnormen, nach denen sich der Einzelne zu richten hat, stellt einen staatlichen Eingriff dar. Betroffen ist jedenfalls seine allgemeine Handlungsfreiheit aus Art. 2 Abs. 1 GG (die freie Entfaltung seiner Persönlichkeit),[57] die mit der Verhaltensnorm beschränkt werden soll. Eine Verhaltensnormübertretung lässt sich demnach nur begründen, wenn vorab die genauen Anforderungen an die Legitimation einer entsprechenden Verhaltensnorm erfüllt sind. Dabei folgt die Legitimation dem bei rechtsstaatlichen Eingriffen gängigen Muster[58]: Die Verhaltensnorm muss einen legitimen Zweck verfolgen, sie muss zur Erreichung des Zwecks geeignet, erforderlich und angemessen sein. Hauptsächlich kommt es darauf an, inwieweit der Schutz welcher Güter unter welchen Umständen Vorrang vor der allgemeinen Handlungsfreiheit des potenziellen Täters hat.[59] Denn die grundrechtlichen Gewährleistungen, sind nicht lediglich subjektive Abwehrrechte gegen den Staat, sondern stellen zugleich eine objektive Wertentscheidung der Verfassung dar, die in allen Bereichen der Rechtsordnung Wirkung entfaltet.[60] Aus dem verfassungsrechtlichen Schutzauftrag ist insoweit anerkannt, dass einzelne Schutzpflichten entstehen können, die es gebieten, rechtliche Normen so zu gestalten, dass die Gefahr für Grundrechtsverletzungen minimiert wird. Art und Umfang eines etwaigen Schutzauftrags hängt wiederum

---

56 *Wolter*, Objektive und personale Zurechnung, S. 25; *Meyer*, Die Gefährlichkeitsdelikte, S. 180 f.; *Frisch*, Vorsatz und Risiko, S. 76 f. Fn. 90; *Horn*, Konkrete Gefährdungsdelikte, S. 71; *Freund* AT, § 1 Rn. 14, § 2 Rn. 24, 28 ff.

57 Eingehend zum sachlichen Schutzbereich der allgemeinen Handlungsfreiheit Maunz/Dürig/*Di Fabio*, GG, Art. 2 Rn. 11 ff.

58 Allgemein zu den Bedingungen der Legitimation staatlicher Eingriffe unter Berücksichtigung des Strafrechts s. *Lagodny*, Schranken der Grundrechte, S. 10 f., 137 ff., 275 ff.; *Appel*, Verfassung und Strafe, S. 171 ff., 569 ff.

59 Vgl. dazu *Freund*, Erfolgsdelikt und Unterlassen, S. 52; *Frisch*, Vorsatz und Risiko, S. 138 ff.

60 S. zur entsprechenden ständigen Rspr. etwa BVerfG NJW 1958, 257; BVerfG NJW 1973, 1176, 1177; BVerfG NJW 1975, 573, 575.

von dem Ausmaß möglicher Gefahren und maßgeblich von dem Rang des zu schützenden Rechtsgutes ab.[61]

Beim Aufstellen einer Verhaltensnorm kommt es mithin auf den Schutz des Rechtsgutes an, welcher mit dem Aufstellen der Verhaltensnorm intendiert werden soll. Die Eignung zum Güterschutz stellt insoweit die Grundvoraussetzung bei der Legitimation der Verhaltensnorm dar. Sofern durch die Verhaltensnorm ein schutzfähiges Rechtsgut in Bezug genommen ist, kann beurteilt werden, welches Verhalten bei Vorliegen der übrigen Legitimationsvoraussetzungen (Erforderlichkeit und Angemessenheit des Mittels) um des Schutzes des Rechtsgutes willen ge- oder verboten ist. Sofern allerdings ein Tun oder ein Unterlassen[62] gar nicht geeignet ist, das Rechtsgut in irgendeiner Art und Weise zu schädigen oder vor Schaden zu bewahren, kann dieses Tun oder Unterlassen auch nicht durch eine Verhaltensnorm ver- oder geboten werden.[63] Legitimationsgrund der Ge- oder Verbote ist daher allein die Möglichkeit einer Schädigung von Rechtsgütern, welche durch ein Tun begründet oder ein Unterlassen nicht abgewendet wird. Genau diese zu vermeiden, kann die Einschränkung der Handlungsfreiheit rechtfertigen.

In Bezug auf die übrigen Voraussetzungen kann eine Verhaltensnorm Rechtgüter dann schützen, wenn deren Schutz schwerer wiegt als das hiermit kollidierende Interesse an der freien Entfaltung des Betroffenen.[64] Hierbei ist eine umfassende – alle Belange einschließende und berücksichtigende – Abwägung vorzunehmen. Die allgemeine Handlungsfreiheit kollidiert insoweit mit konkret betroffenen Individualrechtsgütern anderer Personen, beispielsweise deren körperlicher Integrität oder deren Leben. Zum Zwecke des Schutzes dieser Güter unter Berücksichtigung der Güter und Interessen des potenziellen Normadressaten, lässt sich sodann festhalten, welche Verhaltensnorm nicht nur geeignet und erforderlich, sondern auch angemessen ist, um ganz bestimmte schadensträchtige Verläufe[65] präventiv zu unterbinden. Je größer dabei die Gefahren für die

---

61 BVerfG NJW 1979, 359, 363; BVerfG NJW 1975, 573, 575.

62 Terminologisch ist nur ein Tun geeignet neue Schädigungsmöglichkeiten im Hinblick auf das Rechtsgut zu eröffnen. Beim Unterlassen hingegen werden bereits vorhandene Schädigungsmöglichkeiten nicht abgewendet.

63 Dann kommt eine Bestrafung von vornherein nicht in Betracht; vgl. dazu *Freund*, AT, § 2 Rn. 8.

64 *Freund*, Erfolgsdelikt und Unterlassen, S. 52; *ders.*, AT, § 1 Rn. 17 ff.

65 Zu diesem Terminus vgl. *Freund*, AT, § 2 Rn. 46 ff. Der mögliche schadensträchtige Verlauf ist Legitimationsgrund der Verhaltensnorm. Auf dieser Basis ist der später eingetretene schädigende Verlauf Ausdruck des Unrechts, welches durch das Aufstellen

vom Staat zu schützenden Rechtsgüter sind, desto eher muss der potenzielle Verhaltensnormadressat eine Beschränkung seiner Handlungsfreiheit hinnehmen.

Es kann bei der Abwägung konfligierender Interessen nur auf die ex ante Sicht des potenziellen Adressaten der Verhaltensnorm ankommen.[66] Bei der Bestimmung des Bewertungsgegenstands sind also die individuellen Verhältnisse des Betroffenen zu berücksichtigen. Zu klären ist, ob von der konkreten Person in der konkreten Situation von Rechts wegen – und in diesem Sinne objektiv – erwartet werden konnte und durfte, sich in bestimmter Weise zu verhalten.[67]

Eine Erfolgsverursachung durch den Täter ist demgegenüber als „Verhaltensanweisung" viel zu pauschal und daher unbrauchbar.[68] Die Legitimation der Verhaltensnorm erfolgt, wie oben aufgeführt, indem mit der Verhaltensnorm Rechtsgüterschutz betrieben wird – das aufgestellte Ge- oder Verbot zu diesem Zweck geeignet und erforderlich ist und zugleich eine angemessene Berücksichtigung aller beteiligten Güter und Interessen erfolgt. Spätere Ereignisse sind hierbei außer Betracht zu lassen.[69] Würde man auf reine Verursachungsverbote abstellen, würden diese zu einer unangemessenen Ausdehnung der Strafbarkeit führen. Denn letzten Endes lässt sich wohl jeder Erfolg auf irgendeine Ursächlichkeit zurückführen.[70] Indessen muss der Normadressat schon auf der Ebene der Verhaltensnorm erfahren können, was er *unter welchen Bedingungen genau* wie zu vermeiden hat.

Zur Verdeutlichung sei § 223 StGB angeführt. Hiernach wird bestraft, wer eine andere Person körperlich misshandelt oder an der Gesundheit schädigt.

---

der Verhaltensnorm vermieden werden sollte; s. hierzu auch *Freund*, AT, § 2 Rn 78 f.; *ders.*, Erfolgsdelikt und Unterlassen, S. 128 ff.

66 *Freund*, Erfolgsdelikt und Unterlassen, S. 55 f., 60; *ders.*, AT, § 2 Rn. 23 ff.; *ders.*, GA 1991, 387, 390 ff.; *ders.*, ZLR 1994, 261, 263; *Frisch*, Vorsatz und Risiko, S. 76, 124 f., 358.

67 BGH NJW 1952, 593; *Freund*, AT, § 4 Rn. 18 ff.

68 Verursachungsverbote sind solche, die die Herbeiführung eines unerwünschten Ergebnisses „untersagen"; vgl. zutreffend ablehnend *Freund*, Erfolgsdelikt und Unterlassen, S. 10, 122 ff.; *ders.* GA 1991, 387, 390; *Domeier*, Gesundheitsschutz und Lebensmittelstrafrecht, S. 40; *Reus*, Das Recht in der Risikogesellschaft, S. 83 f.; *Kindhäuser* geht demgegenüber unzutreffend von solchen Verboten der Erfolgsverursachung aus; vgl. *Kindhäuser*, Gefährdung als Straftat, S. 50 ff., 132, 255 (allerdings verlangt Kindhäuser für die Strafbarkeit letztlich eine „Zurechenbarkeit" des zu weit gefassten „normwidrigen Verhaltens" als „Pflichtverletzung").

69 *Frisch*, Vorsatz und Risiko, S. 82 ff.; *Freund*, AT, § 2 Rn. 28 ff.

70 *Frisch*, Vorsatz und Risiko, S. 81 f.

Tatbestandliches Verhalten ist in diesem Fall nicht etwa die körperliche Misshandlung oder die Gesundheitsschädigung als rein äußerliches folgenreiches Geschehen. Vielmehr ist tatbestandliches Verhalten der Verstoß gegen eine Verhaltensnorm, die die Körperverletzung zum Schutz des Rechtsguts der körperlichen Integrität verbietet. Beispielsweise begeht der Chirurg, der beim flüchtigen Straftäter eine Gesichtsoperation vornimmt, damit sich dieser der Strafverfolgung entziehen kann, trotz § 228 StGB keine Körperverletzung.[71] Denn das Rechtsgut der Körperintegrität wird jedenfalls nicht in *rechtlich missbilligter* Weise tangiert. Die Missbilligung im Hinblick auf das Rechtsgut des Strafverfolgungsinteresses ist – was die Körperverletzung anbelangt – unspezifisch. Tatbestandsspezifisch relevant ist nur der Verstoß gegen eine legitimierbare Verhaltensnorm, die gerade dem Schutz des entsprechenden Rechtsguts dienen soll.

Nichts anderes gilt etwa für § 229 StGB: Auch bei dieser Straftat genügt nicht der Verstoß gegen ein „Verursachungsverbot". Notwendig ist vielmehr ein Verstoß gegen eine im konkreten Kontext legitimierbare Verhaltensnorm, die dem Schutz der Körperintegrität dienen sollte. Nur dann ist das gesetzliche Fahrlässigkeitserfordernis erfüllt.

Durch das aufgezeigte Konzept kann in durchaus verallgemeinerungsfähiger Weise bestimmten Verhaltensnormen Kontur verliehen und effektiver Rechtsgüterschutz betrieben werden. Zugleich werden durch die Herausarbeitung der relevanten Legitimationsgründe der Verhaltensnorm die Weichen für eine angemessene Erfassung straftatrelevanten Verhaltens gestellt. Der Rechtsgüterschutz spielt also insoweit eine entscheidende Rolle, als nur mit ihm die Legitimation und Konturierung einer Verhaltensnorm gelingen kann.

b) Zur Legitimation von Verhaltensnormen bei (abstrakten) Gefährdungsdelikten

Nun stellt sich allerdings die Frage, wie im Rahmen von (abstrakten) Gefährdungsdelikten mit dem Rechtsgüterschutz durch Verhaltensnormen umzugehen ist. Sowohl bei abstrakten als auch bei konkreten Gefährdungsdelikten stellt der Gesetzgeber in seiner Strafbarkeitsanordnung nicht auf einen eingetretenen Schaden als Erfolg ab.[72] Daher fehlt in der Sanktionsnorm die ausdrückliche Benennung des Endgliedes des schadensträchtigen Verlaufs, den

71 Der Chirurg begeht allerdings eine Strafvereitelung nach § 258 StGB.

72 Zur genaueren Differenzierung s. Schönke/Schröder/*Heine/Bosch*, StGB, Vorb. §§ 306 ff. Rn. 2 ff.

es durch normgemäßes Verhalten zu vermeiden gilt. Immerhin findet er sich bei den konkreten Gefährdungsdelikten in verkürzter Form in Gestalt des Gefährdungserfolgs. Indessen fehlt selbst bei abstrakten Gefährdungsdelikten der notwendige Bezug zum Rechtsgüterschutz durch Verhaltensnormen nicht. Ganz generell gilt: Etwaige Fehlverhaltensfolgen sind nicht notwendige Bedingung einer Strafbarkeit. Dies zeigt sich schon an der Konzeption des strafbaren Versuchs. Die fehlende Verletzung etwa des Schutzgutes Leben nimmt dem abstrakten Gefährdungsdelikt beispielsweise bei § 306 a Abs. 1 StGB nicht die Berechtigung. Denn die aufgestellte Verhaltensnorm soll vor einer Schädigungs*möglichkeit* schützen. Aufgrund der Schädigungsmöglichkeit, die eine Person durch ihre Handlung unerlaubterweise schafft oder nicht abwendet, besteht die Gefahr, dass es zu einer Rechtsgutsverletzung kommt.[73] Dementsprechend wird bereits ein solches generell gefährliches Verhalten rechtlich missbilligt und vom Gesetzgeber mit Recht unter Strafe gestellt. Dass es in solchen Fällen letztlich oft nicht zu einer Rechtsguts*verletzung* kommt, macht das zuvor gegen die Verhaltensnorm verstoßende Verhalten nicht rückwirkend zu einem erlaubten. Derjenige, der durch sein unerlaubtes Verhalten eine Schädigungsmöglichkeit schafft oder eine solche nicht abwendet, stellt die Geltung der zur Vermeidung der Schädigungsmöglichkeit aufgestellten Verhaltensnorm in Frage. Bereits in dieser Infragestellung liegt ein zureichender Ansatzpunkt für eine angemessen missbilligende strafrechtliche Reaktion. Ausgangspunkt bildet dogmatisch somit einmal mehr die aufgestellte Verhaltensnorm, indem eine bestimmte Verhaltensweise die Möglichkeit eröffnet, einen Verlauf zu nehmen, der in die Schädigung des Rechtsguts einmünden kann. Entscheidend ist somit allein die Beurteilung des Verhaltens im Verhaltenszeitpunkt als unrechtes. Bleibt letztlich eine Verletzung des Rechtsguts aus, kann nicht rückwirkend das Verhalten gebilligt werden. Dieses hat nach wie vor als im Verhaltenszeitpunkt zu gefährlich und deswegen von der Normenordnung verboten zu gelten. Der Nichteintritt eines Schadens ist allenfalls dem Zufall zuzuschreiben. Es würde dem präventiven Rechtsgüterschutzkonzept durch Verhaltensnormen zuwiderlaufen, wenn man ex post ein aus der allein maßgeblichen ex ante Perspektive als *unrecht* beurteiltes Verhalten mit rückwirkender Kraft als ungefährlich und

---

73 BGHSt 39, 371, 372; BGH NJW 1994, 672; in Abgrenzung hierzu stellen konkrete Gefährdungsdelikte Erfolgsdelikte dar, die jedoch keinen Verletzungserfolg erfordern, sondern lediglich einen bestimmten Gefahrerfolg; vgl. zu den konkreten Gefährdungsdelikten *Roxin*, AT, § 11 Rn. 147 ff.; Baumann/Weber/Mitsch/Eisele/*Mitsch*, Strafrecht AT, § 6 Rn. 51.

erlaubt darstellen wollte.[74] Für die Beurteilung eines im Verhaltenszeitpunkt gefährlichen Verhaltens als Fehlverhalten sind spezifische Folgen des Verhaltens daher irrelevant und müssen für eine sachgerechte Beurteilung außer Acht gelassen werden. Sie können allenfalls Begleitumstände darstellen, die eintreten oder eben ausbleiben können. Die ex ante festgelegte Beurteilung eines Verhaltens als gegen eine rechtlich legitimierte Verhaltensnorm verstoßend ist unumkehrbar.

c) Zur „zwei-Säulen"-Konzeption

Die Normeinhaltung als solche hat somit *stets* den berechtigten Nutzen für die Belange des Rechtsgüterschutzes, durch den die Verhaltensnorm legitimiert wird. Sicherlich gibt es nicht nur Verhaltensnormen, die allein durch den berechtigten Nutzen der Normeinhaltung – durch ihren legitimen Zweck – und damit monistisch legitimiert werden. Praktisch viel bedeutsamer sind Verhaltensnormen, die eine zweite Säule[75] der Legitimation aufweisen – mithin dualistisch legitimiert sind: Als zweites konstituierendes Merkmal tritt bei diesen, neben den Rechtsgüterschutz, eine Sonderverantwortlichkeit[76] des Täters speziell für das Vermeiden der in Frage stehenden Schädigungsmöglichkeit. Eine solche Sonderverantwortlichkeit hat regelmäßig derjenige, der einen bestimmten schadensträchtigen Verlauf in Richtung auf ein bestimmtes Rechtsgut in Gang setzt,[77] aber mitunter auch derjenige, der einen solchen schadensträchtigen Verlauf nicht abwendet. Illustrativ sei hier etwa der Tierhalter genannt, der seinen Hund

74 *Meyer*, Die Gefährlichkeitsdelikte, S. 189 f.; *Koriath*, GA 2001, 51, 54; hinsichtlich der sozialpsychologischen Einordnung des „Actor-Observer"- und des „Creeping Determinism"- Phänomens bezüglich des – an sich durchaus nachvollziehbaren – Gedankens, dass ein Risiko, je nach Eintritt des Schadens zu beurteilen ist, s. *Prittwitz*, Strafrecht und Risiko, S. 109 ff.; Jung/Müller-Dietz/Neumann/*Kuhlen*, Recht und Moral, S. 341, 358 f.; s. auch schon *Binding*, Normen, Bd. IV, § 312, S. 646 f.; MüKo/*Duttge*, StGB, § 15 Rn. 1 ff.

75 Vgl. zum „Verhaltensnormmodell der zwei Säulen" *Freund*, AT, § 2 Rn. 16 ff.

76 Mitunter terminologisch auch Garantenstellung genannt, vgl. Lackner/Kühl/*Lackner*, StGB, § 13 Rn. 7; Schönke/Schröder/*Sternberg-Lieben/Schuster*, StGB, § 15 Rn. 220. Zur kritischen Betrachtung des Begriffs der *Garantenstellung* und der Bedeutung der Sonderverantwortlichkeit als Differenzierungskriterium zwischen begehungsgleichen und nichtbegehungsgleichen Unterlassungsdelikten vgl. *Freund*, Erfolgsdelikt und Unterlassen, S. 44 ff., 137 ff., 145 ff., 170.

77 Zur verkürzten und damit nicht sachgemäßen Erfassung und Anwendung der Sonderverantwortlichkeit nur auf begehungsgleiche Unterlassungsdelikte unter dem Stichwort der Garantenstellung als Tatbestandsmerkmal vgl. *Wessels/Beulke*, AT, Rn. 1004.

nicht zurückpfeift, der gerade das Kind im Park anfällt. Den Tierhalter trifft im genannten Fall eine Sonderverantwortlichkeit dafür, dass das Kind gerade nicht durch den Hund an seinen Rechtsgütern verletzt wird. Diese besondere rechtliche Verantwortlichkeit stellt sich als weiteres Kriterium zur Legitimation von Verhaltensnormen dar und dient der Kennzeichnung tatbestandsspezifischer Verhaltensnormverstöße.[78]

Insofern spielt die monistische oder dualistische Legitimation der Verhaltensnorm auch eine entscheidende Rolle für die Sanktionsnorm. Im Strafgesetzbuch gibt es nur zwei Sanktionsnormen, für die ein Verstoß gegen eine monistisch legitimierte Verhaltensnorm genügt: § 323c und § 138 StGB. In allen anderen Fällen bedarf es für die entsprechende Strafbarkeit des Verstoßes gegen eine dualistisch legitimierte Verhaltensnorm. Das gilt etwa für die Sanktionsnormen der Körperverletzung nach § 223 StGB, des Totschlags nach § 212 StGB oder der Sachbeschädigung nach § 303 StGB. Um das Beispiel des Hundehalters aufzugreifen: Er verstößt gegen eine dualistisch zu legitimierenden Verhaltensnorm, wenn er entgegen seiner speziellen Verpflichtung dem als bissig bekannten Hund keinen Maulkorb anlegt und diesen nicht an der Leine führt. Verletzt der Hund deshalb ein kleines Kind, ist der Halter dafür als Sonderverantwortlicher wegen fahrlässiger Körperverletzung verantwortlich. Lässt er das lebensgefährlich verletzte Kind sterben, erfüllt er dadurch die Voraussetzungen des Totschlags durch begehungsgleiches Unterlassen. Denn auch für die Abwendung der Lebensgefahr ist er – im Gegensatz zum Täter des § 323c StGB – sonderverantwortlich.

3. Zusammenfassung

Das in diesem Abschnitt dargestellte Konzept bildet die den verfassungsrechtlichen Vorgaben entsprechende Grundlage für eine angemessene Bestrafung begangenen personalen Verhaltensunrechts[79] (nebst Folgen). Strafe muss sich zweckrational legitimieren lassen, und zwar als Erfüllung der staatlichen Rechtsgüterschutzaufgabe. Es wurde gezeigt, dass sich das Strafrecht als sekundäre Normenordnung darstellt, indem durch Anwendung der Sanktionsnormen auf begangenes Verhaltensunrecht reagiert wird. Diese Reaktion kann zur Verfolgung eines legitimen Zwecks geeignet, erforderlich und angemessen sein, *sofern*

78 Ausführlich zur Inpflichtnahme des in besonderer Weise rechtlich Verantwortlichen und zur allgemeinen Bedeutung dieses Merkmals für Verhaltensnormen, deren Legitimation „auf zwei Säulen gegründet" werden kann MüKo/*Freund*, StGB, Vor §§ 13 Rn. 171 ff.; *ders.*, AT, § 2 Rn. 16 ff.; *ders.*, Erfolgsdelikt und Unterlassen, S. 68 ff.

79 Vgl. hierzu allgemein *Freund*, AT, § 4 Rn. 1 ff.

eine Verhaltensnorm übertreten wurde. Die Sanktionierung von Verhaltensunrecht dient der Stabilisierung der Geltungskraft, welche die zuvor übertretene Verhaltensnorm besitzt. Diese Geltungskraft wäre anderenfalls gefährdet. Die rechtliche Legitimation der Verhaltensnorm aber ist eine Frage, die der sekundären Normenordnung des Strafrechts vorgelagert ist, nämlich zur vorstrafrechtlichen Normenordnung des rechtlich richtigen Verhaltens gehört. Diese dient als Instrument zum Schutz des Bürgers vor Gefahren für bestimmte Rechtsgüter. Durch die Statuierung von Verhaltensnormen soll der Normunterworfene zu einem bestimmten Verhalten (Tun oder Unterlassen) angehalten werden. Die Kollision mit der allgemeinen Handlungsfreiheit des Normunterworfenen liegt auf der Hand. Zur Legitimation der Verhaltensnorm bedarf es daher der Rechtfertigung dahin gehend, dass die Verhaltensnorm zur Erreichung eines legitimen Rechtsgüterschutzzwecks geeignet, erforderlich und angemessen sein muss. Maßgeblich geht es bei der Bewertung eines Verhaltens um eine Gefahrprognose, wie sie sich ex ante aus der Perspektive des potenziellen Adressaten der Norm unter Berücksichtigung seiner individuellen Verhältnisse darstellt. Konkret geht es um mögliche Schädigungsverläufe, die geschaffen oder nicht abgewendet werden. Sind diese Gefahren für bestimmte Rechtsgüter nach den Vorwertungen der Rechtsordnung gewichtiger einzuschätzen als die allgemeine Handlungsfreiheit des potentiellen Normadressaten, so rechtfertigt dies die Statuierung eines Ver- oder Gebots, welches diese Schädigungsmöglichkeit verhindern soll. Die Verhinderung des antizipierten, möglichen Geschehensablaufs muss sich demnach als tauglicher Legitimationsgrund der Verhaltensnorm darstellen. Indessen gibt es nicht nur solche rein monistisch (durch den Rechtsgüterschutz) legitimierten Verhaltensnormen. Praktisch weitaus häufiger sind dualistisch legitimierte Verhaltensnormen: Bei diesen trifft den Normunterworfenen eine *besondere rechtliche Verantwortlichkeit* genau dafür, einen ganz bestimmten schadensträchtigen Verlauf zu vermeiden. Diese besondere rechtliche Verantwortlichkeit kann sich aus einer besonderen Beziehung des Täters zum Opfer oder aber aus einer solchen zum Ursprung der zu vermeidenden Schädigungsmöglichkeit ergeben.

C Gesetzliche Grundlagen im Human- und Tierarzneimittelrecht

I. Die Zulassung von Human- und Tierarzneimitteln

Mit der Zulassung eines Arzneimittels wird hinsichtlich dessen Vermarktung die Einstufung als verschreibungspflichtig vorgenommen. Das Zulassungsverfahren von Human- und Tierarzneimitteln differiert dabei in seinen Einzelheiten voneinander. Im Folgenden sollen daher Unterschiede herausgearbeitet werden, die in Bezug auf verschreibungspflichtige Arzneimittel bedeutsam sind.

1. Die Zulassung von Humanarzneimitteln

Das Inverkehrbringen von Arzneimitteln in Deutschland steht unter einem Verbot mit Erlaubnisvorbehalt.[80] Nur wenn das Arzneimittel eine Zulassung erhalten hat, kann es vermarktet werden. Unter die Zulassungsverpflichtung fallen ausweislich des § 21 Abs. 1 AMG Fertigarzneimittel im Sinne von § 2 Abs. 1 oder Abs. 2 Nr. 1 AMG.[81] Das sind solche, die im „Voraus hergestellt und in einer zur Abgabe an den Verbraucher bestimmten Packung in den Verkehr gebracht werden oder andere zur Abgabe an den Verbraucher bestimmte Arzneimittel, bei deren Zubereitung in sonstiger Weise ein industrielles Verfahren zur Anwendung kommt oder die, ausgenommen in Apotheken, gewerblich hergestellt werden" (§ 4 Abs. 1 AMG). Arzneimittel im Sinne von § 2 Abs. 1 Nr. 1 AMG sind solche Stoffe oder Stoffzubereitungen, die dazu bestimmt sind, durch Anwendung am oder im menschlichen Körper Krankheiten oder krankhafte Beschwerden zu lindern, zu heilen oder zu verhüten. Arzneimittel nach § 2 Abs. 1 Nr. 2 AMG wiederum sind solche Stoffe oder Stoffzubereitungen, „die physiologische Funktionen durch pharmakologische, immunologische oder metabolische Wirkung wiederher[zu]stellen, [zu] korrigieren oder [zu] beeinflussen [oder] (…) eine medizinische Diagnose stellen". Ein weiteres, der Zulassungspflicht unterfallendes Arzneimittel, ist schließlich ein solches im Sinne von § 2 Abs. 2 Nr. 1

80 Durch das Gesetz zur Neuordnung des Arzneimittelrechts, AMRNOG 1976, BGBl. I, 1976, S. 2445 ff. erfolgte eine Abwendung von der vormals herrschenden bloßen Registrierungspflicht zur nunmehr geltenden materiellrechtlichen Zulassungspflicht. Die Änderungen waren unter anderem letztlich Folge der in den sechziger Jahren auftretenden Contergan-Schädigungen; s. hierzu allgemein *Kirk*, Der Contergan-Fall.

81 In § 21 Abs. 2 AMG finden sich Ausnahmen von der Zulassungspflicht.

AMG, also Gegenstände, die ein Arzneimittel im Sinne von § 2 Abs. 1 AMG enthalten oder auf die ein solches aufgebracht ist und die zur dauerhaften oder vorübergehenden Berührung mit dem menschlichen oder tierischen Körper bestimmt sind. Hierbei handelt es sich um sog. fiktive Arzneimittel[82], die an sich per Definition keine Arzneimittel darstellen, aber per Gesetz als solche gelten.

Möchte der pharmazeutische Unternehmer ein Humanarzneimittel in Deutschland zulassen, so hat dieser einen entsprechenden Antrag zu stellen.[83] Das BfArM ist hinsichtlich der Zulassung und Überwachung von niedermolekularen Arzneimitteln und Medizinprodukten zuständig. Das Bundesinstitut für Impfstoffe und biomedizinische Arzneimittel (Paul Ehrlich Institut – PEI) ist für die Zulassung von Sera und Impfstoffen zuständig.[84] Dem Antrag sind die in § 22 AMG genannten Unterlagen beizufügen. Für einige dieser Unterlagen müssen gemäß § 24 Abs. 1 AMG Gutachten von Sachverständigen mit eingereicht werden. Gemäß § 22 Nr. 3 AMG sind die verwendeten Bestandteile nach Art und Menge anzugeben.[85] Enthält das Arzneimittel Stoffe, die in der AMVV oder aus sonstigen Gründen[86] der Verschreibungspflicht unterfallen, so sind entsprechende Angaben bereits im Zulassungsantrag von Nöten. Der pharmazeutische Unternehmer muss unter anderem gemäß § 22 Abs. 7 AMG den Wortlaut, der für das Behältnis, die äußere Umhüllung und die Packungsbeilage vorgesehen ist, angeben sowie den Entwurf einer Zusammenfassung der Produktmerkmale beifügen. Hinsichtlich des Behältnisses und der äußeren Umhüllung normiert § 10 Abs. 1 Nr. 10 AMG, dass der Hinweis „Verschreibungspflichtig" angebracht wird.[87] Dies muss sodann schon im Entwurf den Zulassungsunterlagen beigefügt werden. Wenn der pharmazeutische Unternehmer ein Arzneimittel mit

---

82 Zur Begrifflichkeit vgl. *Rehmann*, AMG, § 2 Rn. 20; Kügel/Müller/Hofmann/*Müller*, AMG, § 2 Rn. 125 ff.; Spickhoff/*Heßhaus*, Medizinrecht, § 2 Rn. 2.

83 Vgl. § 21 Abs. 3 AMG. Das nationale Zulassungsverfahren ist in den §§ 21 ff. AMG geregelt.

84 Vgl. § 77 Abs. 1 und Abs. 2 AMG.

85 Die Gesetzessystematik unterscheidet Bestandteile in arzneilich wirksame und sonstige Bestandteile, beispielsweise Hilfsstoffe, vgl. § 4 Abs. 19 AMG, § 10 Abs. 1 Nr. 8 AMG sowie Abschnitt 3.2.2.1 Anhang I Teil I Richtlinie 2001/83/EG des Europäischen Parlaments und des Rates vom 6. November 2001 zur Schaffung eines Gemeinschaftskodexes für Humanarzneimittel, ABl. L 311 vom 28. 11. 2001, S. 67 ff., der im Rahmen der richtlinienkonformen Auslegung entsprechend heranzuziehen ist.

86 Beispielsweise in § 48 Abs. 1 Satz 1 Nr. 2 AMG; s. im Übrigen zu den Arzneimitteln, die der Verschreibungspflicht unterfallen D.I.3.a).

87 Erforderlich ist ein entsprechender Hinweis auf der äußeren Umhüllung in gut lesbarer Schrift, vgl. *Rehmann*, AMG, § 10 Rn. 3.

nicht allgemein bekannter medizinischer Wirkung zulassen möchte, ordnet § 48 Abs. 1 Nr. 3 AMG die Verschreibungspflicht von Gesetzes wegen an. Auch in diesen Fällen treffen den pharmazeutischen Unternehmer daher die Pflichten des § 22 Abs. 7 AMG.

Ergänzend sind die auf der Grundlage des § 26 AMG erlassenen Vorschriften[88] für eine weitere Konkretisierung der vorzulegenden Unterlagen heranzuziehen.[89] Bei Arzneimitteln, die der Verschreibungspflicht unterliegen, ist eine Zulassungskommission nach § 25 Abs. 6 AMG zu hören. Die zuständige Bundesoberbehörde entscheidet, sofern keine Beanstandungen vorliegen, innerhalb von sieben Monaten über die Zulassung (§ 27 Abs. 1 Satz 1 AMG). Sofern der Antragsteller alle erforderlichen Unterlagen eingereicht hat und keine Versagungsgründe nach § 25 Abs. 2 AMG vorliegen, *hat* die zuständige Bundesoberbehörde die Zulassung zu erteilen. Es handelt sich mithin um eine gebundene Entscheidung.[90] Sofern die Zulassung erteilt wurde, hat sie fünf Jahre Gültigkeit, sofern nicht nachträglich Gründe zu einem Widerruf oder einer Rücknahme führen.[91] Die Zulassung ermächtigt den Zulassungsinhaber, das im Zulassungsbescheid genannte Arzneimittel in den dort genannten Stärken, Darreichungsformen, Anwendungsgebieten und Verabreichungswegen in Deutschland in den Verkehr zu bringen.[92] Sie erlischt unter anderem, wenn nicht nach vier Jahren und drei Monaten seit der Erteilung ein Antrag auf Verlängerung gestellt wird.[93]

---

88 Die bisher auf der Grundlage des § 26 AMG erlassenen drei Prüfrichtlinien (Die Allgemeine Verwaltungsvorschrift zur Anwendung der Arzneimittelprüfrichtlinien in der Fassung vom 05. 05. 1995, BAnz Nr. 96a, die Allgemeine Verwaltungsvorschrift zur Registrierung homöopathischer Arzneimittel in der Fassung vom 18. 12. 1992, BAnz 1992, S. 9704 ff. und die Allgemeine Verwaltungsvorschrift zur Anwendung der Tierarzneimittelprüfrichtlinien vom 30. 03. 1995, BAnz 1995, S. 4241 ff.) wurden durch Verordnung zur Anwendung der Arzneimittelprüfrichtlinien (Arzneimittelprüfrichtlinien-Verordnung – AMPV) vom 8. Januar 2016, BGBl. I, S. 47 aufgehoben. Danach kommt es für die vorzulegenden Unterlagen nunmehr zusätzlich auf Anhang I bis III der Richtlinie 2001/83/EG an; vgl. § 1 AMPV.

89 Im Rahmen einer richtlinienkonformen Auslegung sind auch die von der Kommission veröffentlichten Leitlinien *Notice to Applicants* oder auch Band 2B der „Regelung der Arzneimittel in der Europäischen Gemeinschaft"; die *Notice to Applicants* ist abrufbar unter http://ec.europa.eu/health/files/eudralex/vol-2/b/update_200805/ctd_05-2008_en.pdf (zuletzt aufgerufen am 23. 03. 2015).

90 *Kloesel/Cyran*, AMG, § 25 Rn. 19; Kügel/Müller/Hofmann/*Krüger*, AMG, § 25 Rn. 15.

91 Vgl. § 30 AMG.

92 § 25 Abs. 1 Satz 2 AMG sowie Art. 6 Unterabsatz 2 Richtlinie 2001/83/EG.

93 § 31 Abs. 1 Nr. 3 lit. a).

Der pharmazeutische Unternehmer hat überdies, neben dem nationalen Zulassungsverfahren, die Möglichkeit, eine Zulassung für sein Arzneimittel in mehreren oder allen Mitgliedstaaten der Europäischen Union zu erlangen. Zum einen kann das sog. zentrale Zulassungsverfahren auf Basis der Verordnung (EG) Nr. 726/2004[94] angestrengt werden, welches in eine europaweit gültige Zulassung, die durch die Europäische Kommission erteilt wird, mündet.[95] Für das Verfahren als solches ist die Europäische Arzneimittelagentur (EMA[96]) zuständig.

Zum anderen kann der pharmazeutische Unternehmer das Verfahren der gegenseitigen Anerkennung (§ 25 b Abs. 2 in Verbindung mit Abs. 4 AMG)[97] oder das dezentralisierte Zulassungsverfahren (§ 25 b Abs. 3 in Verbindung mit Abs. 4 AMG)[98] wählen. Bei erstgenanntem Verfahren begehrt der Antragsteller eine Zulassung für ein in einem Mitgliedstaat bereits zugelassenes Arzneimittel in anderen Mitgliedstaaten der Europäischen Union durch Anerkennung der ersten Zulassung. Der Staat, in dem die Zulassung zuerst beantragt wurde, dient als sog. *Reference Member State (RMS)*, der für das Verfahren der Anerkennung einen Beurteilungsbericht oder *assessment report* verfasst, welcher als Grundlage für die Anerkennung dient. Die anderen einbezogenen Staaten (sog. *Concerned Member States – CMS*), können durch die nationalen Arzneimittelbehörden die Zulassung des Referenzstaates auf Basis des Beurteilungsberichts anerkennen. Im zuletzt genannten Verfahren begehrt der Antragsteller indes eine Zulassung in mehreren Mitgliedstaaten der Europäischen Union, ohne dass er zuvor eine Zulassung in einem Mitgliedstaat erhalten hat. Auch hier fungiert ein Staat als Referenzstaat, der einen Beurteilungsbericht erstellt, auf dessen Basis die einbezogenen Staaten über die nationale Zulassung für ihr Land entscheiden.

---

94 Verordnung (EG) Nr. 726/2004 des Europäischen Parlaments und des Rates vom 31. März 2004 zur Festlegung von Gemeinschaftsverfahren für die Genehmigung und Überwachung von Human- und Tierarzneimitteln und zur Errichtung einer Europäischen Arzneimittel-Agentur, ABl. L 136 vom 30. 04. 2004, S. 1 ff.

95 S. ausführlich zum Verfahrensablauf Dieners/Reese/*Friese*, Pharmarecht, § 5 Rn. 80 ff.; *Rehmann,* AMG, vor § 21 Rn. 4.

96 European Medicines Agency.

97 Sog. *Mutual Recognition Procedure – MRP*, vgl. auch Art. 28 Abs. 1 Richtlinie 2001/83/EG; zum ausführlichen Verfahrensablauf s. *Kloesel/Cyran*, AMG, § 25 b Rn. 26 ff.

98 Sog. *Decentralised Procedure – DCP*, vgl. auch Art. 28 Abs. 3 Richtlinie 2001/83/EG; zum Verfahrensablauf s. *Kloesel/Cyran*, AMG, § 25 b Rn. 31 ff.

2. Die Zulassung von Tierarzneimitteln

Im Folgenden Abschnitt werden die Besonderheiten bei der Zulassung von Tierarzneimitteln im Vergleich zu Humanarzneimitteln dargestellt. Sofern es sich um dieselben Anforderungen wie bei der Zulassung von Humanarzneimitteln handelt, wird dies entsprechend vermerkt.

Gemäß § 21 Abs. 1 Satz 2 AMG unterliegen, im Unterschied zur Zulassung von Humanarzneimitteln, neben Fertigarzneimitteln, auch Nichtfertigarzneimittel der Zulassungspflicht, sofern diese nicht zur Abgabe an den pharmazeutischen Unternehmer mit Herstellungserlaubnis abgegeben werden.[99]

Im Rahmen der Zulassung eines Tierarzneimittels hat der pharmazeutische Unternehmer ebenfalls die Möglichkeit, das Arzneimittel im nationalen Verfahren zuzulassen. Zuständig für die Zulassung von Tierarzneimitteln ist das Bundesamt für Verbraucherschutz und Lebensmittelsicherheit (BVL). Das PEI und das Friedrich-Loeffler-Institut (FLI) sind für die Zulassung von Tierimpfstoffen zuständig.[100] Der pharmazeutische Unternehmer hat im Rahmen des Zulassungsantrages ebenfalls die nach § 22 AMG erforderlichen Unterlagen einzureichen. Zusätzlich sind bei Tieren, die der Gewinnung von Lebensmitteln dienen, die in § 23 AMG genannten Unterlagen einzureichen. Hierbei handelt es sich um tierarzneimittelrechtliche Besonderheiten, wie etwa erforderliche Angaben über die einzuhaltende Wartezeit vor der Schlachtung oder Ergebnisse über Rückstandsprüfungen.[101] Den Unterlagen sind Gutachten von Sachverständigen beizufügen, wobei aus dem Gutachten über Rückstandsprüfungen unter anderem hervorgehen muss, inwiefern nach Behandlung des Tieres Rückstände bei Tieren, die der Gewinnung von Lebensmitteln dienen, auftreten, wie diese zu beurteilen sind und ob die vorgesehenen Wartezeiten ausreichend sind.[102] Hinsichtlich beizulegender Unterlagen über Umweltrisikobewertungen, die grundsätzlich auch bei der Zulassung von Humanarzneimitteln vorzulegen sind, gilt in Bezug auf Tierarzneimittel, dass auch Ergebnisse der Prüfungen zur Bewertung möglicher Umweltrisiken

---

99 Ausnahmen von der Zulassungspflicht im Bereich von Tierarzneimitteln finden sich ebenfalls wie bei Humanarzneimitteln in § 21 Abs. 2 AMG; s. z. B. § 21 Abs. 2 Nr. 5 AMG hinsichtlich solcher Arzneimittel, die zur klinischen Prüfung bei Tieren oder zur Rückstandsprüfung bestimmt sind.

100 Die Zuständigkeit des PEI und des FLI ist in § 2 Abs. 2 Tierimpfstoff-Verordnung geregelt. Die Zuständigkeit des BVL in § 77 Abs. 3 AMG.

101 S. hierzu sogleich C.III.

102 § 24 Abs. 1 Nr. 4 AMG.

vorzulegen sind.[103] Entsprechend diesen tierarzneimittelspezifischen Besonderheiten sind gemäß § 25 Abs. 2 Satz 1 AMG spezifische Gründe aufgeführt, welche zur Versagung der Zulassung führen, etwa wenn die angegebene Wartezeit nicht ausreicht.[104] Die Zulassung eines Tierarzneimittels erlischt unter anderem, wenn nicht nach vier Jahren und sechs Monaten seit Erteilung der Zulassung ein Antrag auf Verlängerung gestellt wird.[105] Bei Arzneimitteln, die zur Anwendung bei Tieren bestimmt sind, die der Gewinnung von Lebensmitteln dienen und die einen bestimmten pharmakologisch wirksamen Bestandteil enthalten,[106] erlischt die Zulassung nach Ablauf einer Frist von 60 Tagen nach Veröffentlichung im Amtsblatt der Europäischen Union, sofern nicht innerhalb dieser Frist auf die Anwendungsgebiete bei Tieren, die der Gewinnung von Lebensmitteln dienen, verzichtet worden ist.[107]

Der grundsätzlich auch im Bereich der Zulassung von Humanarzneimitteln abzugebende Beurteilungsbericht der zuständigen Bundesoberbehörde erfordert bei der Zulassung von Tierarzneimitteln, die zur Anwendung bei Tieren bestimmt sind, die der Gewinnung von Lebensmitteln dienen, zusätzlich auch die Bezugnahme der Ergebnisse der Rückstandsprüfungen.[108]

Schließlich ist ebenfalls gemäß § 25 Abs. 6 AMG eine aus Sachverständigen bestehende Zulassungskommission am Zulassungsverfahren zu beteiligen. Die durch das Bundesministerium für Gesundheit (BMG) berufenen Mitglieder sollen hinsichtlich der Entscheidung eines zuzulassenden Arzneimittels ihr fachliches Wissen zu Qualität, Wirksamkeit und Unbedenklichkeit des Arzneimittels in ihre Entscheidung mit einfließen lassen. Die Zulassungsbehörde ist nicht an das Votum der Zulassungskommission gebunden, was sich aus § 25 Abs. 6 Satz 3 AMG ergibt.

---

103 Vgl. § 22 Abs. 3c Satz 2 AMG. Umweltrisiken bestehen deshalb, weil Arzneimittel grundsätzlich nur schwer abbaubar sind und so in Gewässer und Böden dringen können, was zu Gefahren für Mensch und Natur führen kann; vgl. hierzu Fuhrmann/Klein/Fleischfresser/*Wolf*, Arzneimittelrecht, § 37 Rn. 6.

104 Vgl. § 25 Abs. 2 Satz 1 Nr. 6 AMG.

105 Vgl. § 31 Abs. 1 Nr. 3 lit. b) AMG, wobei hinsichtlich Humanarzneimitteln eine Frist von vier Jahren und drei Monaten gilt; vgl. oben C.I.1.

106 Hierbei muss es sich um einen solchen handeln, der in die Tabelle 2 des Anhangs der Verordnung (EU) Nr. 37/2010 der Kommission vom 22. Dezember 2009 über pharmakologisch wirksame Stoffe und ihre Einstufung hinsichtlich der Rückstandshöchstmengen in Lebensmitteln tierischen Ursprungs ABl. L 15 vom 20. 01. 2010, S. 1 ff., aufgenommen wurde.

107 Vgl. § 31 Abs. 3a AMG.

108 Vgl. § 25 Abs. 5a AMG.

Ist eine Zulassung in mehreren europäischen Staaten gewünscht, stehen dem pharmazeutischen Unternehmer ebenfalls das dezentralisierte Zulassungsverfahren, das Verfahren der gegenseitigen Anerkennung sowie das zentrale Zulassungsverfahren zur Verfügung.[109] Im Rahmen von europäischen Zulassungen wirkt das BVL bei der europäischen Zulassung insofern mit, als es mit Fachleuten im Ausschuss für Tierarzneimittel (Committee for Medicinal Products for Veterinary Use, CVMP) der EMA und Arbeits- und Koordinierungsgruppen (Coordination Group for Mutual Recognition and Decentralized Procedures – Veterinary (CMDv)) vertreten ist. Im Rahmen des zentralen Zulassungsverfahrens nach der Verordnung (EG) Nr. 726/2004 bearbeitet der CVMP bei der EMA den Antrag. Das Verfahren mündet bei positivem Verfahrensausgang in einer EU-weiten Zulassung für das Tierarzneimittel. Das zentrale Zulassungsverfahren findet zwingend für die im Anhang der Verordnung (EG) Nr. 726/2004 genannten Arzneimittel Anwendung, was ausweislich dessen Ziffer 2 insbesondere für Tierarzneimittel gilt, die zur Anwendung als Leistungssteigerungsmittel zur Förderung des Wachstums oder zur Erhöhung der Ertragsleistung von behandelten Tieren vorgesehen sind. Sofern das zentrale Zulassungsverfahren nicht zwingend Anwendung findet, der pharmazeutische Unternehmer das Tierarzneimittel aber dennoch im zentralen Zulassungsverfahren zulassen möchte, kann er dies nach Maßgabe des Art. 3 Abs. 2 Verordnung (EG) Nr. 726/2004 tun. Voraussetzung ist danach, dass das Arzneimittel einen neuen Wirkstoff enthält oder der Nachweis gelingt, dass eine zentrale Genehmigung für das Arzneimittel aufgrund bedeutender Innovation im Interesse der Tiergesundheit ist.[110]

Mit dem Vorschlag vom 10. 09. 2014 für eine Verordnung des Europäischen Parlaments und des Rates über Tierarzneimittel – COM (2014) 558 final – soll das bisher geltende und oben skizzierte Verfahren über die Zulassung von Tierarzneimitteln und das bisher geltende Recht für Tierarzneimittel insgesamt novelliert werden. Vorgesehen ist unter anderem die Schaffung eines zentralen Zulassungsverfahrens für Tierarzneimittel.[111] Wie oben beschrieben gibt es gesetzlich derzeit keine getrennten Zulassungsverfahren für Human- und Tierarzneimittel. Insbesondere aufgrund der Ermächtigung

---

109 Vgl. insoweit bereits C.I.1.

110 Art. 3 Abs. 2 lit. b) Verordnung (EG) Nr. 726/2004. Gleiches gilt für immunologische Tierarzneimittel, die gemeinschaftlichen Prophylaxemaßnahmen unterliegen; vgl. Art. 3 Abs. 2 Satz 2 Verordnung (EG) Nr. 726/2004.

111 Vgl. Kap. III des Vorschlags für eine Verordnung des Europäischen Parlaments und des Rates über Tierarzneimittel vom 10. 09. 2014, COM(2014) 558 final. Es bleibt abzuwarten, in welcher Endfassung der Verordnungstext letztlich verabschiedet wird.

von Mitgliedstaaten künftig alle Arzneimittel, die zur Anwendung bei Tieren bestimmt sind, die der Gewinnung von Lebensmitteln dienen, für verschreibungspflichtig erklären zu können,[112] haben die Berufsverbände der Tierheilpraktiker Kooperation deutscher Tierheilpraktiker-Verbände e. V. und der Verband Artgerechte Tiergesundheit e. V. eine Petition beim Deutschen Bundestag eingereicht.[113]

II. Abgabe von Human- und Tierarzneimitteln

Die Abgabe von Human- und Tierarzneimitteln unterscheidet sich insbesondere durch den Personenkreis der zur Abgabe berechtigten Personen. Von Bedeutung ist zudem, ob es sich um freiverkäufliche, apothekenpflichtige oder verschreibungspflichtige Arzneimittel handelt. Schließlich wird vom Gesetz eine Differenzierung hinsichtlich der Abgabe von Tierarzneimitteln sowohl im Vergleich zur Abgabe von Humanarzneimitteln als auch zu solchen Tierarzneimitteln, die zur Anwendung bei Tieren bestimmt sind, die der Gewinnung von Lebensmitteln dienen, vorgenommen. Entsprechend existiert eine Vielzahl von denkbaren Fallgestaltungen im Hinblick auf die Abgabe von Arzneimitteln. Nachstehend soll lediglich auf die für die Belange dieser Untersuchung bedeutsame Abgabe von verschreibungspflichtigen Arzneimitteln eingegangen werden. Nur sofern es zur Abgrenzung erforderlich ist, wird auf apothekenpflichtige und frei verkäufliche Arzneimittel sowie auf mit der Abgabe verbundene Pflichten[114] eingegangen.

1. Abgabe von Humanarzneimitteln

a) Abgabe durch den Apotheker

Verschreibungspflichtige Humanarzneimittel dürfen nur durch einen Apotheker und auf Vorlage einer entsprechenden Verschreibung abgegeben werden.[115] Abgabe ist nach § 4 Abs. 17 AMG eine Erscheinungsform des Inverkehrbringens und meint hinsichtlich der Abgabe von Arzneimitteln die Einräumung

---

112 Art. 29 COM(2014) 558 final.

113 Deutscher Bundestag Petition 61871, abrufbar unter https://epetitionen.bundestag.de/petitionen/_2015/_10/_28/Petition_61871.nc.html (zuletzt aufgerufen am 04. 08. 2016).

114 Wie etwa Dokumentationspflichten; s. dazu zugleich jeweils unter C.II.1. und 2.

115 § 43 Abs. 1 Satz 1 AMG; zur Verfassungsmäßigkeit des sich hieraus ergebenden Apothekenmonopols s. BVerfG NJW 1958, 1035; NJW 1959, 667.

der Verfügungsgewalt an einen Dritten.[116] Hiervon zu unterscheiden ist die Anwendung eines Arzneimittels durch den Arzt, etwa in Form einer Injektion, da der Patient hierdurch keine Verfügungsgewalt erlangt.[117] Keine Anwendung, sondern eine Abgabe liegt vor, wenn dem Patienten das Arzneimittel überlassen wurde.[118] Die bloße Verschreibung stellt mangels Einräumen einer Verfügungsgewalt über das Arzneimittel ebenfalls keine Abgabe dar.[119]

Ausnahmsweise darf der Apotheker ein verschreibungspflichtiges Arzneimittel auch ohne Vorlage einer Verschreibung abgeben, wenn die Anwendung keinen Aufschub erlaubt und die Voraussetzungen des § 4 Abs. 1 AMVV[120], insbesondere eine fernmündliche Aufklärung seitens der verschreibenden Person gegenüber dem Apotheker, vorliegt.[121] Hierzu hat der BGH entschieden, dass § 4 Abs. 1 AMVV in jedem Fall eine vorherige Untersuchung durch den Arzt und eine entsprechende Diagnose erfordert, die der Verschreibung vorausgehen muss.[122] In dem vom BGH zu beurteilenden Fall hatte es die Patientin versäumt, sich ein neues Rezept für ein blutdrucksenkendes verschreibungspflichtiges Arzneimittel ausstellen zu lassen. Nachdem ihr daraufhin in der Apotheke, in der sie das Arzneimittel üblicherweise bezieht, die Abgabe verweigert wurde, erhielt sie das Medikament ohne Vorlage einer Verschreibung in der Apotheke des Beklagten. Ausweislich des BGH ist die Verschreibung, die aufgrund früherer Untersuchung des Patienten schon einmal erfolgte, notwendiges Element für die Anwendung des § 4 Abs. 1 AMVV.[123] „§ 4 AMVV sieht keinen Verzicht auf die ärztliche Verschreibung vor."[124] Der BGH entschied ebenfalls, dass auch bei Fehlen einer Verschreibung und Nichtvorliegen der Voraussetzungen des § 4 AMVV

---

116 *Kloesel/Cyran*, AMG, § 4 Rn. 57; MüKo/*Freund*, AMG, § 4 Rn. 33; *Rehmann*, AMG, § 4 Rn. 19.

117 MüKo/*Freund*, AMG, § 4 Rn. 34; *Rehmann*, AMG, § 4 Rn. 19; *Pabel*, NJW 1989, 759, 759 gegen die Entscheidung des OVG Münster NJW 1989, 792; entsprechend ist kein Inverkehrbringen anzunehmen.

118 MüKo/*Freund*, AMG, § 4 Rn. 34.

119 MüKo/*Freund*, AMG, § 4 Rn. 34.

120 S. zu § 4 AMVV als Ausnahme zur Verschreibungspflicht nach § 48 AMG BGH GRUR 2015, 916.

121 Zur weiteren Ausnahme des Erfordernisses der Verschreibungspflicht im Rahmen des Eigenbedarfs des Arztes nach § 4 Abs. 2 AMVV vgl. unten D.I.2.c).

122 BGH GRUR 2015, 916, 917.

123 BGH GRUR 2015, 916, 917.

124 BGH GRUR 2015, 916, 917. Entgegen der Ansicht des Berufungsgerichts führt der BGH auch aus, dass Verstöße gegen § 48 AMG stets als unlauter im Sinne des UWG anzusehen seien, was aufgrund des „hohe[n] Schutzgut[es] der menschlichen

ausnahmsweise dann ein verschreibungspflichtiges Arzneimittel entgegen der Verschreibungspflicht in analoger Anwendung des § 34 StGB abgegeben werden kann, wenn eine akute Gesundheitsgefährdung des Patienten anderenfalls nicht abgewendet werden könne; dies entscheide sich nach dem Sorgfaltsmaßstab eines Fachangehörigen, wozu auch der Apotheker zu zählen ist.[125]

§ 43 Abs. 1 Satz 1 AMG regelt die berufs- oder gewerbsmäßige Abgabe von verschreibungspflichtigen Arzneimitteln an den Endverbraucher durch den Apotheker. Die Vorschrift gilt für Arzneimittel, die nicht für den Verkehr außerhalb der Apotheken freigegeben sind, also für nicht freiverkäufliche Arzneimittel. Dies sind solche, die der Apotheken- oder der Verschreibungspflicht unterfallen, da verschreibungspflichtige Arzneimittel nur bei Vorliegen einer ärztlichen Verschreibung durch den Apotheker abgegeben werden dürfen. Verschreibungspflichtige Arzneimittel sind daher zunächst grundsätzlich auch apothekenpflichtig.[126] § 43 Abs. 3 AMG regelt indes die Abgabe von verschreibungspflichtigen Arzneimitteln außerhalb des berufs- oder gewerbsmäßigen Bereichs und stellt klar, dass verschreibungspflichtige Arzneimittel nur in Apotheken abgegeben werden dürfen. § 43 Abs. 1 Satz 2 AMG stellt darüber hinaus klar, dass mit apothekenpflichtigen Arzneimitteln grundsätzlich kein berufs- und gewerbsmäßiger Handel getrieben werden darf.[127] Für die Abgabe als solche gelten weitere Regelungen in der ApBetrO. Insbesondere hat die Abgabe

---

Gesundheit und [der] großen Gefahren, die mit einer Fehlmedikation verschreibungspflichtiger Medikamente verbunden sind" begründet wird; vgl. BGH GRUR 2015, 916, 917.

125 BGH GRUR 2015, 916, 3. LS, 918.

126 MüKo/*Freund*, AMG, §§ 43–53 Rn. 5; so auch Kügel/Müller/Hofmann/*Hofmann*, AMG, § 43 Rn. 9, der zusätzlich darauf hinweist, dass die Verschreibungspflicht jedoch nicht zwingend auch die Apothekenpflicht voraussetzt, weil die Verschreibungspflicht gemäß § 48 Abs. 1 und 2 AMG auch auf bestimmte nicht der Apothekenpflicht unterfallende Arzneimittel ausgedehnt werden kann, insbesondere auf solche Arzneimittel nach § 2 Abs. 2 Nr. 1a bis 4 AMG.

127 Ausnahmen gelten für den Vertriebsweg nach § 47 AMG, vgl. C.II.1.b) und im Rahmen des tierärztlichen Dispensierrechts nach § 43 Abs. 4 AMG; s. dazu zugleich C.II.2.b). Zur berufs- und gewerbsmäßigen Abgabe s. MüKo/*Freund*, AMG, § 95 Rn. 46 ff. Weitere Ausnahmen gelten insbesondere für freiverkäufliche Arzneimittel, die gemäß §§ 44, 45 von der Apothekenpflicht ausgenommen sind. Hierzu zählen zum Beispiel Heilwässer oder Pflanzenextrakte; vgl. § 44 Abs. 2 AMG. Voraussetzung für den Vertrieb ist eine Sachkenntnis, die entsprechend nachgewiesen werden muss, vgl. § 50 AMG.

grundsätzlich in den Betriebsräumen[128] der Apotheke unter Prüfung des Arzneimittels[129] sowie Beratung des Patienten[130] zu erfolgen.

Mit Inkrafttreten des vierten Gesetzes zur Änderung arzneimittelrechtlicher und anderer Vorschriften[131] (4. AMG-Änderungsgesetz) wurde zudem sichergestellt, dass eine Abgabe von Arzneimitteln nicht erfolgen darf, wenn zuvor offenkundig kein direkter Kontakt zwischen Arzt und Patient stattgefunden hat.[132] Ausweislich der Begründung soll die Neuregelung der Qualität der Versorgung dienen.[133] Ist es für den Apotheker offenkundig, dass kein solcher Kontakt stattgefunden hat, darf keine Abgabe erfolgen.[134]

Ebenfalls liegt eine Abgabe durch den Apotheker vor, wenn der Apotheker an den Arzt verschreibungspflichtige Arzneimittel für den Praxisbedarf oder Sprechstundenbedarf aushändigt. Zum Praxisbedarf zählen solche Arzneimittel, die ihrer Art nach bei mehr als einem Patienten im Rahmen der vertragsärztlichen Behandlung Verwendung finden oder bei Notfällen sowie im Zusammenhang mit einem ärztlichen Eingriff bei mehr als einem Patienten zur Verfügung stehen müssen.[135]

b) Abgabe durch pharmazeutische Unternehmer und Großhändler

Über § 47 AMG können auch pharmazeutische Unternehmer und Großhändler Arzneimittel an die in § 47 Abs. 1 AMG genannten Personenkreise abgeben.

---

128 § 17 Abs. 1a ApBetrO. § 17 Abs. 2 ApBetrO regelt zudem die Zulässigkeit der Zustellung durch Boten, welche mangels entsprechender Einschränkung auch für verschreibungspflichtige Arzneimittel gilt. Zu Ausnahmen s. zugleich unten C.II.1.c).

129 § 12 ApBetrO.

130 § 20 ApBetrO.

131 BT-Drs. 18/8034. Das Gesetz wurde am 11. November 2016 vom Bundestag verabschiedet und ist hinsichtlich der hier relevanten Vorschriften am 24. 12. 2016 in Kraft getreten. Das Inkrafttreten bestimmter Vorschriften hängt von der Funktionsfähigkeit des EU-Portals für klinische Prüfungen ab.

132 § 48 Abs. 1 Satz 2 und 3 AMG sowie BT-Drs. 18/8034 S. 10, wobei Ausnahmen in begründeten Fällen gelten, etwa wenn die Person dem Arzt ausreichend bekannt ist und es sich um eine wiederholte Behandlung handelt. Im Übrigen ist das BMG ermächtigt weitere Ausnahmen zu bestimmen.

133 BT-Drs. 18/8034 S. 31.

134 BT-Drs. 18/8034 S. 39.

135 Vgl. die zahlreichen Sprechstundenbedarfsvereinbarungen der Länder, beispielsweise Sprechstundenbedarfsvereinbarung der Kassenärztlichen Vereinigung Niedersachsen und der AOK u. a. in der Fassung ab dem 01. 10. 2014.

Die Vorschrift dient der Direktbelieferung mit Arzneimitteln.[136] Bei der Abgabe verschreibungspflichtiger Arzneimittel durch pharmazeutische Unternehmer an die in § 47 AMG genannten Endverbraucher[137] sind die hierfür einschlägigen gesetzlichen Bestimmungen einzuhalten;[138] insbesondere darf die Abgabe von verschreibungspflichtigen Arzneimitteln nur dann erfolgen, wenn das Erfordernis des Vorliegens einer ärztlichen, zahnärztlichen oder tierärztlichen Verschreibung gegeben ist.

c) Versand von Arzneimitteln

Gemäß § 43 Abs. 1 Satz 1 AMG besteht die Möglichkeit des Versandes auch von verschreibungspflichtigen Arzneimitteln, sofern eine behördliche Erlaubnis vorliegt.[139] Ein solcher Versand erfolgt durch Beauftragung eines Dienstleisters, der die Arzneimittel entweder an die Adresse des Empfängers oder an eine Abholstation liefert.[140] Die derzeit geltende Rechtslage ist das Ergebnis der Änderung von einem vormals geltenden Versandverbot hin zu einem Verbot mir Erlaubnisvorbehalt. Der EuGH hat in der Entscheidung *DocMorris*[141] entschieden, dass ein Versandverbot für *nicht verschreibungspflichtige* Arzneimittel dem in Art. 34 AEUV normierten Gebot des freien Warenverkehrs widerspricht. Der deutsche Gesetzgeber hatte allerdings bereits bevor der EuGH den Fall am 11. 12. 2003 entschied, ein Verbot mit Erlaubnisvorbehalt hinsichtlich des Versandhandels auch mit verschreibungspflichtigen Arzneimitteln im AMG mit Wirkung zum 01. 01. 2004 normiert, ohne hinreichend zwischen nur apothekenpflichtigen und verschreibungspflichtigen Arzneimitteln zu unterscheiden.[142] Dies wurde

---

136 *Rehmann*, AMG, § 47 Rn. 1.

137 Gemäß § 47 Abs. 1 Nr. 2 bis 4, 6 und 7 AMG sind dies unter anderem Krankenhäuser und Ärzte, Veterinärbehörden, Tierärzte und zur Ausübung der Zahnheilkunde berechtigte Personen.

138 Zu den einzelnen konkreten Verpflichtungen bei der Abgabe s. unten D.I.5.d).

139 S. hierzu *Weber*, BtMG, § 43 AMG Rn. 30; Kügel/Müller/Hofmann/*Hofmann*, AMG, § 43 Rn. 23 ff. Nähere Anforderungen an den Versand von verschreibungspflichtigen Arzneimitteln sind in §§ 11a, 21 ApoG und § 17 ApBetrO geregelt. Das Rezept ist im Falle verschreibungspflichtiger Arzneimittel per Post im Original an den Apotheker zu senden; vgl. hierzu und zum Ablauf des Vorgangs Leitlinie der Bundesapothekerkammer zur Qualitätssicherung, Versand der Arzneimittel aus der Apotheke, Stand der Revision: 28. 04. 2015.

140 BVerwG NVwZ 2008, 1238.

141 EuGH NJW 2004, 131.

142 Gesetz zur Modernisierung der gesetzlichen Krankenversicherung (GKV-Modernisierungsgesetz) vom 14. November 2003, BGBl. I, S. 2190 ff.

im Wesentlichen damit begründet, dass Hindernisse in der Arzneimittelbeschaffung für den Verbraucher abgebaut werden sollen[143] und in vielen Fällen keine persönliche Beratung nötig oder gewünscht sei.[144] Über die Verordnungsermächtigung in § 21 Abs. 2 ApoG besteht jedoch die Möglichkeit, bestimmte verschreibungspflichtige Arzneimittel von der Möglichkeit des Versandhandels auszunehmen. Derzeit gilt dies gemäß § 17 Abs. 2b ApBetrO für Arzneimittel, die den Wirkstoff Lenalidomid, Pomalidomid oder Thalidomid enthalten sowie für Levonorgestrel oder Ulipristalacetat im Falle von Notfallkontrazeptiva. Weiterhin darf gemäß § 17 Abs. 2a Satz 2 ApBetrO die Versendung nicht erfolgen, wenn ohne die persönliche Beratung durch einen Apotheker die sichere Anwendung des Arzneimittels gefährdet ist.

Mit der Einführung des Versandhandels hat der Gesetzgeber eine Form der Abgabe ermöglicht, in denen der Patient nicht notwendigerweise Arzneimittel *in* den Betriebsräumen der Apotheke erlangen muss. Vielmehr besteht die Möglichkeit der Abgabe auch außerhalb der Betriebsräume durch einen Apotheker, sofern die Anforderungen der ApBetrO erfüllt sind. Ob hierdurch auch andere Formen der Abgabe außerhalb der Apotheke als der des Versandhandels erfasst sind, ist fraglich. § 17 Abs. 1a ApBetrO normiert insoweit, dass Arzneimittel außer im Falle des zulässigen Versandhandels nur in den Betriebsräumen in den Verkehr gebracht werden dürfen. Weitere Ausnahmen scheinen somit nach einer strengen am Wortlaut orientierten Auslegung nicht zulässig zu sein. Gleichwohl ergingen infolge der Zulässigkeit des Versandhandels auch mit verschreibungspflichtigen Arzneimitteln zunehmend Entscheidungen in der Judikatur zu besonderen anderen Abgabeformen als denen des Versandhandels. In der Autoschalter-Entscheidung aus dem Jahr 2005 führte das BVerwG aus, dass sich der systematische Zusammenhang des § 17 ApBetrO seit dem GKV-Modernisierungsgesetz grundlegend geändert habe, woraus zu folgern wäre, dass eine zwingende Abgabe von Arzneimitteln in den Betriebsräumen der Apotheke nicht mehr erforderlich sei.[145] Mit dem GKV-Modernisierungsgesetz sind diverse Vorschriften eingeführt worden, die ein Festhalten am Gebot der Abwicklung des Geschäfts innerhalb der Apothekenräume obsolet erscheinen lassen. Insbesondere könne durch die Möglichkeit des Versandhandels von verschreibungspflichtigen Arzneimitteln nicht mehr davon ausgegangen werden, dass bei Arzneimitteln ein besonderer Beratungsbedarf bestünde; indes soll es

---

143 BT-Drs. 15/1525 S. 165.
144 BT-Drs. 15/1525 S. 163.
145 BVerwG vom 14. 04. 2005 Rn. 3.2–3 C 9.04.

dem Patienten selbst obliegen, ob er die Beratung des Apothekers in Anspruch nehmen möchte und entsprechend die Räumlichkeiten aufsucht.[146] Damit wurde ein Außenschalter an der Apotheke für zulässig erklärt, über den Kunden das Apothekenpersonal – zu regulären Öffnungszeiten – mittels einer Klingel herbeirufen konnten.

Die Zulassung des Versandhandels und die Autoschalter-Entscheidung liberalisieren die Praxis auch der Abgabe von verschreibungspflichtigen Arzneimitteln. Allerdings hatte im Jahr 2010 das BVerwG über einen Fall zu befinden, in dem der Kläger einen Apothekenkommissionierungsautomaten mit einem Beratungs- und Abgabeterminal an seiner Apotheke besaß, über den Patienten mit Verschreibung das Rezept einscannen konnten, welches sodann von dem verbundenen Apotheker überprüft wurde; in der Folge war die Freigabe des entsprechenden Produkts über den Terminal vorgesehen.[147] Das BVerwG hat hierzu entschieden, dass ein solches Vorgehen hinsichtlich *verschreibungspflichtiger* Arzneimittel gegen § 17 Abs. 5 ApBetrO verstößt, wonach der Apotheker nach Prüfung der Verschreibung diese bei Unklarheiten ändern kann und anschließend von dem Apotheker unterschrieben werden muss, der die Änderungen vorgenommen hat. Diese Anforderungen können mit dem Beratungs- und Abgabeterminal nicht erfüllt werden. Die Verschreibung müsse im Zeitpunkt der Abgabe des Arzneimittels die Abgabe decken; Sinn und Zweck der Regelung sei die Arzneimittelsicherheit.[148] Darüber hinaus könne durch den Beratungs- und Abgabeterminal der nach § 17 Abs. 6 ApBetrO vorgesehenen Dokumentationspflicht nicht nachgekommen werden.[149]

Mit der Entscheidung des BVerwG im Jahr 2010 wurde die bis dahin bestehende liberale Auffassung hinsichtlich der Abgabe verschreibungspflichtiger Arzneimittel wieder relativiert. Zwar ist die Abgabe nach wie vor nicht zwingend in den Betriebsräumen der Apotheke nötig. Hinsichtlich der Abgabe verschreibungspflichtiger Arzneimittel müssen jedoch die besonderen Vorschriften der ApBetrO eingehalten werden. Sofern dies durch die geplante Abgabe außerhalb der Apotheke nicht möglich ist, ist die Form der Abgabe nach

146 BVerwG vom 14. 04. 2005 Rn. 3.2–3 C 9.04.

147 BVerwG vom 24. 06. 2010 – 3 C 31.09 und 3 C 30.09. Das BVerwG hat in zwei Klageverfahren selbstständiger Apotheker entschieden, die einen solchen Apothekenterminal zur Abgabe von Arzneimitteln betrieben haben. Die Unterschiede des Falles sind für die vorliegende Bewertung irrelevant.

148 BVerwG vom 24. 06. 2010 Rn. 16 f. – 3 C 31.09 sowie Rn. 16 f. – 3 C 30.09.

149 BVerwG vom 24. 06. 2010 Rn. 18 – 3 C 31.09 sowie Rn. 18 – 3 C 30.09.

der derzeit geltenden Rechtsprechung unzulässig. Dies gilt ungeachtet der Sonderregelung des Versandhandels.

Dieses „Machtwort" des BVerwG aus dem Jahr 2010 war deswegen erforderlich, weil sich mit der Zulassung des Versandhandels und den darauf ergangenen Entscheidungen[150] eine zunehmende Umgehung der gesetzlichen Vorschriften abzeichnete. Somit lässt sich festhalten, dass verschiedene Abgabeformen möglich sind, sofern die Bestimmungen der ApBetrO, des ApoG und des AMG sowie etwaiger entsprechender Rechtsverordnungen eingehalten werden.

Dass das „letzte Wort" um den Versandhandel von verschreibungspflichtigen Arzneimitteln noch nicht gesprochen ist, zeigt die jüngste Entwicklung, die durch das Urteil des EuGH vom 19. Oktober 2016[151] Anstoß gefunden hat. Nachdem der EuGH entschieden hat, dass die Regelungen der in Deutschland geltenden Arzneimittelpreisverordnung für verschreibungspflichtige Arzneimittel nicht für ausländische Versandapotheken gelten,[152] plant das BMG ein Gesetzesvorhaben, wonach der Versandhandel mit verschreibungspflichtigen Arzneimitteln untersagt werden soll.[153]

2. Abgabe von Tierarzneimitteln

Der Verkehr von Arzneimitteln, die zur Anwendung bei Tieren bestimmt sind, ist im AMG hauptsächlich im neunten Abschnitt geregelt. Allerdings sind die dortigen Vorschriften nicht abschließend. Vielmehr finden sich zahlreiche Vorschriften im AMG und in der Verordnung über tierärztliche Hausapotheken (TÄHAV), die sich mit der Herstellung, Abgabe und Anwendung von Arzneimitteln befassen, die für Tiere bestimmt sind. Nachfolgend soll auf die in diesem Rahmen relevanten Möglichkeiten der Abgabe eingegangen werden.[154]

---

150 Eine weitere Entscheidung in Bezug auf besondere Abgabeformen erging durch den VGH Kassel mit Beschluss vom 15. 03. 2012, Az. 7 B 371/12, wobei der VGH – allerdings nur in Bezug auf apothekenpflichtige Arzneimittel – feststellte, dass das Aufstellen eines Terminals zur Bestellung von Arzneimitteln in Verbindung mit einer Bildschirmberatung durch einen Apotheker in den Räumen eines Drogeriemarkts ein Inverkehrbringen von Arzneimitteln im Wege des Versandes darstellt, wenn eine Abholstation in der Drogerie eingerichtet wird.

151 Urteil des EuGH vom 19. Oktober 2016 – C-148/15.

152 Vgl. Urteil des EuGH vom 19. Oktober 2016 – C-148/15 Rn. 24 ff.

153 Vgl. die Mitschrift der Regierungspressekonferenz vom 28. Oktober 2016 https://www.bundesregierung.de/Content/DE/Mitschrift/Pressekonferenzen/2016/10/2016-10-28-regpk.html (zuletzt aufgerufen am 23. 11. 2016).

154 Nicht erfasst wird in diesem Rahmen die Abgabe von Heimtierarzneimitteln nach § 60 AMG und §§ 4 und 8 AMVerkRV. Vgl. im Übrigen auch Kapitel VII des Vorschlags für

a) Durch den Apotheker

Die Abgabe von Arzneimitteln, die nicht für den Verkehr außerhalb der Apotheke freigegeben sind,[155] worunter auch verschreibungspflichtige Arzneimittel zu zählen sind, dürfen aufgrund des § 43 AMG und aufgrund des daraus folgenden Apothekenmonopols grundsätzlich nur in Apotheken abgegeben werden. Hinsichtlich der Abgabe von verschreibungspflichtigen Tierarzneimitteln gelten besondere Dokumentationspflichten. So regelt § 19 Abs. 1 Nr. 2 ApBetrO beispielsweise eine besondere Nachweispflicht bei der Abgabe von verschreibungspflichtigen Tierarzneimitteln. Hiernach müssen Name und Anschrift des Empfängers und des verschreibenden Tierarztes, Bezeichnung und Menge des Arzneimittels einschließlich Chargenbezeichnung sowie das Datum der Abgabe besonders dokumentiert werden. Zudem darf die Abgabe verschreibungspflichtiger Arzneimittel, die zur Anwendung bei Tieren bestimmt sind, die der Gewinnung von Lebensmitteln dienen, nur auf eine in zweifacher Ausfertigung vorliegende Verschreibung hin abgegeben werden, wobei das Original für den Tierhalter bestimmt ist und die Durchschrift in der Apotheke verbleibt.[156]

b) Tierärztliches Dispensierrecht, § 43 Abs. 4 AMG

§ 43 Abs. 4 AMG regelt das tierärztliche Dispensierrecht, wonach Arzneimittel im Rahmen des Betriebes einer tierärztlichen Hausapotheke von Tierärzten an den Tierhalter abgegeben werden dürfen. Die Abgabe im Rahmen der tierärztlichen Hausapotheke stellt eine Ausnahme vom Apothekenmonopol dar. Der Tierarzt ist zur Arzneimittelabgabe nur befugt, sofern diese zur Behandlung des Tieres notwendig ist.[157] An andere, nicht in Behandlung befindliche Tiere, darf der Tierarzt keine Arzneimittel abgeben. Spezifizierungen in Bezug auf diese Beschränkung finden sich in § 12 TÄHAV und § 56a Abs. 1 Satz 1 AMG. Grundsätzlich sollen Arzneimittel durch den Tierarzt nur abgegeben oder angewendet werden, wenn für sie eine entsprechende, auf die spezielle Tierart lautende

eine Verordnung des Europäischen Parlaments und des Rates über Tierarzneimittel COM(2014) 558 final. Die erste Lesung im ordentlichen Gesetzgebungsverfahren fand im März 2016 statt.

155 Arzneimittel, die für den Verkehr außerhalb der Apotheken freigegeben sind, finden sich in § 44 AMG. Darüber hinaus enthält § 45 AMG eine Ermächtigungsgrundlage für den Erlass einer Rechtsverordnung. Auf dieser Basis wurde die AMVerkRV verabschiedet.

156 Vgl. § 19 Abs. 2 ApBetrO.

157 Fuhrmann/Klein/Fleischfresser/*Kluge*, Arzneimittelrecht, § 38 Rn. 2.

Zulassung vorliegt. Die Anwendung eines Tierarzneimittels ist auf die Tierart und das Anwendungsgebiet beschränkt.[158] Anders als bei Humanarzneimitteln ist die Verwendung im off-label-Bereich nicht möglich.[159] Bei der Abgabe von verschreibungspflichtigen Arzneimitteln gelten zudem besondere Mengenbeschränkungen, sofern die Abgabe für die Anwendung bei Tieren bestimmt sind, die der Gewinnung von Lebensmitteln dienen.[160] Im Übrigen umfasst die Abgabe auch verschreibungspflichtige Tierarzneimittel. Hier gelten die besonderen Bestimmungen der TÄHAV.[161]

c) Durch den Hersteller

Für die Abgabe von Fütterungsarzneimitteln normiert § 56 Abs. 1 Satz 1, Halbsatz 1 AMG die unmittelbare Abgabe von Fütterungsarzneimitteln an den Tierhalter. Voraussetzung ist jedoch die vorherige Verschreibung durch den Tierarzt.[162] Die Zulässigkeit des direkten Vertriebsweges von dem pharmazeutischen Hersteller an den Tierhalter ist deshalb zweckmäßig, weil Fütterungsarzneimittel üblicherweise in großen Mengen verabreicht werden und aufgrund ihrer verfütterungsfertigen Form[163] in der Regel nicht längeren Transportwegen ausgesetzt werden sollen, um hierdurch einem Qualitätsverlust entgegenzutreten.[164]

d) Durch den pharmazeutischen Unternehmer und Großhändler

Die Abgabe von Arzneimitteln, die dem tierärztlichen Dispensierrecht unterfallen, dürfen vom pharmazeutischen Unternehmer und Großhändler an den Tierarzt abgegeben werden, sofern der Tierarzt die entsprechende Anzeigebescheinigung seiner tierärztlichen Hausapotheke vorgezeigt hat (§ 47 Abs. 1 Nr. 6, Abs. 1a AMG). Nach § 47 Abs. 1b AMG treffen den pharmazeutischen Unternehmer

158 Vgl. § 56a Abs. 1 Satz 3 AMG, der auf § 56 Abs. 1 Satz 1 Nr. 2 bis 4 verweist, die die Verschreibung und Abgabe von Tierarzneimitteln auf die entsprechende Tierart und das entsprechende Anwendungsgebiet beschränken.

159 Ausnahmen gelten im Rahmen von § 56a Abs. 2 AMG bei der Gefährdung der Versorgung mit Arzneimitteln; s. sogleich unter C.III.1.

160 S. hierzu § 56a Abs. 1 Satz 1 Nr. 5 AMG.

161 Zur Verschreibungspflicht und zu besonderen Nachweispflichten bei der Abgabe im Rahmen des tierärztlichen Dispensierrechts vgl. § 13a TÄHAV.

162 Vgl. § 56 Abs. 1 Satz 1 AMG.

163 So die Legaldefinition in § 4 Abs. 10 AMG die überdies normiert, dass Fütterungsarzneimittel aus Arzneimittel-Vormischungen und Mischfuttermitteln bestehen.

164 Fuhrmann/Klein/Fleischfresser/*Kluge*, Arzneimittelrecht, § 38 Rn. 34.

und Großhändler besondere Nachweis- und Dokumentationspflichten in Bezug auf die Abgabe von verschreibungspflichtigen Tierarzneimitteln.[165] Im Übrigen gilt die Vorschrift des § 47 AMG mangels entsprechender Einschränkung für Tierarzneimittel grundsätzlich auch für die Abgabe von Tierarzneimitteln. So dürfen pharmazeutische Unternehmer und Großhändler etwa auch Tierarzneimittel an andere pharmazeutische Unternehmer und Großhändler abgeben.

e) Der Versandhandel mit Tierarzneimitteln

Arzneimittel, die ausschließlich zur Anwendung bei Tieren bestimmt sind, die der Gewinnung von Lebensmitteln dienen, dürfen im Umkehrschluss aus § 43 Abs. 5 Satz 3 AMG nicht im Wege des Versandes abgegeben werden. Somit dürfen einfache Tierarzneimittel im Wege des Versandes von Apotheken abgegeben werden, sofern diese eine entsprechende behördliche Erlaubnis besitzen. Ebenfalls können einfache Tierarzneimittel im Einzelfall auch im Rahmen des Betriebes der tierärztlichen Hausapotheke versendet werden, sofern dies in einer für eine kurzfristige Weiterbehandlung notwendigen Menge für Einzeltiere erfolgt.[166] Ausnahmen vom generellen Versandverbot für Tierarzneimittel, die zur Anwendung bei Tieren bestimmt sind, die der Gewinnung von Lebensmitteln dienen, gelten für Fütterungsarzneimittel, die zur Durchführung tierseuchenrechtlicher Maßnahmen bestimmt sind. Diese dürfen durch Veterinärbehörden an den Tierhalter abgegeben werden.[167] Hierbei handelt es sich jeweils um Ausnahmevorschriften, die naturgemäß eng anzuwenden sind.

Festzuhalten bleibt damit, dass hinsichtlich der Abgabe von Tierarzneimitteln, die zur Anwendung bei Tieren bestimmt sind, die der Gewinnung von Lebensmitteln dienen, ein Versandverbot existiert, während dies bei Humanarzneimitteln in den oben genannten Grenzen und vorbehaltlich etwaiger Änderungen durch die weitere Entwicklung weitestgehend möglich ist.[168] Begründet wird dies mit der unkontrollierten Anwendung von Tierarzneimitteln, die es zu vermeiden gilt, und dem Tierschutz.[169] Dies ist insbesondere

---

165 Insgesamt zu den einzelnen Verpflichtungen in Bezug auf die Abgabe ausführlich unten D.I.5.d).

166 Vgl. § 43 Abs. 5 Satz 4 AMG.

167 § 43 Abs. 5 Satz 2 i. V. m. Abs. 4 Satz 3 AMG.

168 S. hierzu C.II.1.c).

169 *Rehmann*, AMG, § 43 Rn. 7; zur verfassungsrechtlichen Unbedenklichkeit des Versandverbots im Hinblick auf Art. 12 Abs. 1 GG vgl. OVG Rheinland-Pfalz PharmR 2006, 186, 188 f.

deshalb interessant, weil die Zulässigkeit des Versandes von Humanarzneimitteln mit den hierzu ergangenen Entscheidungen[170] grundsätzlich davon abhängig ist, ob es sich um ein apothekenpflichtiges, frei verkäufliches oder aber verschreibungspflichtiges Arzneimittel handelt. Die strengsten Anforderungen wurden dabei an verschreibungspflichtige Arzneimittel gestellt. Mit Blick auf den Versand von Tierarzneimitteln gilt nun, dass mit Tierarzneimitteln, die zur Anwendung bei Tieren bestimmt sind, die der Gewinnung von Lebensmitteln dienen, grundsätzlich kein Versandhandel betrieben werden darf. Tierarzneimittel, die zur Anwendung bei Tieren bestimmt sind, die der Gewinnung von Lebensmitteln dienen, unterfallen aber grundsätzlich der Verschreibungspflicht.[171] Wohingegen verschreibungspflichtige Humanarzneimittel nunmehr grundsätzlich ebenfalls im Wege des Versandes abgegeben werden können,[172] ist dies bei verschreibungspflichtigen Tierarzneimitteln, die zur Anwendung bei Tieren bestimmt sind, die der Gewinnung von Lebensmitteln dienen, nicht der Fall.[173] Eine sachliche Begründung für diese Differenzierung existiert nicht. Die generelle Begründung, dem unkontrollierten Einsatz von Tierarzneimitteln vorzubeugen, ist nicht geeignet, diese Differenzierung zu rechtfertigen. Gleiches gilt für die mitunter vertretene Auffassung, dass Tiere, anders als Menschen nicht einschätzen können, wie akut die Beschwerden sind und ob ausgehend von dieser Beurteilung ein Arzt aufgesucht werden sollte oder nicht, und dies auch nicht entsprechend geäußert werden kann.[174] Unabhängig von dieser Fähigkeit der Beurteilung und der Äußerungsmöglichkeiten besteht die Gefahr einer unkontrollierten Abgabe und Anwendung verschreibungspflichtiger Arzneimittel beim Menschen gleichermaßen.

---

170 S. hierzu C.II.1.c).

171 § 48 Abs. 1 Nr. 2 AMG.

172 Zu den Anforderungen und Ausnahmen s. C.II.1.c).

173 Hinsichtlich des vom BMG geplanten Versandhandelsverbotsgesetz konnte im Koalitionsausschuss im März 2017 keine Einigung erzielt werden. Es bleibt abzuwarten, ob in der anstehenden Legislaturperiode ein entsprechendes Versandhandelsverbotsgesetz verabschiedet wird; vgl. DAZ online vom 30. 03. 2017 https://www.deutsche-apotheker-zeitung.de/news/artikel/2017/03/30/keine-einigung-auf-rx-versandhandelsverbot (zuletzt aufgerufen am 01. 08. 2017). Sollte ein entsprechendes gesetzliches Verbot verabschiedet werden bestünde der Widerspruch zwischen Human- und Tierarzneimittel nicht mehr.

174 *Rehmann*, AMG, § 43 Rn. 7.

III. Tierarzneimittelrechtliche Besonderheiten

1. Umwidmung bei Therapienotstand

§ 56a Abs. 2 AMG regelt die Umwidmung von Arzneimitteln bei Therapienotstand. Für die Anwendbarkeit des § 56a Abs. 2 AMG sind zunächst zwei Voraussetzungen zu erfüllen.[175] Das Vorliegen einer Versorgungslücke.[176] D. h., es darf für die Behandlung der entsprechenden Tierart und das entsprechende Anwendungsgebiet kein zugelassenes Arzneimittel geben.[177] Als zweite Voraussetzung ist vom Tierarzt zu überprüfen, ob sich aus der Versorgungslücke ein Therapienotstand ergibt. Ein solcher liegt vor, wenn die „notwendige arzneiliche Versorgung der Tiere (…) ernstlich gefährdet wäre und eine unmittelbare oder mittelbare Gefährdung der Gesundheit von Mensch und Tier nicht zu befürchten ist …“[178] Gefordert wird eine Versorgungslücke von erheblichem Gewicht,[179] was bei Vorliegen einer erheblichen Gesundheitsgefährdung anzunehmen ist.[180]

Die einzelnen Ziffern des § 56a Abs. 2 AMG stehen im Stufenverhältnis, weshalb die Regelung auch häufig als „Kaskadenregelung“ bezeichnet wird.[181] Zunächst hat der Tierarzt gemäß § 56a Abs. 2 Satz 1 Nr. 1 AMG die Möglichkeit, ein Arzneimittel für die betreffende Tierart aber mit abweichendem Anwendungsgebiet zu verschreiben, anzuwenden oder abzugeben. Existiert ein solches Arzneimittel nicht, ist der Tierarzt gemäß § 56a Abs. 2 Satz 1 Nr. 2 AMG berechtigt, ein Arzneimittel

---

175 In der Praxis spielt die Regelung zur Umwidmung eine wesentliche Rolle, insbesondere was den Einsatz von Antibiotika anbelangt. Dies ergibt sich aus einer vom BVL durchgeführten Befragung zum Thema „Anwendung von Tierarzneimitteln in der Praxis unter Berücksichtigung der Zulassungsbedingungen“. Ergebnis der durchgeführten Befragung ist, dass der Einsatz von Antibiotika im Rahmen der Umwidmung „zum tierärztlichen Alltag“ gehört und mitunter Nebenwirkungen auftreten, die mangels Auftretens beim Menschen offensichtlich auf die nicht bestimmungsgemäße Anwendung beim Tier zurückzuführen sind. Das Dokument ist abrufbar unter http://www.bvl.bund.de/SharedDocs/Downloads/05_Tierarzneimittel/Fuer_Tieraerzte/Publikationen/2014_Biedermann_Umwidmung_Antibiotika.html?nn=1930200 (zuletzt aufgerufen am 25. 07. 2016).

176 Kügel/Müller/Hofmann/*Heßhaus/Laber-Probst*, AMG, § 56a Rn. 18.

177 Kügel/Müller/Hofmann/*Heßhaus/Laber-Probst*, AMG, § 56a Rn. 18.

178 Vgl. Wortlaut des § 56a Abs. 2 Satz 1 AMG.

179 *Weber*, BtMG, § 56a AMG Rn. 20.

180 Kügel/Müller/Hofmann/*Heßhaus/Laber-Probst*, AMG, § 56a Rn. 20.

181 Kügel/Müller/Hofmann/*Heßhaus/Laber-Probst*, AMG, § 56a Rn. 21; *Weber*, BtMG, § 56a AMG Rn. 22; *Rehmann*, AMG, § 56a Rn. 2.

zu verschreiben, abzugeben oder anzuwenden, welches für eine andere Tierart zugelassen ist. Existiert für das jeweils zu behandelnde Tier auch danach kein passendes Arzneimittel, kann der Tierarzt schließlich auch ein Humanarzneimittel verschreiben, anwenden oder abgeben. Möglich ist es auch, ein in einem anderen Mitgliedstaat der Europäischen Union oder in einem Vertragsstaat des EWR zugelassenes Arzneimittel zu verschreiben, abzugeben oder anzuwenden.[182]

Hinsichtlich der Anwendung von Arzneimitteln bei Tieren, die der Gewinnung von Lebensmitteln dienen, gelten besondere Einschränkungen. So darf ein an den Tierhalter abgegebenes Arzneimittel nur vom Tierarzt selbst oder unter Aufsicht angewendet werden und nur bestimmte Stoffe enthalten.[183] Der Tierarzt hat in diesem Fall die Wartezeit festzulegen, die je nachdem, welches Lebensmittelprodukt erzeugt werden soll, sieben Tage bis sechs Monate betragen kann.[184] Schließlich dürfen homöopathische Arzneimittel nur dann verwendet werden, wenn sie bestimmte Stoffe enthalten.[185]

Soweit auch kein Humanarzneimittel für das zu behandelnde Tier geeignet ist, kann der Tierarzt schließlich ein in einer Apotheke hergestelltes oder ein durch den Tierarzt selbst hergestelltes Arzneimittel anwenden.[186]

2. Wartezeit und Rückstandsprüfungen

Arzneimittel, die bei Tieren angewendet werden, die der Gewinnung von Lebensmitteln dienen, dürfen nur zugelassen und in den Verkehr gebracht werden, wenn entsprechend dem Verfahren über Rückstandsbewertungen nach der VO (EG) Nr. 470/2009[187] etwaige Arzneimittelrückstände im Tier bewertet und

---

182 § 56a Abs. 2 Nr. 3 AMG.

183 § 56a Abs. 2 Satz 2 AMG mit weiteren Einschränkungen. Die Stoffe, die angewendet werden dürfen, finden sich in Tabelle 1 des Anhangs der Verordnung (EU) Nr. 37/2010.

184 Dies folgt aus Art. 10 Abs. 2 Satz 2 der Richtlinie 2001/82/EG des Europäischen Parlaments und des Rates vom 6. November 2001 zur Schaffung eines Gemeinschaftskodexes für Tierarzneimittel, ABl. L 311 vom 28. 11. 2001, S. 1 ff., sowie dessen Umsetzung in § 12a Abs. 2 Satz 3 TÄHAV.

185 § 56a Abs. 2 S. 5 AMG verweist insofern auf den Anhang der VO (EU) Nr. 37/2010.

186 § 56a Abs. 2 Nr. 4 AMG.

187 Verordnung (EG) Nr. 470/2009 des Europäischen Parlaments und des Rates vom 6. Mai 2009 über die Schaffung eines Gemeinschaftsverfahrens für die Festsetzung von Höchstmengen für Rückstände pharmakologisch wirksamer Stoffe in Lebensmitteln tierischen Ursprungs, zur Aufhebung der Verordnung (EWG) Nr. 2377/90 des Rates und zur Änderung der Richtlinie 2001/82/EG des Europäischen Parlaments

für den Verbraucher für unbedenklich bewertet worden sind. Je nach Ergebnis der Rückstände werden für die entsprechende Tierart und das entsprechende Tierarzneimittel Wartezeiten festgelegt, nach deren Ablauf Lebensmittel aus dem Tier gewonnen werden dürfen bzw. das Tier zu einem Lebensmittel verarbeitet werden darf.[188] § 4 Abs. 12 AMG regelt, dass die Wartezeiten ab dem letzten Tag der Anwendung des verschreibungspflichtigen Arzneimittels gelten. Die Ergebnisse der durchgeführten Rückstandsprüfungen sind im Rahmen der Zulassung als zusätzliche Unterlagen vorzulegen (§ 23 Abs. 1 Nr. 1 AMG). Diesen Unterlagen sind Gutachten von Sachverständigen beizulegen, aus denen hervorgeht, ob und wie lange nach der Anwendung des Arzneimittels Rückstände in den von den behandelten Tieren gewonnenen Lebensmitteln auftreten, wie diese Rückstände zu beurteilen sind und ob die vorgesehene Wartezeit ausreicht.[189] Zusätzlich muss aus ihnen hervorgehen, dass die Rückstände, die nach Ablauf der Wartezeit verbleiben, nicht die nach der Verordnung 37/2010 vorgegebenen Höchstmengen überschreiten.[190]

Korrelierend hierzu treffen den pharmazeutischen Unternehmer besondere Kennzeichnungspflichten für das Inverkehrbringen von Tierarzneimitteln, die zur Anwendung bei Tieren bestimmt sind, die der Gewinnung von Lebensmitteln dienen. So hat er nach § 10 Abs. 5 Nr. 8 AMG insbesondere die Wartezeit anzugeben, die es abzuwarten gilt, bevor ein Tier der Gewinnung von Lebensmitteln dient. Entsprechendes gilt für die vorgesehenen Angaben bezüglich der Wartezeit in der Packungsbeilage (§ 11 Abs. 4 Nr. 6 AMG).[191]

Wendet der Tierarzt bei Vorliegen der Voraussetzungen zur Umwidmung des § 56a Abs. 2 Nr. 3 AMG ein Humanarzneimittel beim Tier an, welches der Gewinnung von Lebensmitteln dient, so hat der Tierarzt die Wartezeiten anzugeben (§ 56a Abs. 2 Satz 3 AMG).[192] Hierbei hat der Tierarzt keinen eigenen Ermessensspielraum, sondern ist an die gesetzlichen Vorgaben des § 12a TÄHAV gebunden, wonach beispielsweise Wartezeiten bei essbarem Gewebe von Säugetieren von 28 Tagen gelten.[193]

---

und des Rates und der Verordnung (EG) Nr. 726/2004 des Europäischen Parlaments und des Rates, ABl. 152 vom 16. 06. 2009, S. 11 ff.

188 § 4 Abs. 12 AMG.

189 Vgl. § 24 Abs. 1 Nr. 4 AMG.

190 § 24 Abs. 1 Nr. 4 AMG.

191 Weitere Vorschriften zur Wartezeit finden sich in § 11a Abs. 1b lit. k) AMG.

192 S. hierzu bereits oben C.III.

193 Vgl. § 12a Abs. 2 Satz 2 Nr. 4 TÄHAV.

Der Tierhalter hat gemäß der Verordnung über Nachweispflichten der Tierhalter für Arzneimittel, die zur Anwendung bei Tieren bestimmt sind (Tierhalter-Arzneimittelanwendungs- und Nachweisverordnung), Nachweise über den Erwerb und die Anwendung von verschreibungspflichtigen Arzneimitteln zur Anwendung bei Tieren, die der Gewinnung von Lebensmitteln dienen, durch das Original der Verschreibung oder die tierärztliche Rechnung zu führen.[194] Entsprechend ist der Tierhalter verpflichtet, über die Anwendung des verschreibungspflichtigen Arzneimittels, insbesondere Identität des behandelten Tieres, Bezeichnung des Arzneimittels, Datum der Anwendung, Menge des Arzneimittels und Wartezeit in Tagen, eine entsprechende Dokumentation zu führen.[195]

IV. Zwischenfazit

Mit dem Vorstehenden wurden die im Human- und Tierarzneimittelrecht geltenden Besonderheiten, Differenzierungen und Überschneidungen – sofern für die Verschreibungspflicht von Relevanz – im Groben dargestellt. Als Zwischenergebnis kann festgehalten werden, dass im AMG eine Regelungssystematik geschaffen wurde, die hinsichtlich der Zulassung und Abgabe nicht zwischen Human- und Tierarzneimitteln unterscheidet.[196] Letztlich ist ein komplexes Regelungswerk entstanden, welches durch die Inbezugnahme weiterer Vorschriften, wie der der TÄHAV, der ApBetrO oder des ApoG noch weiter verkompliziert wurde. Die Untersuchung hat gezeigt, dass die Regelungen im Tierarzneimittelrecht, insbesondere was Tierarzneimittel, die zur Anwendung bei Tieren bestimmt sind, die der Gewinnung von Lebensmitteln dienen, anbelangt, weitaus strenger und mitunter umfassender sind, als dies bei den Regelungen mit

194 § 1 Abs. 5 i. V. m. Abs. 4 Tierhalter-Arzneimittelanwendungs- und Nachweisverordnung.

195 § 2 Tierhalter-Arzneimittelanwendungs- und Nachweisverordnung.

196 Es bleibt abzuwarten, inwieweit der Vorschlag für eine Verordnung des Europäischen Parlaments und des Rates über Tierarzneimittel, COM(2014) 558 final letztlich umgesetzt wird. Hier finden sich jedenfalls Tendenzen den Besonderheiten des Tierarzneimittelsektors, vor allem in Bezug auf die unterschiedlichen Gegebenheiten im Vergleich zum Humanarzneimittelsektor, gerecht zu werden; vgl. Erwägungsgrund 4 COM(2014) 558 final. Die Bundesregierung sieht derzeit jedenfalls keinen Handlungsbedarf die derzeitige Systematik des Arzneimittelgesetzes in zwei verschiedene Bereiche – Human- und Tierarzneimittelrecht –aufzuteilen, sondern wird in jedem Fall abwarten, bis die Verordnung in Kraft tritt; vgl. BT-Drs. 18/8333 vom 04. 05. 2016 S. 11.

Blick auf Humanarzneimittel der Fall ist. Beispielhaft genannt sei hier nochmals die zulässige Versendung von verschreibungspflichtigen Humanarzneimitteln[197] gegenüber dem grundsätzlichen Verbot des Versandes von Tierarzneimitteln, die zur Anwendung bei Tieren bestimmt sind, die der Gewinnung von Lebensmitteln dienen. Eine in der Sache überzeugende Begründung hierfür konnte nicht gefunden werden.

197 S. hierzu oben C.II.1.c).

D Die Verschreibungspflicht

Der Verschreibungspflicht sollen nach der Rechtsprechung des BVerfG in erster Linie solche Arzneimittel unterfallen, bei deren Anwendung Gefahren mit Blick auf die Gesundheit des Patienten bestehen können.[198] Kohärent hierzu verfolgt das AMG, wie in § 1 AMG normiert, den Zweck, die Sicherheit im Verkehr mit Arzneimitteln für Mensch und Tier zu gewährleisten. Sicherheit im Verkehr mit verschreibungspflichtigen Arzneimitteln wird im Wesentlichen dadurch bewirkt, dass die Anwendung durch Personen bestimmt wird, die sich der Nebenwirkungen und Wechselwirkungen mit anderen Arzneimitteln und der Wirkung im menschlichen Körper im Einzelfall bewusst sind.[199] Der Vorbehalt der ärztlichen Kontrolle[200] bei der Anwendung verschreibungspflichtiger Stoffe dient damit dem Schutz des Verbrauchers und soll Gefahren ausschließen, die mit der Selbstmedikation einhergehen können. Durch die Inbezugnahme des Schutzes der Gesundheit von Tieren in § 48 AMG dient die Verschreibungspflicht zugleich der Tiergesundheit. Tierhalter können demnach Stoffe, die unter die Verschreibungspflicht fallen und die in Tierarzneimitteln enthalten sind, nicht aufgrund eigener Entscheidung ihrem Tier verabreichen. Die grundlegende Bedeutung der Verschreibungspflicht als Verhaltensreglementierung im Güterschutzinteresse zeigt sich über ihre eigentliche Normierung hinaus auch in anderen Bereichen. So ist beispielsweise die Werbung mit verschreibungspflichtigen Arzneimitteln nur gegenüber Fachkreisen gemäß § 10 HWG erlaubt. Bedeutung erlangt die Verschreibungspflicht überdies im Rahmen der Kostenübernahme durch die gesetzliche Krankenversicherung. § 34 Abs. 1 Satz 1 SGB V normiert, dass hinsichtlich nicht verschreibungspflichtiger Arzneimittel keine Kostenübernahme durch die gesetzliche Krankenversicherung erfolgt.[201]

---

198 BVerfG PharmR 2013 119, 121.

199 BVerfG PharmR 2013 119, 121.

200 Der Begriff der ärztlichen Verschreibung, Kontrolle, Anordnung usw. wird nachfolgend als Oberbegriff für ärztliche, zahnärztliche und tierärztliche Verschreibung, Kontrolle, Anordnung usw. verwendet. Sofern es an einzelnen Stellen auf die Differenzierung zwischen (human-)ärztlicher, zahnärztlicher oder tierärztlicher Tätigkeit ankommt, werden entsprechende Begrifflichkeiten verwendet.

201 Die Änderung wurde eingeführt mit dem Gesetz zur Modernisierung der gesetzlichen Krankenversicherung (GKV-Modernisierungsgesetz) im Jahr 2004, BGBl. I, S. 2190. Zuvor wurden auch die sog. OTC-Arzneimittel (*Over the counter*), also freiverkäufliche Arzneimittel von der Krankenversicherung erstattet. Gründe für das Unterfallen

Die Verschreibungspflicht ist nationale Angelegenheit, mit der Folge, dass ein Arzneimittel in einigen europäischen Ländern der Verschreibungspflicht unterfallen kann, in anderen wiederum nicht.[202]

I. Die Verhaltensnorm der Verschreibungspflicht (§ 48 AMG)

Nach der systematischen Differenzierung des AMG liegt es nahe, § 48 AMG bereits als die „Verhaltensnorm" anzusehen, nach der der Bürger sein Verhalten ausrichten soll. Indessen bietet § 48 AMG nicht mehr als eine – freilich wichtige – Grundlage für die Konkretisierung der maßgeblichen Verhaltensnormen anhand des in dieser Untersuchung herausgearbeiteten Konzeptes. Zur Einführung in die Problematik der konkreten verschreibungspflichtbezogenen Verhaltensnormen soll zunächst kurz auf die historische Entwicklung der Verschreibungspflicht und ihre generellen Voraussetzungen eingegangen werden.

1. Historische Entwicklung der Verschreibungspflicht

Vor der ersten Fassung des AMG existierte eine heterogene Verteilung der Vorschriften zur Abgabe stark wirkender Arzneimittel, welche im Wesentlichen mit dem Bestehen öffentlicher Apotheken seinen Anfang nahm.[203] Diese Vorschriften waren zum Teil den Landesmedizinalordnungen und auch dem Polizeirecht zu entnehmen.[204]

In der ersten Fassung des AMG[205] war der damals zuständige Innenminister in § 35 ermächtigt, bestimmte Stoffe der Verschreibungspflicht zu unterstellen.[206] Insbesondere sollten solche Stoffe der Verschreibungspflicht unterfallen, die auch bei bestimmungsgemäßem Gebrauch die menschliche Gesundheit gefährden können, wenn sie ohne ärztliche Verschreibung abgegeben werden (§ 35 Abs. 2 Nr. 1 AMG 1961). Sofern in der Verschreibung bestimmte

---

unter die Verschreibungspflicht sind jedoch unabhängig von der Kostenübernahme durch die Versichertengemeinschaft zu betrachten, sodass hinterfragt werden muss, inwieweit die Änderung sachgemäß ist.

202 Vgl. Art. 70 Abs. 1 Richtlinie 2001/83/EG in Bezug auf Humanarzneimittel sowie Art. 67 Richtlinie 2001/82/EG in Bezug auf Tierarzneimittel.

203 BT-Drs. 3/654, S. 24.

204 BT-Drs. 3/654, S. 24.

205 BGBl. 1961 I, S. 533.

206 In § 45 Abs. 1 Nr. 8 AMG 1961 war die vorsätzliche Abgabe entgegen der Verschreibungspflicht mit Freiheitsstrafe bis zu sechs Monaten und/oder mit Geldstrafe bestraft. Die fahrlässige Begehung war in § 45 Abs. 2 AMG 1961 normiert.

Höchstmengen für den Einzel- oder Tagesgebrauch eines Arzneimittels für eine Person nicht überschritten werden dürfen (§ 35 Abs. 2 Nr. 2 AMG 1961), sollten diese Arzneimittel ebenfalls der Verschreibungspflicht unterfallen. Von der Verordnungsermächtigung umfasst waren auch Vorgaben zur wiederholten Abgabe sowie zu Form und Inhalt der Verschreibung.

Mit Einführung der Zulassungspflicht für Arzneimittel wurde durch das AMNOG 1976[207] ein wichtiges Erfordernis präventiver Kontrolle eingeführt, welche wesentliche Reaktion auf die Anfang der sechziger Jahre aufgetretenen Contergan-Schädigungen war. Hinsichtlich verschreibungsrechtlich relevanter Normierungen wurde in § 49 AMG 1976 die automatische Verschreibungspflicht für solche Stoffe oder Stoffzubereitungen angeordnet, welche eine unbekannte Wirkung aufwiesen. Die allgemeine Verschreibungspflicht wurde unterdessen in § 48 AMG 1967 geregelt.[208]

Im Jahr 1983 wurden – mit dem ersten Gesetz zur Änderung des Arzneimittelgesetzes[209] –mit der Einfügung des § 49 Abs. 6 Sätze 3 und 4 Berichtspflichten über Rückstände bei Tieren eingeführt, die der Gewinnung von Lebensmitteln dienen. Erstmals wurde in den entsprechenden Strafvorschriften zwischen der Abgabe von Tierarzneimitteln, die zur Anwendung bei Tieren bestimmt sind, die der Gewinnung von Lebensmitteln dienen, und einfachen Tierarzneimitteln unterschieden.[210]

Die automatische Verschreibungspflicht für unbekannte Stoffe wurde 2005 durch das Vierzehnte Gesetz zur Änderung des Arzneimittelgesetzes wieder aufgehoben.[211] Die Verschreibungspflicht ist nunmehr lediglich in § 48 AMG normiert. Im Zuge des 14. Änderungsgesetzes wurden auch Arzneimittel für Tiere, die der Gewinnung von Lebensmitteln dienen, der Verschreibungspflicht in § 48

207 Gesetz zur Neuordnung des Arzneimittelrechts vom 24. August 1976 (BGBl. I, S. 2445).

208 Die Abgabe entgegen der Verschreibungspflicht war allgemein in § 96 Nr. 12 mit Freiheitsstrafe bis zu einem Jahr oder Geldstrafe bedroht. Eine fahrlässige Begehung wurde weder als Straftat noch als Ordnungswidrigkeit normiert.

209 BGBl. 1983 I S. 169.

210 § 95 Abs. 1 Nr. 6 AMG. In dessen Absatz 2 wurde die Strafbarkeit wegen Versuchs, in Absatz 3 die Strafbarkeit in besonders schweren Fällen und in Absatz 4 die fahrlässige Begehung aufgenommen. Später wurde mit dem Fünften Gesetz zur Änderung des Arzneimittelgesetzes vom 9. August 1994, BGBl. I, S. 2071 die Strafbarkeit von zwei auf drei Jahre erhöht.

211 Vierzehntes Gesetz zur Änderung des Arzneimittelgesetzes vom 29. August 2005 (BGBl. 2005 I, S. 2570).

Abs. 1 Satz 1 Nr. 2 AMG unterstellt. Ausweislich der Gesetzesbegründung sollen hierdurch Arzneimittel bei Tieren, die der Gewinnung von Lebensmitteln dienen, nur noch angewendet werden, wenn eine entsprechende, durch den Tierarzt festgestellte Indikation vorliegt.[212] Die übrigen die Verschreibungspflicht betreffenden Änderungen sind für die vorliegende Arbeit nicht von Belang.[213]

2. Adressatenkreise und Begriffsbestimmung

Die mitunter unübersichtliche Vorschrift nennt eine Reihe definitionsbedürftiger Begrifflichkeiten, die zum Verständnis ihrerseits einer Bestimmung zugeführt werden müssen. Eine solche Fixierung dient wiederum der richtigen Konkretisierung des Verhaltens, welches durch eine Verhaltensnorm im Interesse des Rechtsgüterschutzes erfasst werden soll. Insbesondere ist zu beleuchten, wer als Adressat der Verhaltensnorm in Frage kommt und wer als Verbraucher unter deren Schutz fällt. Hierbei wird auch das Verhältnis zur Apothekenpflicht eine wichtige Rolle spielen, sodass auch deren Bedeutung, insbesondere in Abgrenzung zur Verschreibungspflicht, untersucht werden muss.

a) Verbraucher im Sinne von § 48 AMG

Ausweislich § 48 Abs. 1 AMG dürfen die dort genannten Arzneimittel nur bei Vorliegen einer ärztlichen, zahnärztlichen oder tierärztlichen Verschreibung *an Verbraucher* abgegeben werden. Eine Definition des Begriffs des Verbrauchers findet sich nicht in den Begriffsbestimmungen des AMG.[214] Nach allgemeinem Sprachgebrauch ist ein Verbraucher jedenfalls jemand, der ein Produkt für sich kauft, es verbraucht oder benutzt. Eine begriffliche Bestimmung findet sich in § 3 Nr. 4 LFGB, der für den Begriff des Endverbrauchers auf Art. 3 Nr. 18 der Verordnung (EG) Nr. 178/2002[215] verweist. Hiernach ist Endverbraucher der letzte Verbraucher eines Lebensmittels, der das Lebensmittel nicht im Rahmen

212 BT-Drs. 15/5316, S. 42.

213 Weitere Änderungen wurden im Vierten Gesetz zur Änderung des Arzneimittelgesetzes vom 11. April 1990 (BGBl. 1990 I, S. 717), im Fünften Gesetz zur Änderung des Arzneimittelgesetzes vom 9. August 1994 (BGBl. 1994 I, S. 2071), im Achten Gesetz zur Änderung des Arzneimittelgesetzes vom 7. September 1998 (BGBl. 1998 I, S. 2649) und im Gesetz zur Änderung arzneimittelrechtlicher und anderer Vorschriften vom 17. Juli 2009 (BGBl. 2009 I, S. 1990) vorgenommen.

214 Die Begriffsbestimmungen des AMG finden sich in §§ 2, 3 und 4 AMG.

215 Verordnung (EG) Nr. 178/2002 des Europäischen Parlaments und des Rates vom 28. Januar 2002 zur Festlegung der allgemeinen Grundsätze und Anforderungen des Lebensmittelrechts, zur Errichtung der Europäischen Behörde für

der Tätigkeit eines Lebensmittelunternehmens verwendet. In diesem Bereich erfolgt also eine Abgrenzung anhand der Differenzierung zum Unternehmer. § 3 Nr. 4 LFGB differenziert weiter, dass Verbraucher im Übrigen diejenigen sind, an die ein Mittel oder ein Gegenstand zur persönlichen Verwendung abgegeben wird. Ausgehend von diesem begrifflichen Verständnis ist Verbraucher im Sinne des § 48 AMG demnach derjenige, der ein Arzneimittel zur persönlichen Anwendung einnimmt und dieses als solcher ausgehändigt bekommt. Produktion und Vertrieb von Arzneimitteln durch pharmazeutische Unternehmer[216] oder Großhändler[217] stellen demgegenüber ein Tätigwerden in Ausübung der gewerblichen oder selbstständigen Tätigkeit dar. Die Abgabe von Arzneimitteln durch sie an Apotheken unterfällt nicht der Verschreibungspflicht.[218] Die Abgabe von Fütterungsarzneimitteln an Tierhalter hingegen schon.[219]

Die zum Teil verbreitete Auffassung, auch Ärzte, Zahnärzte oder Tierärzte, die verschreibungspflichtige Arzneimittel für den Praxisbedarf aus Apotheken beziehen, seien als Verbraucher anzusehen,[220] ist nicht sachgerecht. Zwar müssen die genannten Personen, wollen sie Arzneimittel für den Praxisbedarf beziehen, nach § 2 Abs. 2 AMVV eine „abgeschwächte" Verschreibung vorlegen.[221]

Lebensmittelsicherheit und zur Festlegung von Verfahren zur Lebensmittelsicherheit, ABl. L 31 vom 01. 02. 2002, S. 1 ff.

216 Pharmazeutischer Unternehmer ist der Inhaber der Zulassung oder Registrierung oder wer Arzneimittel unter seinem Namen in den Verkehr bringt, § 4 Abs. 18 AMG.

217 Großhändler ist, wer berufs- oder gewerbsmäßig zum Zwecke des Handeltreibens eine Tätigkeit ausübt, die in der Beschaffung, der Lagerung, der Abgabe oder Ausfuhr von Arzneimitteln besteht, mit Ausnahme der Abgabe von Arzneimitteln an andere Verbraucher als Ärzte, Zahnärzte, Tierärzte oder Krankenhäuser (§ 4 Abs. 22 AMG).

218 Vgl. *Kloesel/Cyran*, AMG, § 48 Rn. 10; Abgabebeschränkungen des pharmazeutischen Unternehmers und Großhändlers betreffend der Abgabe von Arzneimitteln an andere Abnehmergruppen als Apotheken/Apotheker regelt § 47 AMG.

219 Vgl. hierzu bereits oben C.II.2.d).

220 *Kloesel/Cyran*, AMG, § 48 Rn. 11; *Kloesel/Cyran*, AMVV, § 1 Rn. 19.

221 Abgeschwächt in dem Sinne, als dass anstelle der sonst geforderten Angaben, wie etwa dem Namen des Patienten, ein entsprechender Vermerk, z. B. „für den Praxisbedarf", vorzunehmen ist; vgl. *Kloesel/Cyran*, AMVV, § 2 Rn. 24. Die Notwendigkeit der Vorlage einer Verschreibung selbst im Falle des Praxisbedarfs hat von der zweckorientierten Auslegung der Verschreibungspflicht her gedacht nichts mit der Verschreibungspflicht als solcher zu tun. Denn der intendierte Zweck des Gesundheitsschutzes des Verbrauchers geht im Falle der Verschreibung für den Praxisbedarf fehl. Nicht nachvollziehbar wäre insofern, warum sich der Arzt selbst eine Verschreibung ausstellen soll. Dies muss er beim Bezug von Arzneimitteln für den Eigenbedarf

Allerdings folgt daraus nicht, dass Ärzte, Zahnärzte oder Tierärzte im Falle des Bezugs von Praxisbedarf als Verbraucher anzusehen seien. Ratio der Norm des § 48 AMG ist es, vor Gesundheitsgefahren zu schützen, die mit der unkontrollierten, nicht durch ärztliche Überwachung gewährleisteten Einnahme von verschreibungspflichtigen Arzneimitteln einhergehen. Der Arzt, der Arzneimittel zum Zwecke des Praxisbedarfs bezieht, muss gerade nicht vor einer nicht arztkontrollierten Anwendung geschützt werden. Dies wäre paradox, denn derjenige, der die Arzneimittel für den Praxisbedarf ausgehändigt bekommt, ist selbst Arzt, Zahnarzt oder Tierarzt. Der Arzt ist aber auch nach der gefundenen Definition nicht als Verbraucher anzusehen, wenn er Arzneimittel für den Praxisbedarf bezieht. Denn danach ist als Verbraucher derjenige anzusehen, der ein Arzneimittel zur persönlichen Verwendung einnimmt und dieses als solcher ausgehändigt bekommt. Der Arzt bekommt im Falle der Aushändigung für den Praxisbedarf das Arzneimittel aber nicht für die persönliche Verwendung. In diesem Sinne „verbraucht" der Arzt das Arzneimittel nicht, wenn er es für den täglichen Bedarf in seiner Praxis bezieht. Vielmehr gibt er dieses nach entsprechender Indikationsfeststellung an den Patienten oder den Tierhalter weiter. In diesem Sinne dürfte es nicht darauf ankommen, dass die Aushändigung im Falle des Praxisbedarfs an den Patienten nicht durch den Apotheker, sondern durch den Arzt geschieht.[222] Es handelt sich um eine Abgabe durch den Arzt an den Verbraucher.[223]

Auch die Abgabe eines verschreibungspflichtigen Arzneimittels für den Eigenbedarf des Apothekers oder pharmazeutischen Personals stellt eine Abgabe an den Apotheker oder das pharmazeutische Personal als Verbraucher dar.[224] Gleiches gilt bei Abgabe an den Arzt, an den das Arzneimittel wegen Eigenbedarfs abgegeben wird.[225]

---

auch nicht tun. Rein sachlich kann sich die Vorschrift des § 2 Abs. 2 AMVV lediglich als bloße Förmlichkeit darstellen, die allenfalls für den Verkehr mit Arzneimitteln relevant ist, aber nichts mit der Verschreibungspflicht zu tun hat. Von dieser Problematik zu unterscheiden ist die Abgabe an die verschreibende Person selbst wegen Eigenbedarfs (vgl. § 4 Abs. 2 AMVV).

222 Der Arzt nimmt hierbei ausnahmsweise die Rolle des Apothekers ein.

223 Entgegen *Kloesel/Cyran*, AMVV, § 1 Rn. 19, der im Falle von Praxisbedarf davon ausgeht, dass keine *Abgabe* an den Verbraucher vorliegt.

224 *Kloesel/Cyran*, AMG, § 48 Rn. 10; *Kloesel/Cyran*, AMVV, § 1 Rn. 19.

225 Vgl. hierzu § 4 Abs. 2 i. V. m. Abs. 1 Satz 2 AMVV.

b) Adressat des § 48 AMG

§ 48 Abs. 1 Satz 1 AMG normiert, dass verschreibungspflichtige Arzneimittel nur nach Vorlage einer ärztlichen, zahnärztlichen oder tierärztlichen Verschreibung *abgegeben* werden dürfen.[226] Handelt es sich um verschreibungspflichtige Arzneimittel, normiert § 43 Abs. 3 AMG, dass Arzneimittel, für die eine Verschreibung erforderlich ist, nur von Apotheken abgegeben werden dürfen. Zwar liegt der Schluss nahe, dass nur der Apotheker Täter des mit Strafe belegten Verbots sein kann. Dieser Schluss ist jedoch verfrüht und auch verfehlt. Insoweit normiert das Gesetz nur den Sollmaßstab. Dass es im Zuge illegalen Handels mit verschreibungspflichtigen Arzneimitteln, insbesondere über das Internet, zu Missbrauch kommt, dürfte auf der Hand liegen. Aus der gesetzlichen Sollensanforderung ist daher nicht zu schließen, dass es in der Praxis nicht auch zur Abgabe verschreibungspflichtiger Arzneimittel ohne die erforderliche Verschreibung durch Unberechtigte kommt.[227] Der Adressatenkreis ist mithin nicht nur auf Apotheker und pharmazeutisches Personal begrenzt. Schließlich normiert das Gesetz Ausnahmen vom Apothekenmonopol, beispielsweise in § 43 Abs. 4 und 5 AMG für den Fall der Abgabe durch Tierärzte im Rahmen des Betriebes der tierärztlichen Hausapotheke, sofern die Arzneimittel zu diesem Zweck vorrätig gehalten werden. Ebenso können Hersteller Fütterungsarzneimittel auf Verschreibung an den Tierhalter abgeben.[228] Folglich kommen als Adressaten des Verbots der Abgabe entgegen der Verschreibungspflicht der Apotheker und pharmazeutisches Personal, der Unbefugte, der Tierarzt und der Hersteller in Betracht.

---

226 Von der Abgabeberechtigung zu differenzieren ist die Verschreibungsberechtigung. Verschreibungsberechtigt sind Ärzte, Zahnärzte und Tierärzte. Erforderlich ist mithin eine entsprechende Ausbildung nebst Approbation, vgl. BGH NJW 1955, 679, 680. Die Verschreibungsberechtigung ist hierbei auf den jeweiligen Bereich der Human-, Tier- oder Zahnheilkunde begrenzt; vgl. unten D.I.2.c) und BGH NJW 1955, 679, 680. Über § 48 Abs. 2 Nr. 6 AMG wird eine weitere Eingrenzung ermöglicht, indem die Verschreibungsberechtigung auf bestimmte Fachärzte oder Einrichtungen beschränkt werden kann.

227 So auch MüKo/*Freund*, AMG, § 96 Rn. 23; a. A. *Kloesel/Cyran*, AMG, § 48 Rn. 5; Körner/Patzak/Volkmer/*Volkmer*, BtMG, § 96 AMG Rn. 221; BGHSt 21, 291, 295; OLG Stuttgart NStZ-RR 2012, 154, 155.

228 Vgl. hierzu oben C.II.2.c).

c) *Verschreibungsberechtigt*

Ausweislich des Wortlauts des § 48 Abs. 1 AMG dürfen Arzneimittel, die der Verschreibungspflicht unterfallen, nur bei Vorlage einer ärztlichen, zahnärztlichen oder tierärztlichen Verschreibung abgegeben werden. Dies besagt jedoch nur, dass die Verschreibung durch einen Human-, Tier- *oder* Zahnmediziner erfolgen muss. Erforderlich ist für eine ärztliche Verschreibung demnach, dass eine ärztliche Approbation oder eine Erlaubnis zur Ausübung des Arztberufes vorliegt, oder dass die verschreibende Person als Angehöriger eines Mitgliedstaates der EU oder eines EWR-Staates oder anderweitig berechtigt ist, die ärztliche Tätigkeit in Deutschland zu erbringen.[229] Eine Beschränkung auch auf den jeweiligen Berufszweig lässt sich dem Wortlaut nicht entnehmen. Nach dem telos der Verschreibungspflicht geht es aber darum, Mensch und Tier vor Gefahren an Leib und Leben zu schützen. Bei der Abgabe eines durch einen Tierarzt verschriebenen Humanarzneimittels besteht eine entsprechende Gefahr für Leib und Leben, da der Tierarzt nicht die erforderliche Fachkenntnis. Ein Verbot der Abgabe eines Arzneimittels, welches durch einen fachfremden Arzt verschrieben wurde, lässt sich demnach auf der Basis einer ratio-orientierten Erweiterung der verschreibungspflichtrelevanten Verbotsnormen begründen. Eine Verschreibung darf nur der Arzt, Zahnarzt oder Tierarzt für seinen Berufszweig vornehmen.[230] Erforderlich sind die erfolgreiche Absolvierung der

229 Kügel/Müller/Hofmann/*Hofmann*, AMG, § 48 Rn. 13, der zutreffenderweise darauf hinweist, dass es nach dem jeweiligen Berufsrecht unzulässig sein kann, wenn beispielsweise ein Zahnarzt ein Arzneimittel verschreibt, welches zur Behandlung einer Erkrankung gedacht ist, die nicht von den Tätigkeiten, wie sie die Approbation des Zahnarztes vorgibt, gedeckt ist.

230 Das im Hinblick auf die Beschränkung zitierte Urteil des BGH NJW 1955, 679 (LS), 680, vgl. Fn. 226, bezog sich auf die Verschreibung von Betäubungsmitteln durch den Leiter eines medizinisch-diagnostischen Instituts. Der BGH blieb einer nachvollziehbaren Begründung schuldig. In den Gründen führt der BGH aus, dass „es doch auf der Hand [liegt], dass die Anwendung der Arzneien nach ganz verschiedenen Grundsätzen zu erfolgen hat, je nachdem, ob Anwendungsfälle aus dem Gebiet der Allgemeinmedizin, Zahnheilkunde oder Tiermedizin vorliegen." Warum dies nun auf der Hand liegen soll, führt der BGH nicht aus. Stattdessen wird das gefundene Ergebnis mit anderen Vorschriften untermauert, in denen offenbar eine Unterscheidung je nach Anwendungsgebiet vorgenommen wird; im vorliegenden Fall Tageshöchstmengen nach der Verschreibungsverordnung. Dass Tageshöchstmengen je nach ärztlicher-, zahnärztlicher- oder tierärztlicher Verschreibung variieren und dies auch gesetzlich so festgeschrieben ist, begründet aber nicht eine Differenzierung im vom BGH zu entscheidenden Fall.

Ausbildung und die Erlangung der erforderlichen Approbation in dem jeweiligen Fachgebiet. Vor diesem Hintergrund ist es dem Apotheker auch verwehrt, ein entsprechendes Arzneimittel an den Patienten abzugeben, welches auf einem fachfremden Rezept verschrieben wird. Ein Humanarzneimittel, welches vom Tierarzt verschrieben wurde, darf der Apotheker damit nicht herausgeben.[231] Gleiches gilt für die Ausnahmeregelung des Eigenbedarfs nach § 4 Abs. 2 i. V. m. Abs. 1 Satz 2 AMVV, wonach der Arzt grundsätzlich ohne Rezeptvorlage verschreibungspflichtige Arzneimittel für den Eigenbedarf beziehen darf. Hierzu hat die Bundestierärztekammer[232] ausgeführt, dass die Abgabe im Rahmen der Eigenmedikation ebenfalls nur auf das Gebiet der eigenen fachlichen Qualifikation begrenzt ist.[233] Folglich ist es dem Apotheker verwehrt, einem Tierarzt die Antibabypille auszuhändigen.[234] Erfasst sind somit zwei Verbote. Der Arzt darf nicht ein Rezept ausstellen, welches ein fachfremdes Arzneimittel beinhaltet. Tut er dies doch, darf der Apotheker das Rezept nicht anweisen; er darf das Arzneimittel somit nicht aushändigen. Tut er dies doch, liegt ein Verstoß gegen die Verschreibungspflicht vor.

Nach zutreffender Auffassung – die Wortlaut und Ratio der Verschreibungspflicht entspricht – darf selbstverständlich ein vollkommen Unbefugter – etwa ein Laie – überhaupt keine Verschreibungen vornehmen.[235]

d) Apothekenpflichtige Arzneimittel

§ 43 AMG regelt eine grundsätzliche Apothekenpflicht für Arzneimittel. Die Vorschrift erfasst solche Arzneimittel im Sinne des § 2 Abs. 1 oder Abs. 2 Nr. 1

---

231 Inwieweit dies auch im Rahmen der Sanktionsnorm bedeutsam ist, wird unter E.IV.1. untersucht.

232 *Sucker-Sket*, Keine Antibabypille für Tierärzte, DAZ online vom 11. 03. 2016 https://www.deutsche-apotheker-zeitung.de/news/artikel/2016/03/11/keine-antibabypille-fur-tierarzte (zuletzt aufgerufen am 03. 02. 2017). Die Bundestierärztekammer bezog sich in ihrer Entscheidung auf die Entscheidung des BGH NJW 1955, 679, vgl. Fn. 226.

233 *Sucker-Sket*, Keine Antibabypille für Tierärzte, DAZ online vom 11. 03. 2016 https://www.deutsche-apotheker-zeitung.de/news/artikel/2016/03/11/keine-antibabypille-fur-tierarzte (zuletzt aufgerufen am 03. 02. 2017).

234 *Sucker-Sket*, Keine Antibabypille für Tierärzte, DAZ online vom 11. 03. 2016 https://www.deutsche-apotheker-zeitung.de/news/artikel/2016/03/11/keine-antibabypille-fur-tierarzte (zuletzt aufgerufen am 03. 02. 2017).

235 Vgl. zu der vergleichbaren Problematik der Verschreibung von Dopingmitteln von Unbefugten MüKo/*Freund*, AMG, § 6a aF Rn. 29.

AMG, die nicht freigegeben sind. Arzneimittel im Sinne des § 2 Abs. 1 AMG sind solche, die eine physiologische, immunologische oder metabolische Wirkung haben, oder die zur Heilung, Linderung oder Verhütung menschlicher oder tierischer Krankheiten bestimmt sind. Arzneimittel im Sinne des § 2 Abs. 2 Nr. 1 AMG sind solche, „die dazu bestimmt sind, dauernd oder vorübergehend mit dem menschlichen oder tierischen Körper in Berührung gebracht zu werden", sofern der Wirkstoff auf einem Gegenstand aufgebracht oder in einen Gegenstand eingebracht ist.[236] Die konkrete Entscheidung darüber, ob ein Arzneimittel der Apothekenpflicht unterfällt oder nicht, wird nach Anhörung von Sachverständigen durch das BMG im Einvernehmen mit dem Bundesministerium für Wirtschaft und Energie (BMWi) getroffen. Eine entsprechende Rechtsverordnung (vgl. § 45 Abs. 1 AMG) wurde mit der Verordnung über apothekenpflichtige und freiverkäufliche Arzneimittel geschaffen (AMVerkRV). Das Arzneimittel ist entsprechend mit „apothekenpflichtig" zu kennzeichnen (§ 10 Abs. 1 Nr. 10 AMG).[237] §§ 44 bis 46 AMG enthalten schließlich Ausnahmeregelungen, welche Arzneimittel für den Verkehr außerhalb von Apotheken freigegeben sind.

3. Verbotsvoraussetzungen und Ausnahmen

Die Verschreibungspflicht begründet das Verbot, bestimmte Arzneimittel nur bei Vorliegen einer ärztlichen, zahnärztlichen oder tierärztlichen Verschreibung an Verbraucher abzugeben. Hiermit geht die Einschränkung der allgemeinen Handlungsfreiheit (Art. 2 Abs. 1 GG) des Verbrauchers einher. Der Verbraucher erhält bestimmte Arzneimittel nur auf Vorlage einer entsprechenden Verschreibung. Die Vorschrift ist zu dessen Wohl – mithin paternalistisch – ausgestaltet, indem der Verbraucher vor Gefahren, die mit der Selbstmedikation verschreibungspflichtiger Stoffe einhergehen, geschützt werden soll.[238] Gleichzeitig wird gegenüber Apothekern ein Verbot begründet, bestimmte Arzneimittel ohne Vorlage einer Verschreibung an den Verbraucher auszuhändigen. Der Gesetzgeber bedient sich

236 Auch sog. fiktive Arzneimittel, also solche Gegenstände, die nach dem AMG per Definition keine Arzneimittel sind, aber als Arzneimittel gelten sollen und dementsprechend dem Geltungsbereich des AMG und nicht des MPG unterstellt werden.

237 Weitere Kennzeichnungspflichten für besondere Arzneimittelarten finden sich in § 10 Abs. 4 Nr. 11 AMG für homöopathische Arzneimittel und in § 10 Abs. 5 Nr. 15 AMG für Arzneimittel, die zur Anwendung bei Tieren bestimmt sind.

238 Zu dieser grundsätzlichen Problematik der Legitimität des staatlicherseits aufgedrängten Schutzes „vor sich selbst" bzw. der Problematik des Paternalismus s. unten D.I.4.b) aa)(1).

damit eines steuernden Kriteriums, mit dessen Hilfe der Bürger vor den Folgen einer gefährdenden Selbstmedikation bewahrt werden soll.

a) Verschreibungspflichtige Arzneimittel

Die Verschreibung als solche ist eine Anweisung durch den Arzt, den Tierarzt oder den Zahnarzt, die sich an den Apotheker richtet und diesem auferlegt, entsprechend dem Rezept ein bestimmtes Arzneimittel an eine bestimmte – die im Rezept ausgewiesene – Person, auszuhändigen.[239] Der Apotheker kann bei Vorlage des Rezepts auf dem lediglich ein bestimmter Wirkstoff angegeben ist, alle Arzneimittel mit eben diesem Wirkstoff als wirksamem Bestandteil abgeben. Sofern das Rezept ein bestimmtes Arzneimittel nennt, kann der Apotheker ebenfalls unter wirkstoffgleichen Arzneimitteln wählen, sofern der Arzt auf dem Rezept nicht ausdrücklich die sog. *Aut-Idem-Substitution*[240] ausgeschlossen hat.

aa) Verschreibungspflicht kraft Rechtsverordnung, § 48 Abs. 1 Satz 1 Nr. 1 AMG

Verschreibungspflichtig sind zunächst die in der Rechtsverordnung genannten Arzneimittel. Die auf der Grundlage der Ermächtigung des § 48 Abs. 2 AMG ergangene Rechtsverordnung ist die AMVV,[241] die seit ihrer Neufassung 2005[242] durch zahlreiche Änderungsverordnungen geändert wurde. Das BMG ist im Einvernehmen mit dem BMWi mit Zustimmung des Bundesrates und in der Regel nach Anhörung von Sachverständigen[243] ermächtigt, Stoffe und Stoffzubereitungen zu bestimmen, die unter die Verschreibungspflicht fallen. Kriterien, anhand deren bestimmt wird, ob ein Arzneimittel als verschreibungspflichtig eingestuft wird, finden sich in § 48 Abs. 2 AMG, worauf § 48 Abs. 1 Satz 1 AMG eindeutig verweist. Dies sind zum einen insbesondere die unter § 48 Abs. 2 Nr. 2 AMG genannten Kriterien sowie die nach § 48 Abs. 2 Nr. 1 AMG genannten Stoffe mit nicht allgemein bekannter Wirkung. Sofern der Stoff nicht automatisch von

239 *Weber*, BtMG, § 48 AMG Rn. 8.
240 Auf der Basis des § 129 Abs. 1 SGB V und im Rahmen des Wirtschaftlichkeitsgebotes ist der Apotheker in den genannten Fällen sogar verpflichtet ein preisgünstigeres Arzneimittel auszuhändigen.
241 Verordnung zur Neuordnung der Verschreibungspflicht von Arzneimitteln vom 21. Dezember 2005.
242 BGBl. I, S. 3632.
243 Vgl. aber § 48 Abs. 2 Satz 2 AMG.

Gesetzes wegen unter die Verschreibungspflicht fällt, stellt in der Praxis meist der pharmazeutische Unternehmer oder eine Behörde den Antrag auf Einführung oder Aufhebung der Verschreibungspflicht.[244] Die Abwicklung der Anträge erfolgt über das BfArM.[245] Die zuständigen Bundesoberbehörden leiten dem Sachverständigenausschuss für Verschreibungspflicht wissenschaftliche Stellungnahmen zu, die die Grundlage für die medizinischen und pharmazeutischen Aspekte der Beschlussfassung des Sachverständigenausschusses für Verschreibungspflicht sind.[246] Nach den Voten des Sachverständigenausschusses für Verschreibungspflicht erstellen die zuständigen Ministerien einen (Änderungs-) Verordnungsvorschlag.[247] Sofern der Bundesrat zugestimmt hat, wird die Änderungsverordnung im Bundesgesetzesblatt publiziert.[248]

Regelungsobjekte der AMVV sind solche Arzneimittel, die die in der Anlage 1 der Arzneimittelverordnung aufgezählten Stoffe oder Stoffzubereitungen darstellen oder solche enthalten. Die erste Möglichkeit (§ 48 Abs. 1 Satz 1 Nr. 1 Alt. 1 AMG) erfasst somit den Stoff, eine Stoffzubereitung oder einen Gegenstand als solchen, der das Arzneimittel darstellt. Schließlich fallen ausweislich der zweiten Möglichkeit (§ 48 Abs. 1 Satz 1 Nr. 1 Alt. 2 AMG) solche Arzneimittel unter die Verschreibungspflicht, denen die in der Anlage genannten Stoffe oder Stoffzubereitungen zugesetzt sind. Mit der Formulierung „zugesetzt sind“ sollte eine Klarstellung dahin gehend erfolgen, dass ein solches Arzneimittel der Verschreibungspflicht unterliegt, welches aus einem verschreibungspflichtigen Stoff oder einer verschreibungspflichtigen

244 Vgl. aber Informationen des BfArM http://www.bfarm.de/SharedDocs/Glossareintraege/DE/S/SachverstAusschuss.html (zuletzt aufgerufen am 28. 11. 2016), wonach auch Ärzte oder sonstige Personen Anträge stellen können. Im Falle der Antragstellung durch die zuständige Bundesoberbehörde wird es in der Regel um Fälle häufig gemeldeter Nebenwirkungen gehen, die bei der zuständigen Bundesoberbehörde eingehen und woraufhin die Behörde einen entsprechenden Antrag stellen wird. Vgl. im Übrigen zum konkreten Ablauf und den Prüfkriterien des Sachverständigenausschusses für Verschreibungspflicht unten D.I.3.b).

245 http://www.bfarm.de/SharedDocs/Glossareintraege/DE/S/SachverstAusschuss.html (zuletzt aufgerufen am 28. 11. 2016).

246 Vgl. § 5 der Geschäftsordnung des Sachverständigenausschusses für Verschreibungspflicht nach § 53 Absatz 2 des Arzneimittelgesetzes. Nach § 6 der Geschäftsordnung besteht überdies die Möglichkeit eine externe Sachverständige Person herbeizuziehen.

247 *Kloesel/Cyran*, AMG, § 48 Rn. 45.

248 http://www.bfarm.de/SharedDocs/Glossareintraege/DE/S/SachverstAusschuss.html (zuletzt aufgerufen am 28. 11. 2016).

Stoffzubereitung hergestellt wird, mit Ausnahme von Pflanzen, die als natürliche Substanz den Stoff enthalten.[249] Die inhaltliche Ausgestaltung erfolgt durch die Inbezugnahme des § 48 Abs. 2 AMG. Erfasst sind damit alle Stoffe und Stoffzubereitungen, die in der aufgrund der Ermächtigung in Abs. 2 erlassenen Rechtsverordnung genannt sind.

bb) Arzneimittel zur Anwendung bei Tieren, die der Gewinnung von Lebensmitteln dienen (§ 48 Abs. 1 Satz 1 Nr. 2 AMG)

Schließlich unterfallen gemäß § 48 Abs. 1 Satz 1 Nr. 2 AMG solche Arzneimittel der Verschreibungspflicht, die zur Anwendung bei Tieren bestimmt sind, die der Gewinnung von Lebensmitteln dienen. Hiermit unterstellt der Gesetzgeber generell alle Arzneimittel einer gesetzlichen Verschreibungspflicht, die bei Tieren zum Einsatz kommen, die der Gewinnung von Lebensmitteln dienen (ohne dass es hierzu einer Verordnung bedarf).[250] Ausweislich der Gesetzesbegründung sollen bei Tieren, die der Gewinnung von Lebensmitteln dienen, Arzneimittel nur dann zum Einsatz kommen, wenn eine entsprechende Notwendigkeit zuvor tierärztlich festgestellt wurde.[251] Dies soll dadurch ermöglicht werden, dass Arzneimittel, die zur Anwendung bei Tieren, die der Gewinnung von Lebensmitteln bestimmt sind, generell der Verschreibungspflicht unterstellt werden.[252]

Zusätzlich wird die automatische Verschreibungspflicht bei solchen Arzneimitteln damit begründet, dass der Mensch hinsichtlich des Einsatzes von Arzneimitteln im Rahmen seines Selbstbestimmungsrechts selbst bestimmen kann, ob er sich den Wirkungen und Nebenwirkungen aussetzt, während er dies als Konsument tierischer Lebensmittel nicht kann und hierdurch möglichen Auswirkungen der Arzneimittel ausgesetzt ist.[253] Schließlich führt die unkontrollierte Anwendung von Arzneimitteln bei Tieren, die der Gewinnung von Lebensmitteln dienen, zu Arzneimittelrückständen und somit zur Bildung von Resistenzen beim Menschen, was ebenfalls ein relevantes Risiko darstellt, welches durch die durch das Gesetz angeordnete Verschreibungspflicht minimiert wird, indem eine Überwachung durch tierärztliche Kontrolle erfolgt.[254]

---

249 BT-Drs. 7/3060, S. 55.
250 Fuhrmann/Klein/Fleischfresser/*Kluge*, AMG, § 38 Rn. 11.
251 BT-Drs. 15/5316, S. 42.
252 BT-Drs. 15/5316, S. 42.
253 Kügel/Müller/Hofmann/*Kügel*, AMG, § 48 Rn. 11.
254 Vgl. auch *Kloesel/Cyran*, AMG § 48 Rn. 28.

§ 48 Abs. 6 AMG ermächtigt allerdings das zuständige Bundesministerium, Ausnahmen für die grundsätzliche Verschreibungspflicht von Arzneimitteln, die bei Tieren Anwendung finden, die der Gewinnung von Lebensmitteln dienen, zu treffen, sofern die Anforderungen der Richtlinie 2001/82/EG eingehalten werden. Entsprechende Ausnahmekriterien sind daher in der Richtlinie 2006/130/EG[255] festgelegt. Mit ihr wird dem Umstand Rechnung getragen, dass nicht alle Stoffe, die zur Anwendung bei Tieren bestimmt sind, die der Gewinnung von Lebensmitteln dienen, eine Gefährdung für die Gesundheit von Mensch, Tier oder Umwelt darstellen.[256] Es handelt sich hierbei um ein auch für die Praxis wichtiges Instrumentarium, mit dem Ausnahmen von der grundsätzlich bestehenden Verschreibungspflicht für Stoffe, die zur Anwendung bei Tieren bestimmt sind, die der Gewinnung von Lebensmitteln dienen, geschaffen wurden. So normiert beispielsweise Art. 2 lit. b) der Richtlinie 2006/130/EG, dass Tierarzneimittel von der Pflicht der ärztlichen Verschreibung ausgenommen sind, wenn das Tierarzneimittel neben den in Art. 2 Richtlinie 2006/130/EG weiteren genannten Voraussetzungen auch bei unsachgemäßer Verabreichung kein Risiko für das Tier, für die anwendende Person oder für die Umwelt darstellt. Der Verbraucher ist über Art. 2 lit. g) Richtlinie 2006/130/EG mit einbezogen, indem normiert wird, dass auch bei unsachgemäßer Verwendung des Arzneimittels kein Risiko für die Sicherheit des Verbrauchers durch Rückstände in Lebensmitteln besteht.

cc) Arzneimittel mit nicht allgemein bekannten Wirkungen, § 48 Abs. 1 Satz 1 Nr. 3 AMG

Stoffe mit nicht allgemein bekannten Wirkungen, also neue Stoffe, werden seit dem Änderungsgesetz 2009[257] per Gesetz der Verschreibungspflicht unterstellt. Damit wird die Rechtslage wiederhergestellt, die vor dem Wegfall der automatischen Verschreibungspflicht in § 49 AMG aF bestand.[258] Denn abermals wurden neue Stoffe automatisch der Verschreibungspflicht unterstellt (§ 49

---

255 Richtlinie 2006/130/EG der Kommission vom 11. Dezember 2006 zur Durchführung der Richtlinie 2001/82/EG des Europäischen Parlaments und des Rates in Bezug auf die Festlegung von Kriterien für die Ausnahme bestimmter Tierarzneimittel, die für zur Nahrungsmittelerzeugung genutzte Tiere bestimmt sind, von der Pflicht der tierärztlichen Verschreibung, ABl. L 349 vom 12. 12. 2006, S. 15 ff.

256 Vgl. Erwägungsgrund 1 der Richtlinie 2006/130/EG.

257 Gesetz zur Änderung arzneimittelrechtlicher und anderer Vorschriften vom 17. Juli 2009, BGBl. 2009 I, S. 1990.

258 Vgl. dazu bereits oben D.I.1.

AMG aF). Mit Wegfall dieser automatischen Verschreibungspflicht wurden Arzneimittel mit nicht allgemein bekannten Wirkungen erst dann der Verschreibungspflicht unterstellt, wenn sie in der Rechtsverordnung entsprechend gelistet waren. Hierdurch entstand eine zeitliche Lücke zwischen der Marktzugangsberechtigung und der Listung in der Rechtsverordnung, in der das Arzneimittel als nicht verschreibungspflichtig vertrieben werden konnte, obwohl es faktisch, aber eben nicht durch Rechtsverordnung konstitutiv verschreibungspflichtig war. In der amtlichen Begründung wurde daher entsprechend ausgeführt, dass mit Einführung von § 48 Abs. 1 Satz 1 Nr. 3 AMG sichergestellt wird, dass das Arzneimittel bereits vom Zeitpunkt der Zulassung an, also der Zugangsberechtigung zum Markt, der Verschreibungspflicht unterliegt und nicht etwa erst dann, wenn die Verschreibungspflicht nach der Verordnung besteht.[259]

Die Regelung gilt für Arzneimittel, bei denen bereits hinsichtlich *eines Inhaltsstoffes*[260] eine in der medizinischen Wissenschaft nicht bekannte Wirkung möglich ist und für Zubereitungen solcher Stoffe, die hinsichtlich eines Inhaltsstoffes eine nicht allgemein bekannte Wirkung besitzen. Auch wenn die Zubereitung zwar aus bekannten Stoffen besteht, durch die Zubereitung (auch Stoffkombination oder Kombinationspräparate) aber Wirkungen entstehen, die in der medizinischen Wissenschaft nicht allgemein bekannt sind (neue Kombination bekannter Stoffe), unterfällt die Zubereitung der Verschreibungspflicht. Dies gilt jedoch nicht, wenn die Wirkungen der Zubereitung nach Zusammensetzung, Dosierung, Darreichungsform oder Anwendungsgebiet bestimmbar sind (§ 48 Abs. 1 Satz 5 AMG).[261] Erforderlich ist, dass sich die genannten Parameter aus vorhandenem wissenschaftlichem Erkenntnismaterial ableiten lassen.[262] Dies ist insbesondere der Fall, wenn vergleichbare Kombinationspräparate, also solche mit vergleichbarer Zusammensetzung,

259 BT-Drs. 16/12256, S. 52.

260 Hierauf weist trotz der Formulierung im Plural in der Vorschrift des § 48 Abs. 1 Nr. 3 AMG zutreffend *Kloesel/Cyran*, AMG, § 48 Rn. 31 hin. Denn die Unbekanntheit in seiner pharmakologischen und pharmakodynamischen Wirkung ist Grund genug, bereits den einzelnen Stoff der Verschreibungspflicht zu unterstellen; in der Sache ebenso *Weber*, BtMG, § 48 AMG Rn. 50.

261 Eine weitere Ausnahme findet sich in § 48 Abs. 1 Satz 6 AMG, wonach die Verschreibungspflicht nicht für neue Kombinationen bekannter Stoffe gilt, sofern die Arzneimittel außerhalb der Apotheken abgegeben werden dürfen, also nicht dem Apothekenmonopol unterfallen.

262 *Rehmann*, AMG, § 48 Rn. 6.

existieren.[263] Wissenschaftliches Erkenntnismaterial ist veröffentlichtes oder unveröffentlichtes Material sowie nach wissenschaftlichen Methoden aufbereitetes Erfahrungsmaterial.[264]

Das BMG ist im Einvernehmen mit dem BMWi gemäß § 48 Abs. 2 Nr. 1 AMG ermächtigt, entsprechende Stoffe und Stoffzubereitungen zu bestimmen. Diese Regelung verwirrt insoweit, als neue Wirkstoffe mit unbekannter Wirkung gemäß § 48 Abs. 1 Satz 1 Nr. 3 AMG ja ohnehin per Gesetz der Verschreibungspflicht unterfallen. § 48 Abs. 1 Satz 5 AMG regelt insoweit die Konkurrenz der Verschreibungspflicht nach beiden Rechtsgrundlagen, indem ein Wechsel von der Verschreibungspflicht per Gesetz zur Verschreibungspflicht per Rechtsverordnung angeordnet wird, sobald der Wirkstoff in der Rechtsverordnung aufgenommen ist.[265]

Der Gesetzgeber erwähnt in § 48 Abs. 1 Satz 1 Nr. 3 AMG weder die mit dem Einsatz unbekannter Stoffe einhergehende Gefahr für die Gesundheit des Menschen noch die Gefahren für die Gesundheit des Tieres. Mangels ausdrücklicher Erwähnung ist davon auszugehen, dass hier auf Gefährdungsebene eine Gleichsetzung mit Blick auf den Schutz des Menschen und den des Tieres erfolgt, da in der AMVV Stoffe aufgenommen sind, die sowohl Human- oder Tierarzneimittel betreffen.[266]

dd) Arzneimittel mit spezifischem Gefährdungspotential, § 48 Abs. 2 Satz 1 Nr. 2 lit. a) AMG

§ 48 Abs. 2 AMG stellt die Ermächtigungsgrundlage zum Erlass der in § 48 Abs. 1 Satz 1 Nr. 1 AMG genannten Rechtsverordnung dar, in der zugleich Inhalt, Umfang und Verfahren der Verordnung geregelt sind. Die Verordnungsermächtigung wurde mit der AMVV ausgefüllt. § 48 Abs. 2 Satz 1 Nr. 2 lit. a) AMG unterstellt solche Arzneimittel der Verschreibungspflicht, die ein spezifisches Gefährdungspotential aufweisen. Voraussetzung ist, dass die Arzneimittel auch bei bestimmungsgemäßen Gebrauch die Gesundheit des Menschen unmittelbar oder mittelbar gefährden können. Bei Tierarzneimitteln ist

---

263 *Kloesel/Cyran*, AMG, § 48 Rn. 41.

264 *Kloesel/Cyran*, AMG, § 48 Rn. 50; Kügel/Müller/Hofmann/*Hofmann*, AMG, § 48 Rn. 21.

265 Der Zeitpunkt des Inkrafttretens der entsprechenden Verordnung ist relevant für die Aufhebung der Verschreibungspflicht für Stoffe mit unbekannter Wirkung; s. dazu sogleich unten D.I.3.b).

266 Zur sachlichen Rechtfertigung dieser Gleichsetzung s. unten G.I. und E.III.4.

Voraussetzung, dass diese die Gesundheit Tieres,[267] des Anwenders oder die Umwelt[268] gefährden können. Schließlich muss bei solchen Arzneimitteln eine Überwachung durch den Arzt, Zahnarzt oder Tierarzt für notwendig gehalten werden.

Ausweislich der amtlichen Begründung soll die Verschreibungspflicht von Arzneimitteln mit spezifischem Gefährdungspotential dem Interesse des vorbeugenden Gesundheitsschutzes dienen; Arzneimittel mit differenzierten Wirkungen sollen der ärztlichen Kontrolle vorbehalten sein, um Gefahren der Selbstbehandlung durch den Laien auszuschließen.[269] Um ein Arzneimittel der Verschreibungspflicht zu unterstellen, genügt bereits die entfernte Schädigungsmöglichkeit. Ein Nachweis, dass das Arzneimittel im konkreten Fall geeignet ist, eine Gefährdung herbeizuführen, ist nicht nötig.[270]

Eine unmittelbare Gesundheitsgefährdung liegt jedenfalls vor, wenn ernste Nebenwirkungen mit der Anwendung einhergehen, die auch zum Tode führen können. Dies sind zum Beispiel Erbrechen, Nekrosen des Herzmuskels oder innere Blutungen.[271] Eine mittelbare Gesundheitsgefährdung ist demgegenüber eine solche, die nicht direkt auf die Anwendung des Arzneimittels zurückzuführen ist, sondern erst durch das Hinzutreten weiterer Umstände eintritt, etwa die Bildung von Resistenzen, die die erfolgreiche Behandlung von späteren Erkrankungen erschweren oder gar verhindern und dadurch die Gesundheit des Menschen gefährden.[272]

Gemäß § 48 Abs. 2 Satz 1 Nr. 2 lit. a) AMG unterfallen Arzneimittel mit spezifischem Gefährdungspotential grundsätzlich der Verschreibungspflicht, auch wenn diese im Rahmen des bestimmungsgemäßen Gebrauchs angewendet werden. Die Formulierung des bestimmungsgemäßen Gebrauchs spielt im Rahmen des § 5 AMG und damit korrelierend im Rahmen der Gefährdungshaftung

---

267 Hier wurde vom Gesetzgeber richtigerweise die alternative Gefahr für Mensch *oder* Tier erfasst. Die an manchen Stellen des AMG geforderte kumulative Gefahr für Mensch *und* Tier ist indes nicht sachgerecht.

268 Ausweislich des Dokuments EMEA/CVMP/074/95 der European Agency for the Evaluation of Medicinal Products (EMEA), *Environmental risk assessment for immunological veterinary medicinal products*, bestehen solche Umweltrisiken aufgrund des Einsatzes von Tierarzneimitteln.

269 BT-Drs. 7/3060, S. 55.

270 BT-Drs. 7/3060, S. 55 f.

271 Beispiele aus *Kloesel/Cyran*, AMG, § 48 Rn. 59, weitere Beispiele dort.

272 Vgl. *Kloesel/Cyran*, AMG, § 48 Rn. 61 mit weiteren Beispielen.

des § 84 AMG eine zentrale Rolle.[273] Die in diesem Rahmen geltenden Auslegungsgrundsätze finden vorliegend allerdings keine Anwendung, da § 48 Abs. 2 Satz 1 Nr. 2 lit. b) AMG insoweit eine spezifische Regelung betreffend des nicht bestimmungsgemäßen Gebrauchs trifft und daher eigene Prüfungsmaßstäbe im Rahmen der Verschreibungspflicht angelegt werden.[274] Ein Arzneimittel wird bestimmungsgemäß gebraucht, wenn es im Rahmen der Zulassung angewendet wird.[275] Maßgeblich sind daher die vom pharmazeutischen Unternehmer in der Packungsbeilage (§ 11 AMG) und der Fachinformation (§ 11 a AMG) getätigten Angaben über Anwendungsgebiete, Dosierung und Art der Anwendung, Gegenanzeigen, besondere Warn- und Vorsichtsmaßnahmen, Wechselwirkungen und Nebenwirkungen.

Schließlich ist Voraussetzung für die Unterstellung unter die Verschreibungspflicht, dass eine unmittelbare oder mittelbare Gefährdung betroffener Individualrechtsgüter mit der Anwendung des Arzneimittels einhergeht, wenn diese ohne zwischengeschaltete ärztliche Kontrolle erfolgt. Hierunter versteht man die eingehende Prüfung durch den Arzt, das Arzneimittel nur unter Beachtung des Stands der Wissenschaft und der gesundheitlichen Situation des Patienten anzuwenden sowie ggf. die Überwachung während der Anwendung des Arzneimittels.[276]

§ 48 Abs. 2 Satz 1 Nr. 2 lit. a) AMG setzt durch die Inbezugnahme der Gesundheit des Menschen oder des Tieres den Schutz selbiger auf eine Stufe. Eine Differenzierung solcher Arzneimittel mit spezifischem Gefährdungspotential, die entweder der Gesundheit des Menschen oder der des Tieres gefährlich werden können, erfolgt nicht. Auch die AMVV unterscheidet nicht bei den in der

273 S. zur Begrifflichkeit im Rahmen des Verbots des Inverkehrbringens bedenklicher Arzneimittel Kügel/Müller/Hofmann/*Hofmann*, AMG, § 5 Rn. 16 f.; MüKo/*Freund*, AMG, § 5 Rn. 7 ff.; *Kloesel/Cyran*, AMG, § 5 Rn. 17; *Räpple*, Das Verbot bedenklicher Arzneimittel, S. 57 ff.

274 So auch *Kloesel/Cyran*, AMG,§ 48 Rn. 62.

275 Die Zulassung wird auf der Basis und nach Prüfung der eingereichten Unterlagen nach § 22 Abs. 1 AMG erteilt.

276 *Kloesel/Cyran*, AMG, § 48 Rn. 66; Kügel/Müller/Hofmann/*Hofmann*, AMG, § 48 Rn. 22. Die ggf. erforderliche weitergehende Überwachung während der Einnahme des verschreibungspflichtigen Arzneimittels ist der Verschreibungspflicht als solchen nachgelagert. Diese Überwachung kann nicht allein durch die Verschreibungspflicht gewährleistet werden, da es dem Patienten im Sinne seiner Patientenautonomie freisteht, auch während der Einnahme eines verschreibungspflichtigen Medikamentes weiterhin den verschreibenden Arzt aufsuchen, wenn dieser dies für erforderlich hält.

Anlage 1 aufgeführten Stoffen zwischen solchen, die in einem Tierarzneimittel verwendet werden und solchen, die in Humanarzneimitteln verwendet werden.

ee) *Arzneimittel mit qualifiziertem Missbrauchspotential (§ 48 Abs. 2 Satz 1 Nr. 2 lit. b) AMG)*

Der Verschreibungspflicht unterfallen auch solche Arzneimittel, die häufig in erheblichem Umfang nicht bestimmungsgemäß gebraucht werden, wenn dadurch die Gesundheit von Mensch *oder* Tier unmittelbar gefährdet werden kann. Ein nicht bestimmungsgemäßer Gebrauch ist bei jeglicher Abweichung von den vom pharmazeutischen Unternehmer festgelegten Angaben in der Packungsbeilage und der Fachinformation gegeben. Diese sind für eine sichere Anwendung des Arzneimittels relevant. Beispielsweise kann eine solche Abweichung vorliegen, wenn das Arzneimittel außerhalb der zugelassenen Indikation angewendet wird.[277]

Auch hier erfolgt auf Gefährdungsebene eine Gleichsetzung der Gesundheit des Tieres und des Menschen. In einer Norm erfasst werden solche Stoffe, die wegen ihres häufig in erheblichem Umfang nicht bestimmungsgemäßen Gebrauchs unter die Verschreibungspflicht fallen. Dies gilt ungeachtet der Differenzierung dahin gehend, ob der Stoff eine Gefährdung der Gesundheit des Menschen oder der des Tieres bewirkt.

ff) *Arzneimittel, die zur Anwendung bei Tieren bestimmt sind, § 48 Abs. 2 Satz 1 Nr. 2 lit. c) AMG*

§ 48 Abs. 2 Satz 1 Nr. 2 lit. c) AMG schließlich ergänzt die bestehende Verordnungsermächtigung für Tierarzneimittel für solche Tiere, bei denen der Einsatz von Arzneimitteln eine vorherige tierärztliche Diagnose erfordert oder deren Anwendung Auswirkungen haben kann, die die späteren diagnostischen oder therapeutischen Maßnahmen erschweren kann. Durch die Vorschrift soll die Behandlung durch den Laien ausgeschlossen werden. Die Vorschrift dient damit dem Tierschutz, indem Auswirkungen, die mit einem unkontrollierten Arzneimitteleinsatz durch den Tierhalter einhergehen, ausgeschlossen werden. Dies gelingt durch die Verschreibungspflicht und die damit einhergehende tierärztliche Kontrolle.[278] Ein über diese Vorschrift intendierter Schutz des Verbrauchers ist nicht ersichtlich.[279]

---

277 Vgl. auch *Kloesel/Cyran*, AMG, § 48 Rn. 67.

278 Vgl. auch Kügel/Müller/Hofmann/*Hofmann*, AMG, § 48 Rn. 25.

279 Anders Kügel/Müller/Hofmann/*Hofmann*, AMG, § 48 Rn. 25, wobei *Hofmann* offensichtlich davon ausgeht, dass die Vorschrift des § 48 Abs. 2 Satz 1 Nr. 2 lit. c) AMG

gg) *Verschreibungspflicht für Fütterungsarzneimittel*

§ 56 Abs. 1 AMG ordnet eine gesetzliche Verschreibungspflicht bei Abgabe von Fütterungsarzneimitteln durch den Hersteller an den Tierhalter an. Fütterungsarzneimittel sind solche, die in verfütterungsfertiger Form bestehend aus Arzneimittel-Vormischungen und Mischfutter hergestellt werden.[280] Gemäß § 7 TÄHAV muss die Verschreibung der Form des Musters der TÄHAV entsprechen und in drei Ausfertigungen im Durchschreibeverfahren vorliegen. Für die tierärztliche Verschreibung gelten die Anforderungen des § 56 Abs. 5 AMG. Unter anderem kann der Tierarzt nur dann Fütterungsarzneimittel verschreiben, wenn die Arzneimittel für die entsprechend zu behandelnde Krankheit und Tierart zugelassen sind (§ 56 Abs. 5 Nr. 2 AMG).

b) *Aufhebung der Verschreibungspflicht – sog. „Switch"-Verfahren*

Aufgrund der ausdrücklichen Ermächtigung des § 48 Abs. 2 Nr. 3 AMG besteht die Möglichkeit, die für ein Arzneimittel bestehende Verschreibungspflicht aufzuheben.[281] Wie bei der Anordnung der Verschreibungspflicht geschieht dies

---

sich auf solche Tiere bezieht, die der Gewinnung von Lebensmitteln dienen und solche, die nicht der Gewinnung von Lebensmitteln dienen. Anderenfalls ist der Verweis auf die Vorschrift des § 48 Abs. 1 Satz 1 Nr. 2 AMG, die explizit auf Tiere, die der Gewinnung von Lebensmitteln dienen, Bezug nimmt, nicht nachvollziehbar. Dem ist allerdings die Systematik des AMG in Bezug auf Tiere, die der Gewinnung von Lebensmitteln dienen und solchen, die dies nicht tun, entgegen zu halten. Das AMG differenziert insofern konsequent zwischen einfachen Tieren und solchen Tieren, die der Gewinnung von Lebensmitteln dienen. Sofern der Gesetzgeber mit § 48 Abs. 2 Satz 1 Nr. 2 lit. c) AMG auch den (mittelbaren) Schutz des Menschen einbeziehen wollte, hätte er an dieser Stelle, wie auch sonst im AMG, ausdrücklich auch Tiere, die der Gewinnung von Lebensmitteln dienen, mit aufgenommen. Da dies nicht erfolgt ist, ist ein etwaig intendierter Verbraucherschutz nicht erkennbar. Die Einbeziehung von Tieren, die der Gewinnung von Lebensmitteln dienen, würde an dieser Stelle auch keinen Sinn ergeben, da anderenfalls die Regelung des § 48 Abs. 1 Satz 1 Nr. 2 AMG obsolet wäre.

280 Vgl. § 4 Abs. 10 AMG.

281 Neue Stoffe, die in ihrer Wirkweise entsprechend unbekannt sind, können erst nach drei Jahren aus der Verschreibungspflicht entlassen werden, vgl. § 48 Abs. 2 Nr. 3 letzter Halbsatz AMG. Zuständig sind für Humanarzneimittel das BMG im Einvernehmen mit dem BMWi (§ 48 Abs. 2 AMG), für Tierarzneimittel das Bundesministerium für Ernährung, Landwirtschaft und Verbraucherschutz im Einvernehmen mit dem BMG und dem BMWi (§ 48 Abs. 4 AMG).

durch Rechtsverordnung.[282] Die Verschreibungspflicht führt zu Einschränkungen bei allen Beteiligten, also beim Anwender, der ein Arzneimittel nicht ohne Verschreibung beziehen kann, beim pharmazeutischen Unternehmer, den besondere Kennzeichnungspflichten treffen, beim Arzt, der bestimmte Arzneimittel nur auf Grundlage entsprechender Anordnung verordnen darf und schließlich beim Apotheker, der ein verschreibungspflichtiges Arzneimittel nur nach Vorlage und Prüfung der Verschreibung abgeben darf. Einschränkungen dieser Art dürfen nur so lange Bestand haben, wie sie vor dem Hintergrund des Verhältnismäßigkeitsgrundsatzes angemessen sind. Fallen aber die Voraussetzungen für eine Unterstellung unter die Verschreibungspflicht weg, so ist eine Einschränkung der allgemeinen Handlungsfreiheit Betroffenen aus Art. 2 Abs. 1 GG nicht mehr verhältnismäßig.[283] Voraussetzung für die Entlassung aus der Verschreibungspflicht ist daher im Wesentlichen, dass hinsichtlich des Arzneimittels auf der Basis der Erfahrungen seiner Anwendung hinreichende Kenntnisse bestehen, die eine Gesundheitsgefährdung für Mensch, Tier oder Umwelt ausschließen. Eine sichere Anwendung muss also auch ohne die genannten Einschränkungen beteiligter Personen im Rahmen der Abgabe verschreibungspflichtiger Arzneimittel erwartet werden können.[284]

aa) Verfahren zur Entlassung aus der Verschreibungspflicht

Über die Entlassung aus der Verschreibungspflicht entscheidet das BMG für Humanarzneimittel und das Bundesministerium für Ernährung, Landwirtschaft und Verbraucherschutz für Tierarzneimittel nach Anhörung von Sachverständigen. Anträge auf Entlassung aus der Verschreibungspflicht können beim BfArM sowohl für Human- als auch für Tierarzneimittel gestellt werden.[285] Antragsberechtigt sind pharmazeutische Unternehmer, Behörden, Ärzte oder sonstige Personen.[286] Arzneimittel nach § 48 Abs. 2 Nr. 1 AMG können gemäß § 48 Abs. 2 Nr. 3 AMG (Stoffe mit unbekannter Wirkung) erst drei Jahre nach Einstufung als verschreibungspflichtig aus der Pflicht entlassen werden.

---

282 Insofern ist auch der Wechsel der Rechtsgrundlage in § 48 Abs. 1 Satz 5 AMG von der Verschreibungspflicht per Gesetz zur Verschreibungspflicht per Rechtsverordnung bei Stoffen mit unbekannter Wirkung sinnhaft.

283 In diesem Sinne auch Kügel/Müller/Hofmann/*Hofmann*, AMG, § 48 Rn. 27.

284 Es handelt sich mithin um eine Prognose; vgl. *Kloesel/Cyran*, AMG, § 48 Rn. 71.

285 S. die Information des BVL http://www.bvl.bund.de/ (zuletzt aufgerufen am 24. 11. 2016).

286 Vgl. Information des BfArM unter http://www.bfarm.de/SharedDocs/Glossareintraege/DE/S/SachverstAusschuss.html (zuletzt aufgerufen am 28. 11. 2016).

Im Rahmen des ursprünglichen Zulassungsantrages war der pharmazeutische Unternehmer gemäß § 22 Abs. 7 AMG verpflichtet, den Kennzeichnungstext „verschreibungspflichtig" mit beizufügen. Sofern sich diesbezüglich Änderungen ergeben, weil der pharmazeutische Unternehmer der Ansicht ist, dass das Arzneimittel aus der Verschreibungspflicht zu entlassen ist, so hat er dies unter Hinzufügung entsprechender Unterlagen (§ 29 Abs. 1 Satz 1 AMG) der zuständigen Bundesoberbehörde anzuzeigen. Will der pharmazeutische Unternehmer also die Aufhebung der Verschreibungspflicht für sein Arzneimittel erreichen, so hat er hinreichend fundiertes wissenschaftliches Erkenntnismaterial vorzulegen, welches ergibt, dass das Arzneimittel in Bezug auf die oben genannten Prüfkriterien unbedenklich auch ohne ärztliche, zahnärztliche oder tierärztliche Kontrolle angewendet werden kann. In Betracht kommen etwa Anwendungsbeobachtungen oder Stellungnahmen von Sachverständigen. Die vorzulegenden Unterlagen sollten Informationen beispielsweise zur geringen toxischen Wirkung, ausreichenden Anwendungserfahrung und Informationen über Nebenwirkungen enthalten.[287]

Der Antrag wird beim BfArM auf Vollständigkeit und Schlüssigkeit hin überprüft.[288] Hiernach wird der Antrag dem Sachverständigenausschuss für Verschreibungspflicht zugeleitet. Dem Sachverständigenausschuss gehören Sachverständige aus der medizinischen und pharmazeutischen Wissenschaft und Sachverständige der Arzneimittelkommissionen der Ärzte, Tierärzte und Apotheker an.[289] Der Ausschuss prüft den Antrag und legt dem Verordnungsgeber, also dem zuständigen Bundesministerium, eine Empfehlung vor.[290] Das Votum ist nicht bindend, sodass dem Sachverständigenausschuss nur eine

287 Weitere Aufzählungen im Dokument "A guideline on changing the classification for the supply of a medicinal product for human use, EudraLex Volume 2 Pharmaceutical legislation on notice to applicants and regulatory guidelines for medicinal products for human use" in Bezug auf Humanarzneimittel, abrufbar unter http://ec.europa.eu/health/documents/eudralex/vol-2/index_en.htm (zuletzt aufgerufen am 28. 11. 2016).

288 Vgl. Informationen auf der Seite des Bundesverbands der Arzneimittelhersteller e. V. (BAH) https://www.bah-bonn.de/themen-und-positionen/switch/ (zuletzt aufgerufen am 24. 11. 2016).

289 Vgl. § 53 Abs. 2 S. 1 AMG und im Übrigen die Verordnung zur Errichtung von Sachverständigen-Ausschüssen für Standardzulassungen, Apothekenpflicht und Verschreibungspflicht von Arzneimitteln (Arzneimittel-Sachverständigenverordnung – AMSachvV).

290 Ein wohl bekanntes Beispiel dürfte das Verfahren um Notfallkontrazeptiva mit Levonorgestrel sein (sog. Pille danach), welche nach Zustimmung des Bundesrates und der erfolgten Veröffentlichung der Änderung der AMVV am 13. 03. 2015 seit dem

beratende Funktion zukommt. Einerseits wird hierzu ausgeführt, dass der Verordnungsgeber den Empfehlungen in der Regel folgt.[291] Andererseits wird berichtet, dass Empfehlungen des Sachverständigenausschusses gar nicht umgesetzt werden, obwohl das Arzneimittel unstreitig im Rahmen der Eigenmedikation ohne Bedenken angewendet werden kann.[292] Sofern das jeweils zuständige Bundesministerium die Aufhebung der Verschreibungspflicht beschließt, wird ein Verordnungsentwurf zur Änderung der AMVV dem Bundesrat zur Zustimmung zugeleitet. Der Gesundheitsausschuss des Bundesrates prüft die Änderungsverordnung. Sofern der Bundesrat die Zustimmung erteilt, wird die Änderungsverordnung im Bundesgesetzesblatt verkündet.[293] Der pharmazeutische Unternehmer hat sodann die Möglichkeit, sein Arzneimittel als OTC-Präparat (Over the Counter) als bloß apothekenpflichtiges Arzneimittel in Verkehr zu bringen. Eine ärztliche Kontrolle ist nicht mehr nötig. Patienten sind nicht mehr an das Vorliegen einer Verschreibung gebunden. Der Apotheker darf das Präparat ohne Verschreibung abgeben.

bb) Prüfkriterien des Sachverständigenausschusses für Verschreibungspflicht

Der Sachverständigenausschuss fasst seine Beschlüsse auf der Grundlage beizulegender und belegbarer Erkenntnisse zu Arzneimittelrisiken.[294] Hierbei beurteilt er maßgeblich aufgrund „wissenschaftliche[r] Überlegungen zur Risikobetrachtung unter Berücksichtigung der therapeutischen Anwendung“[295]. Grundlage für

---

14. 03. 2015 rezeptfrei erhältlich sind (ebenso das Präparat EllaOne mit dem Wirkstoff Ulipristal). Zuvor hatte der Sachverständigenausschuss für Verschreibungspflicht in seiner 71. Sitzung am 14. 01. 2014 mehrheitlich die Entlassung aus der Verschreibungspflicht empfohlen.

291 Vgl. Informationen des BfArM http://www.bfarm.de/DE/Arzneimittel/Pharmakovigilanz/Gremien/Verschreibungspflicht/_node.html (zuletzt aufgerufen am 15. 02. 2017).

292 Vgl. Informationen auf der Seite des Bundesverbands der Arzneimittelhersteller e. V. (BAH) https://www.bah-bonn.de/themen-und-positionen/switch/ (zuletzt aufgerufen am 15. 02. 2017); zur Bedeutung für die Strafbarkeit trotz fehlenden Gefährdungspotentials s. unten E.IV.2. und G.I.

293 Art. 82 Abs. 1 Satz 2 GG.

294 Vgl. beizulegendes Informationsmaterial auf der Seite des BfArM http://www.bfarm.de/DE/Arzneimittel/Pharmakovigilanz/Gremien/Verschreibungspflicht/antrag-Verkaufsabgrenzung.html;jsessionid=E891E62B7726C3A1FD183F00BE21F285.1_cid322 (zuletzt aufgerufen am 24. 11. 2016).

295 Vgl. § 2 Abs. 1 Satz 5 Geschäftsordnung des Sachverständigen-Ausschusses für Verschreibungspflicht nach § 53 Absatz 2 des Arzneimittelgesetzes.

die Bewertungskriterien bildet § 48 Abs. 2 Nr. 3 AMG, der hinsichtlich der Aufhebung auf die nicht oder nicht mehr vorliegenden Voraussetzungen nach § 48 Abs. 2 Nr. 2 AMG verweist. Erstes Prüfkriterium für die Entlassung aus der Verschreibungspflicht ist demnach, dass keine Gefährdung für die Gesundheit von Mensch, Tier, Anwender oder der Umwelt besteht, wenn das Arzneimittel frei verfügbar ist und bestimmungsgemäß gebraucht wird.[296] Da der Gesundheitsschutz von Mensch, Tier, Anwender und der Umweltschutz in einer Vorschrift erfasst werden und die Voraussetzungen alternativ vorliegen müssen, scheint es demnach zu genügen, wenn der Stoff etwa keine Gefährdung mehr für das Tier darstellt. Offenbar geht der Gesetzgeber des AMG davon aus, dass dann gleichermaßen keine Gefahr mehr für die Gesundheit des Menschen, des Anwenders und des Schutzes der Umwelt vorliegt. Dies aber ist grob sachwidrig und erfasst zwei völlig unterschiedliche Sachverhalte.[297] Selbst wenn man wissenschaftlich nachweisbar zu dem Ergebnis gelänge, dass nur die Anwendung beim Tier unbedenklich ist, aber Gefahren für Menschen, Anwender und Umwelt bestehen, fragt sich, wie in einem solchen Fall zu verfahren wäre. Die AMVV selbst unterscheidet dahin gehend, ob die in Anlage 1 aufgelisteten Stoffe zur Anwendung bei Tieren, also in einem Tierarzneimittel verwendet werden oder nicht. So existieren vier verschiedene Konstellationen[298] von Stoffen, die der Verschreibungspflicht unterstellt werden. Eine erste Konstellation bezieht sich auf Stoffe, die ohne Zusatz in der Anlage 1 zur AMVV genannt sind. Dies bezieht sich auf Stoffe, die Anwendung in Humanarzneimitteln finden. Das folgt im Umkehrschluss aus der zweiten und nächsten Konstellation, wonach ein Stoff mit dem Zusatz „zur Anwendung bei Tieren" genannt ist.[299] Diese Konkretisierung spricht dafür, dass lediglich Tierarzneimittel mit dem entsprechenden Stoff der Verschreibungspflicht unterfallen. Da sich sämtliche andere Zusätze nicht auf Arzneimittel zur Anwendung beim Menschen beziehen, ist davon auszugehen, dass die Nennung des Stoffes ohne Zusatz Humanarzneimittel diesen Stoff betrifft. Im Umkehrschluss sind

---

296 Dem entspricht "Part 1, 1. First Criterion, A guideline on changing the classification for the supply of a medicinal product for human use, EudraLex Volume 2 Pharmaceutical legislation on notice to applicants and regulatory guidelines for medicinal products for human use" in Bezug auf Humanarzneimittel, abrufbar unter http://ec.europa.eu/health/documents/eudralex/vol-2/index_en.htm (zuletzt aufgerufen am 28. 11. 2016); s. hier auch weitere Bestimmungskriterien und Beispiele.

297 MüKo/*Freund*, AMG, Vor §§ 95 Rn. 84; *ders.*, in: Marburger Gespräche, 1. Symposion, S. 82; Putz, Strafrechtliche Produktverantwortlichkeit, S. 42 f.

298 Andere Konstellationen etwa der Zusatz „und seine Ester" sind vorliegend irrelevant.

299 Vgl. etwa Mavacoxib, Anlage 1 AMVV Stand 16. 02. 2016.

Humanarzneimittel mit dem Stoff, der den Zusatz „zur Anwendung bei Tieren" trägt, ausgenommen, da der Zusatz im Vergleich zur reinen Stoffnennung ohne Zusatz keinen Sinn ergeben würde. Unerklärlich ist, warum Stoffe mit der Bezeichnung von Tieren, die der Gewinnung von Lebensmitteln dienen, explizit genannt sind, da diese ohnehin der gesetzlichen Verschreibungspflicht unterfallen.[300] Weiterhin existiert eine dritte Stoffgruppe, die zwar zur Anwendung bei Tieren der Verschreibungspflicht unterstellt werden, bei denen allerdings bestimmte Zieltierarten wieder ausgenommen sind, z. B. Meclofenaminsäure[301]. Viertens werden Stoffe genannt, die der Verschreibungspflicht unterfallen, wenn sie für eine bestimmte Zieltierart bestimmt sind, etwa „Lufenuron zur parenteralen Anwendung bei Hunden und Katzen".[302]

Die Erfassung verschiedener Schutzzwecke – insbesondere die nicht sachgerechte Erfassung der Gesundheit von Mensch- und Tier als Schutzzweck in einer Vorschrift – führt ersichtlich zu Unsicherheiten in der Rechtsanwendung. Offensichtlich ist demnach trotz der misslungenen Formulierung davon auszugehen, dass in einem solchen Fall lediglich das den Stoff enthaltene Tierarzneimittel nicht mehr der Verschreibungspflicht unterfällt, das Humanarzneimittel hingegen schon. Je nachdem, ob das Arzneimittel als Human- oder Tierarzneimittel zugelassen wurde, ist somit in jedem Fall zu überprüfen, auf welche Art von Arzneimittel sich die nunmehr bestehende Ungefährlichkeit des Wirkstoffs bezieht. Dies wird sich jedenfalls aus dem Antrag des pharmazeutischen Unternehmers ergeben. Diese mangelnde Differenzierung wird den grundlegenden Unterschieden, wie sie bei verschieden gelagerten Sachverhalten bei Mensch oder Tier entstehen können, gleichwohl nicht gerecht.[303]

Weiteres Prüfkriterium für die Entlassung aus der Verschreibungspflicht ist schließlich § 48 Abs. 2 Nr. 2 lit. b) AMG. Maßgeblich ist hiernach, ob ein Arzneimittel häufig nicht bestimmungsgemäß gebraucht wird und hierdurch die Gefahr einer Gesundheitsschädigung von Mensch[304] oder Tier besteht. Weiteres

---

300 S. beispielsweise Danofloxacin – zur Anwendung beim Schwein, Rind und Huhn – Anhang 1 AMVV Stand 16. 02. 2016.

301 Meclofenaminsäure zur Anwendung bei Tieren ausgenommen zur Anwendung bei Pferden, Anhang 1 AMVV Stand 16. 02. 2016.

302 Anhang 1 AMVV Stand 16. 02. 2016.

303 MüKo/*Freund*, AMG, Vor §§ 95 Rn. 84; *ders.*, in: Marburger Gespräche, 1. Symposion, S. 82; Putz, Strafrechtliche Produktverantwortlichkeit, S. 42 f.

304 Dem entspricht ebenfalls "Part 1, 2. Second Criterion, A guideline on changing the classification for the supply of a medicinal product for human use, EudraLex Volume 2 Pharmaceutical legislation on notice to applicants and regulatory guidelines for

Prüfkriterium ist eine erforderliche vorherige tierärztliche Untersuchung hinsichtlich der Anwendung des Arzneimittels (§ 48 Abs. 2 Nr. 2 lit. c) Alt. 1 AMG). Schließlich wird überprüft, ob die Anwendung „Auswirkungen haben kann, die die späteren diagnostischen oder therapeutischen Maßnahmen erschweren oder überlagern“ (§ 48 Abs. 2 Nr. 2 lit. c) Alt. 2 AMG).

c) Zusammenfassung

Die Ausführungen haben gezeigt, dass § 48 AMG versucht, Arzneimittel, die ein gewisses Gefährdungspotential aufweisen, unter die Verschreibungspflicht zu stellen. In § 48 AMG wurde ein komplexes Regel-Ausnahmeverhältnis[305] geschaffen, welches zum Teil auf Rechtsverordnungen des Verordnungsgebers verweist und in seiner Fassung im Wesentlichen von der jeweils aktuellen Anlage der entsprechenden Verordnung abhängt. Die Regelung ist als solche ein erster Schritt dahin gehend, eine Gesundheitsgefährdung zu vermeiden, wie sie durch die unkontrollierte Abgabe von stark wirkenden Arzneimitteln ohne erforderliche Verschreibung eintreten kann.

Ob die Verschreibungspflicht auch eine ausreichend tragfähige – insbesondere dem Grundsatz der Verhältnismäßigkeit entsprechende – Grundlage mit Blick auf einen differenzierenden Rechtsgüterschutz bildet, soll nachfolgend untersucht werden.

4. Die Legitimation der Verschreibungspflicht – Konkretisierung der Verhaltensanforderungen

Die Verschreibungspflicht soll verhindern, dass verschreibungspflichtige Arzneimittel ohne Verschreibung abgegeben werden. Arzneimittelkonsumenten und Tierhalter haben daher nur dann Zugriff auf verschreibungspflichtige Arzneimittel, wenn sie im Besitz einer entsprechenden Verschreibung sind. Hiermit einher geht die Einschränkung der allgemeinen Handlungsfreiheit aus Art. 2 Abs. 1 GG des Verbrauchers. Denn dieser kann das entsprechende Medikament

---

medicinal products for human use" in Bezug auf Humanarzneimittel, abrufbar unter http://ec.europa.eu/health/documents/eudralex/vol-2/index_en.htm (zuletzt aufgerufen am 28. 11. 2016); s. hier auch weitere Bestimmungskriterien und Beispiele. Hier korrekterweise nur auf die menschliche Gesundheitsgefährdung zugeschnitten.

305 Vgl. etwa § 48 Abs. 3 AMG, wonach durch Rechtsverordnung auch bestimmte Beschränkungen von der Verschreibungspflicht hinsichtlich der Darreichungsform oder der Dosierung vorgenommen werden können.

nicht im Wege der Selbstmedikation ohne weiteres von einer Apotheke seiner Wahl frei beziehen.[306] Die mit der Verschreibungspflicht verbundene Einschränkung von Rechten bedarf eines die Verschreibungspflicht legitimierenden Zwecks, der durch das Verbot erreicht werden soll. Insofern lässt sich immerhin sagen: Arzneimittel, die ernst zu nehmende Gefahren für Leib und Leben mit sich bringen, sollten der Verschreibungspflicht unterstellt werden. Folglich geht es um einen immerwährenden Konflikt zwischen dem Schutz der Rechtsgüter Leben und Gesundheit auf der einen Seite und dem Freiheitsinteresse auf der anderen Seite.

Die Verschreibungspflicht ist eine paternalistische Norm. Denn der Bürger wird durch das Verbot der Abgabe entgegen der Verschreibungspflicht davon abgehalten, zu tun und zu lassen, was *er* möchte. Der Schutz der Arzneimittelkonsumenten darf deshalb nur dann mithilfe eines Verbotes angestrebt werden, wenn hierbei der Grundsatz der Verhältnismäßigkeit gewahrt wird – die Maßnahme also eine geeignete, erforderliche und insbesondere auch angemessene Schutzmaßnahme darstellt.[307] Dies soll nachfolgend anhand einzelner Konkretisierungsbeispiele untersucht werden. Hierbei ist eine alle wesentlichen Aspekte erfassende Einzelfallbetrachtung vorzunehmen, die dem Verhältnismäßigkeitsgrundsatz gerecht wird. Wenn und sofern die Verschreibungspflicht des § 48 AMG jeweils eine Verhaltensnorm ergeben soll, nach der der einzelne sein Verhalten auszurichten hat, muss diese die geeignete, erforderliche und angemessene Lösung des Konflikts zwischen dem Interesse am Schutz von Leib und Leben und dem Interesse des Normunterworfenen sein, tun und lassen zu können, was er möchte. Insoweit ist auch zu untersuchen, unter welchen Bedingungen der einzelne vor sich selbst geschützt werden darf und inwieweit an der paternalistischen Verhaltensnorm festgehalten werden kann, wenn der Schutz im Einzelfall fehlgeht. Zu denken ist an Fälle, in denen von dem Arzneimittel, welches der Verschreibungspflicht unterstellt ist, gar kein Gefährdungspotential ausgeht.

---

306 Schließlich wird auch der Apotheker in seiner Berufsausübungsfreiheit eingeschränkt, indem dieser verschreibungspflichtige Arzneimittel nicht ohne Vorlage einer Verschreibung abgeben darf (Art. 12 Abs. 1 Satz 2 GG), was vorliegend jedoch nicht näher behandelt wird. Das Grundrecht der allgemeinen Handlungsfreiheit des Apothekers ist hingegen nur subsidiär betroffen.

307 Zu dem hier angesprochenen Problem des Paternalismus im Strafrecht s. allgemein *Gkountis*, Autonomie und strafrechtlicher Paternalismus.

a) Möglichkeit der Einschränkung der allgemeinen Handlungsfreiheit

Die allgemeine Handlungsfreiheit kann nach Maßgabe der sog. Schrankentrias in Art. 2 Abs. 1 GG[308] eingeschränkt werden. Ausweislich des sog. *Elfes-Urteils*[309] wird die grundsätzlich gewährte Freiheit jedenfalls dann nicht mehr gewährt, wenn ein Verstoß gegen die „verfassungsmäßige Ordnung" vorliegt. Der Begriff der verfassungsmäßigen Ordnung umfasst die Summe aller Rechtsnormen, die formell und materiell mit der Verfassung übereinstimmen.[310] Insofern erfolgt eine weite Auslegung des Begriffs. Mit der Verschreibungspflicht soll zum einen ein Schutz des Verbrauchers dadurch erreicht werden, dass diesem der freie Zugang zu Arzneimitteln verwehrt wird, die aufgrund ihrer Nebenwirkungen und Auswirkungen auf den menschlichen Körper ein besonders hohes Risiko für die Rechtsgüter der Gesundheit und sogar des Lebens des Menschen darstellen. Zum anderen soll aber auch der Schutz des Tieres intendiert sein; dies ebenfalls mit Blick auf Leib und Leben des Tieres.[311] Sichergestellt werden soll, „dass Arzneimittel, die gesundheitliche Risiken in sich bergen, nur über diejenigen Heilpersonen angewendet werden, die ihre Wirkungen, Nebenwirkungen und Wechselwirkungen mit anderen Mitteln, Gegenanzeigen und sonstige Gefahren genau kennen."[312] Folglich sollen diese Arzneimittel nur von solchen Personen verordnet werden, die – auch unter Beachtung der jeweils physischen Konstitution des Patienten – in der Lage sind, das jeweilige Gefahrenpotential korrekt zu erfassen. Demnach sind der Schutz des Menschen und der Tierschutz unter den Begriff der verfassungsmäßigen Ordnung zu fassen. Auch die im Rahmen der Verschreibungspflicht erlassenen Rechtsverordnungen dienen – bei sachlich korrekter Umsetzung des Auftrags – gleichermaßen dem Schutz der Gesundheit der Bevölkerung und dem Tierschutz. Schließlich verbleibt – neben dieser grundsätzlich bestehenden Möglichkeit der Einschränkung – die Prüfung des jeweiligen Einzelfalles, nämlich ob der konkrete Eingriff von der Einschränkungsmöglichkeit gedeckt, mithin verhältnismäßig ist.

---

308 Vgl. zur Schrankentrias Maunz/Dürig/*Di Fabio*, GG, Art. 2 Rn. 39 ff.

309 BVerfGE 6, 32.

310 BVerfGE 6, 32, 38; 7, 111, 119; 8, 274, 329; 10, 354, 363; BVerfG NJW 2001, 1709.

311 Zu möglichen denkbaren Fällen, die den reinen Tierschutz betreffen, s. sogleich unten D.I.4.b)cc).

312 BVerfG PharmR 2013, 119, 121.

b) Der legitime Zweck der Verschreibungspflicht

Die Verschreibungspflicht muss zunächst einen legitimen Zweck verfolgen. Ein Eingriff kann dabei nur legitimiert werden, wenn dieser als staatliche Maßnahme ein berechtigtes Interesse verfolgt.[313] Die Verschreibungspflicht betrifft einerseits die Freiheit des Normadressaten, also desjenigen, der ein verschreibungspflichtiges Arzneimittel abgeben möchte. Dieser muss bei der Abgabe von Arzneimitteln allgemein darauf achten, ob es sich um ein verschreibungspflichtiges oder bloß apothekenpflichtiges Arzneimittel handelt. Sofern er ein verschreibungspflichtiges Arzneimittel abgeben möchte, darf er dies nur tun, wenn ihm eine Verschreibung in Form einer ärztlichen Anweisung[314] von dem betreffenden Empfänger vorgelegt wird. Andererseits geht es hinsichtlich der Handlungsfreiheit desjenigen, der ein verschreibungspflichtiges Arzneimittel beziehen möchte, darum, nicht das Mittel selbst frei wählen zu können, von dem er sich eine Besserung seiner körperlichen Leiden verspricht. Diese Beschränkung der Freiheit führt auch dazu, dass der einzelne nicht ohne den Gang zum Arzt, sein Leiden vermindern kann. Im Hinblick auf Tierarzneimittel gilt dies in Bezug auf den Tierhalter, der nicht frei ein entsprechendes Mittel beziehen kann. Der einfache Gang in die Apotheke und der Erwerb eines entsprechenden Mittels, welches für die Behandlung der menschlichen oder tierischen Leiden zugelassen ist, sind der betroffenen Person als realistische und vor allem als normativ gewährleistete Möglichkeit genommen. Bei komplizierten Krankheitsbildern kann es zudem erforderlich werden, dass der Patient im Rahmen der Nachsorge nochmals in die Praxis kommen muss um ein Anschlussrezept für das verschreibungspflichtige Arzneimittel zu erhalten.

Die grundsätzlich gewährleisteten Freiheitsentfaltungen (Art. 2 Abs. 1 GG) sind bei verschreibungspflichtigen Arzneimitteln mit bestimmten Gefahren verbunden, die mit dem unkontrollierten und laienhaften Umgang stark wirkender oder risiko- und nebenwirkungsbehafteter Arzneimittel einhergehen. Ein solcher Umgang kann gesundheits- oder gar lebensgefährlich sein. Die entsprechenden Rechtsgüter sollen vor dem laienhaften, nicht arztkontrollierten Umgang mit gefährlichen Arzneimitteln geschützt werden. Diese Schutzaufgabe fällt grundsätzlich in den Aufgabenbereich des Staates. Damit kann man sagen: Wenn die vorausgesetzten besonderen Gefahren bei bestimmten

---

313 *Degenhart*, Staatsrecht I, Rn. 422; Jarass/Pieroth/*Jarass*, GG, Art. 20 Rn. 116 f.; Sachs/*Sachs*, GG, Art. 20 Rn. 149.

314 *Weber*, BtMG, § 48 AMG Rn. 8.

Arzneimitteln vorhanden sind, wird mit der Verschreibungspflicht *grundsätzlich* ein legitimer Zweck verfolgt.

Durch die bisherigen Ausführungen wurde bereits die gesetzliche Differenzierung zwischen menschlichem und tierischem Schutz im Hinblick auf die Güter Leib und Leben grob angerissen. Bei genauerer Untersuchung des Gesetzes wird jedoch deutlich, dass der Gesetzgeber zwischen einem unmittelbaren und mittelbaren Schutz der menschlichen Gesundheit und einem Schutz der Tiergesundheit differenziert. Hiernach soll bei verschreibungspflichtigen Humanarzneimitteln der legitime Zweck verfolgt werden, Menschen *unmittelbar* vor der Möglichkeit einer Schädigung an den Rechtsgütern Leib und Leben zu schützen. In Bezug auf verschreibungspflichtige Tierarzneimittel, die zur Anwendung bei Tieren bestimmt sind, die der Gewinnung von Lebensmitteln dienen, soll zudem der Mensch – *mittelbar* – geschützt werden. Schließlich soll bei der Anwendung verschreibungspflichtiger einfacher Tierarzneimittel der Schutz des Tieres legitimer Zweck der Unterstellung unter die Verschreibungspflicht sein. Hauptsächlich geht es im letztgenannten Fall um Heimtierschutz.[315] Nachfolgend muss daher unter dem Blickwinkel des legitimen Zwecks der Verschreibungspflicht zwischen dem unmittelbaren und dem mittelbaren Schutz des Menschen sowie dem Tierschutz streng differenziert werden.[316]

aa) Der unmittelbare Schutz des Menschen

Die Unterstellung bestimmter Stoffe unter die Verschreibungspflicht bezweckt im Hinblick auf die Anwendung beim Menschen dessen unmittelbaren Schutz vor Gefahren in Bezug auf Leib oder Leben. Bei bestehender ernst zu nehmender Gefahr für Leib oder Leben verfolgt die Verschreibungspflicht mithin einen im Grundsatz legitimen Zweck.

---

315 Heimtiere sind Zierfische, Zier- oder Singvögel, Brieftauben, Terrarientiere, Kleinnager, Frettchen oder Kaninchen, die nicht der Gewinnung von Lebensmitteln dienen (§ 60 Abs. 1 AMG). Ausweislich des Verweises in § 60 Abs. 1 AMG bedürfen Arzneimittel für Heimtiere keiner Zulassung.

316 Inwieweit die Differenzierung auch auf der Ebene der Sanktionsnorm gerechtfertigt ist oder möglicherweise einer Relativierung unterzogen werden muss, wird unter E.III.3. und 4. sowie G.I. aufgezeigt.

(1) Schutz der Körperintegrität des sich selbst gefährdenden Arzneimittelanwenders unter dem Blickwinkel des staatlichen Paternalismus

Inwieweit der autonome und zur Selbstbestimmung berechtigte Bürger in einem liberalen Rechtsstaat vor sich selbst geschützt werden darf, ist fraglich. Dieser Aspekt bedarf mithin im Hinblick auf die Problematik des staatlichen Paternalismus der Erläuterung, indem der Frage nachgegangen werden muss, unter welchen Bedingungen der Staat paternalistische Eingriffe vornehmen darf. Dies sind solche, die zwar wohlwollend gemeint sind, letztlich aber einen Zwang für die Betroffenen bedeuten. Art. 2 Abs. 2 Satz 1 verpflichtet i. V. m. Art. 1 Abs. 1 Satz 2 GG den Staat, sich schützend und fördernd vor die durch Art. 2 Abs. 2 Satz 1 GG geschützten Rechtsgüter, namentlich Leben und körperliche Unversehrtheit, zu stellen. Diese Rechtsgüter sind insbesondere vor rechtswidrigen Eingriffen *anderer* zu bewahren.[317] Fraglich ist daher, inwieweit der einsichtsfähige und mündige Mensch vor Gefahren in Bezug auf seine eigene körperliche Unversehrtheit geschützt werden kann, wenn sich dieser frei dafür entscheidet, selbstgefährdend oder selbstschädigend auf seinen eigenen Körper einzuwirken und die hierdurch eintretende Folge auch bewusst gewollt hat.[318] Es ist fundamentales Kriterium eines jeden Rechtsstaates, dass die Bestimmung über die „leiblich-seelische Integrität" zum „ureigensten Bereich der Personalität des Menschen" gehört, die „durch Art. 2 II 1 GG besonders hervorgehoben und besonders verbürgt"[319] ist. Sofern staatliches Handeln darauf abzielt, dem Einzelnen vorzuschreiben, welches Verhalten aus staatlicher Sicht als richtig und gelungen angesehen wird, sieht sich eben dieses Handeln einem Legitimationsproblem gegenüber. Denn insoweit gehört auch und gerade zum „ureigenen Bereich der Personalität des Menschen", dass sich dieser selbstbestimmt und freiverantwortlich auch Risiken aussetzen und dadurch Schädigungen in Kauf nehmen kann, sofern er dies möchte.[320] Diese Freiheit ist durch die Verfassung abgesichert und garantiert dem Einzelnen, sein Leben nach seinen Vorstellungen zu leben, ohne hierbei objektive Ansichten anderer

317 St. Rspr., vgl. nur BVerfG NJW 1975, 573, 575; NJW 1993, 1751, 1753.

318 Zu rechtsphilosophischen Ansätzen einer kritischen Betrachtung vgl. *VanDeVeer*, Paternalistic Interventions, 1986; *Feinberg*, Harm to Self. The Moral Limits of the Criminal Law III, 1989.

319 BVerfG NJW 1979, 1925, 1931.

320 *Hillgruber*, Der Schutz des Menschen vor sich selbst, S. 158 ff.; Mangoldt/Klein/Starck/*Starck*, Grundgesetz spricht insoweit von der „Freiheit zum Wagnis", Art. 2 Rn. 124.

oder Vernunftentscheidungen aufgezwungen zu bekommen.[321] Paternalistischen Normen ist es daher immanent, dass der mit ihnen einhergehende Eingriff dem Zweck dient, Selbstgefährdungen zu vermeiden. Dies wird erreicht, indem dem Einzelnen ein Zwang auferlegt wird, der den Betroffenen vor sich selbst schützen soll. Fraglich ist daher, ob der Gesetzgeber das Grundrecht der Handlungsfreiheit im Sinne einer Bevormundung beschränken darf bzw. ob diese Bevormundung zu legitimieren ist. Eine solche Beschränkung ist eindeutig nicht mit der Verfassung in Einklang zu bringen, wenn der Selbstgefährdung eine freiverantwortliche Entscheidung zugrunde liegt. Hier muss sich der Staat zurückziehen und darf den vollverantwortlich handelnden Bürger nicht bevormunden. Entsprechend sind selbstgefährdende oder -verletzende Handlungen einem Verbot oder gar einer Bestrafung nicht zugänglich.[322] Der Gesetzgeber hat auch in Bezug auf andere, für die Körperintegrität gefährliche Handlungen keine (gar strafbewehrten) Verbote aufgestellt, etwa in Bezug auf die Ausübung gefährlicher Sportarten,[323] das Rauchen oder den Alkoholkonsum. Hier drängt sich die Frage auf, wo der Unterschied zwischen dem Konsum von Alkohol und Zigaretten und der Einnahme von Arzneimitteln liegt.[324] Derjenige, der selbst bestimmen möchte, ob er stark wirkende Arzneimittel nach freiem Entschluss in Eigenmedikation einnimmt, ohne dass hierfür eine medizinische Notwendigkeit besteht, kann dies – jedenfalls auf der Basis von Art. 2 Abs. 2 Satz 1 GG – grundsätzlich tun.

---

321 *Gkountis*, Autonomie und strafrechtlicher Paternalismus, S. 171.

322 Vgl. etwa in Bezug auf den Suizid RGSt 70, 313, 315; BGHSt 2, 150, 152; BGH NJW 2001, 1802, 1803; Kindhäuser/Neumann/Paeffgen/*Neumann*, StGB, Vorb. § 211 Rn. 37 ff.; Schönke/Schröder/Eser/*Sternberg-Lieben*, Vorb. §§ 211 ff. Rn. 33; Lackner/Kühl/*Lackner*, Vorb. § 211 – § 222 Rn. 9; a. A. *Hoerster* NJW 1986, 1786, 1788; *Schmidhäuser*, FS Welzel (1974), S. 801 ff.

323 Vgl. hierzu auch MüKo/*Freund*, AMG, § 6a aF Rn. 3.

324 Die Frage dürfte sozial- und gesellschaftsrechtliche Entwicklungen und Konventionen betreffen. Während stark wirkende Arzneimittel ohnehin erst seit Beginn des 20. Jahrhunderts entwickelt wurden aber bereits seit den frühen sechziger Jahren einer Verschreibungspflicht unterfielen, scheiterten beispielsweise hinsichtlich des Tabakkonsums, der bereits im 15. Jahrhundert verbreitet war, spätere Versuche, den Konsum staatlicherseits zu beschränken. Insofern muss der Staat einiges tolerieren, weil Verbote aufgrund von bestimmten Konventionen nicht durchsetzbar sind. Bei stark wirkenden Arzneimitteln hat sich der Bürger gewissermaßen daran gewöhnt, dass diese „relativ zeitnah“ nach Entdeckung chemisch wirkender Substanzen für den freien Handel verboten waren.

Terminologisch lässt sich das hier zu erörternde Problem jedenfalls unter den Begriff des „indirekten Paternalismus" fassen.[325] Dieser möchte Handlungen verbieten, die einen anderen als den unmittelbaren Normadressaten schädigen. Adressat des strafbewehrten Verbots der Abgabe verschreibungspflichtiger Arzneimittel entgegen der Verschreibungspflicht ist derjenige, der die Arzneimittel abgibt, also Apotheker, pharmazeutisches Personal[326] und der Unberechtigte[327]. Mit Blick auf die Verschreibungspflicht geht es darum, den Arzneimittelanwender vor Schäden an seiner Gesundheit zu bewahren, indem der Apotheker und sonstige zur Abgabe Berechtigte oder aber Unbefugte[328] die Arzneimittel nur bei Vorlage einer entsprechenden Verschreibung abgeben sollen. Der Schutz der Körperintegrität des *eigenverantwortlich handelnden Arzneimittelanwenders* als ausschließlicher Legitimationsgrund scheidet jedenfalls aufgrund der oben angestellten Überlegungen zum verfassungsrechtlich verbürgten Selbstbestimmungsrecht des Einzelnen aus.

(a) Der Schutz Nichtverantwortlicher

Mithin bedarf es eines anderen Legitimationsansatzes im Hinblick auf einen legitimen Zweck der Verhaltensnorm. Anerkannt sind solche mit „paternalistischer Manier"[329] belegte Eingriffe dann, wenn der Betroffene nicht dazu in der Lage ist, durch freie Willensbildung über die eigenen Rechtsgüter zu entscheiden.[330] Dies käme beispielsweise bei Kindern, psychisch kranken Personen oder solchen Personen in Betracht, die altersbedingt nicht mehr in der Lage sind, freiverantwortlich zu entscheiden.[331] Eine Beschränkung ist jedenfalls bei diesen Personengruppen nachvollziehbar und sinnvoll. Diejenigen, die nicht frei und selbstbestimmt entscheiden können, dürfen bei ihren Entscheidungen nicht sich selbst überlassen bleiben. Die dem Selbstbestimmungsrecht zugrunde liegende

325 Vgl. zur Differenzierung *Gkountis*, Autonomie und strafrechtlicher Paternalismus, S. 21; *Papageorgiou*, Schaden und Strafe, S. 234; *Hirsch* in: Paternalismus im Strafrecht, S. 57, 71 ff.; klassisches Beispiel des indirekten Paternalismus ist § 216 StGB.

326 Zu anderen abgabeberechtigten Personen s. oben C.II.

327 Zur näheren Auseinandersetzung der Problematik des Unberechtigten als Adressat des Verbots vgl. unten D.I.2.b) und E.III.1.

328 Umstritten, vgl. hierzu D.I.2.b) und E.III.1.

329 *Weber*, BtMG, § 6a aF AMG Rn. 4.

330 BVerfG NJW 1960, 811; NJW 1967, 1795, 1800.

331 Dies ist keinesfalls im Sinne einer Pauschalisierung zu verstehen. Vielmehr führt nicht jede geistige Erkrankung zum Ausschluss der Fähigkeit einen freien Willensentschluss zu fassen; vgl. *Rigopoulou*, Grenzen des Paternalismus im Strafrecht, S. 75 mwN.

Autonomie ist dann nicht beeinträchtigt, sondern wird im Gegenteil gewahrt. Die Begrenzung des Verbots nur auf diese Gruppen, um hierdurch den mündigen und freiverantwortlich handelnden Bürger auszunehmen, wäre aber nicht ohne weiteres umzusetzen und vor allem schwerlich kontrollierbar.[332] Denn insofern ist es demjenigen, der verschreibungspflichtige Arzneimittel abgibt, nicht möglich zu erkennen, ob der Anwender „Herr seiner Sinne ist" und alle Gefahrenaspekte überblickt oder nicht.

Zusätzlich drängt sich die Frage auf, wann genau eine Person als nichtverantwortlich in diesem Sinne anzusehen ist. Denn auch der an sich mündige Bürger kann in Bezug auf die Einschätzung einer Situation irren oder diese falsch einschätzen[333]. Denkbar sind beispielsweise Fälle, in denen der Betroffene unbedacht ein Medikament einnimmt, von dem er glaubt, es helfe gegen seine Beschwerden. Gleiches gilt, wenn der betroffene Bürger bei der Entscheidung einem Zwang oder einer Drohung unterlag.[334] Eine Handlung und der ihr zugrunde liegende Entschluss kann dann nicht mehr als autonomer Willensentschluss gewertet werden. Der Bürger ist dann durchaus schutzbedürftig und schutzwürdig,[335] mithin als nichtverantwortlich zu betrachten. Dann geht es nämlich darum, den Einzelnen vor den Folgen einer nicht richtig eingeschätzten Situation zu bewahren.

Umgekehrt kann es durchaus sein, dass ein an einer psychischen Erkrankung Leidender eine Entscheidung trifft, die sich auf einen autonomen Willensentschluss gründet.[336] Die Problematik mündet in der Frage, welche Anforderungen an die Freiverantwortlichkeit zu stellen sind, unter welchen Bedingungen sich eine Handlung also tatsächlich auf einen *hinreichend* freien Entschluss gründet. Notwendig ist eine Beurteilung nach dem Grad der Gefährlichkeit (der Wahrscheinlichkeit des Schadenseintritts), der Ernsthaftigkeit und Unwiderruflichkeit

---

332 *Weber*, BtMG, § 6a aFAMG Rn. 5. Zwar beziehen sich die Ausführungen auf Arzneimittel zu Dopingzwecken im Sport. Der Einwand der Praktikabilität ist jedoch ohne weiteres auf die hiesige Frage übertragbar.

333 In diesem Sinne des Eingehens eines Risikos, wobei die Folgen oftmals tatsächlich nicht gewollt sind *Schulte*, Die Rechtsgüter des strafbewehrten Organhandelsverbotes, S. 34 f.; im Übrigen zu defizitären Entscheidungen der grundsätzlich verantwortlichen Person *Rigopoulou*, Grenzen des Paternalismus im Strafrecht, S. 78 ff., 271 ff.

334 *Rigopoulou*, Grenzen des Paternalismus im Strafrecht, S. 280 f.; vgl. zu freiwilligkeitsausschließenden Faktoren im Allgemeinen auch *Gkountis*, Autonomie und strafrechtlicher Paternalismus, S. 137 ff.

335 S. hierzu *Freund/Klapp*, JR 2003, 431, 434.

336 *Rigopoulou*, Grenzen des Paternalismus im Strafrecht, S. 75 f. mwN.

möglicher Folgen sowie auf der Basis sonstiger besonderer Umstände des Einzelfalles.[337] Trotz dieser Versuche der Einordnung eines Handelns auf der Grundlage eines freiverantwortlichen Entschlusses, ist die Grenzziehung zwischen solchen Personengruppen, die tatsächlich und in jeder Hinsicht freiverantwortlich handeln und solchen, die nicht autonom entscheiden, äußerst schwierig. Für die Frage der Rechtfertigung des Verbots auf der Ebene der Verhaltensnorm ist es jedenfalls ausreichend, dass das Verbot den Schutz Nichtverantwortlicher bezweckt. Der Gesetzgeber darf dann alle Mitglieder der Gemeinschaft in Anspruch nehmen, um diejenigen vor Arzneimittelrisiken zu schützen, die nicht freiverantwortlich Tragweite und Folgen der Anwendung stark wirkender Arzneimittel überblicken können oder Situationen falsch einschätzen. Als letztlich zu tolerierende Nebenfolge ist daher auch die Inanspruchnahme von Verantwortlichen hinzunehmen. Diesen wird ein in Grenzen noch zumutbares Sonderopfer auferlegt, um die Nichtverantwortlichen zu schützen. Der mit dem Verbot einhergehende Eingriff in das Selbstbestimmungsrecht ist dann nicht über Gebühr belastend. Eine hiervon zu unterscheidende Frage ist die der Strafbewehrtheit des Verbots, die einer näheren Untersuchung bedarf.[338]

(b) Die Gesundheit der Gemeinschaft als Zweckansatz

Vertreten wird mitunter auch, dass ein legitimes Gemeinwohlanliegen aller Mitglieder der Rechtsgemeinschaft bestünde, den Menschen davor zu bewahren, sich selbst größeren Schaden zuzufügen.[339] Das Interesse an der Selbsterhaltung

---

337 *Gkountis*, Autonomie und strafrechtlicher Paternalismus, S. 152 f. unter Verweis auf *Feinberg*, Harm to Self. The Moral Limits of the Criminal Law III, 1989 S. 116 ff. Diese Kriterien werden auf die folgende Formel heruntergebrochen: „je riskanter das Verhalten, und je definitiver seine Folgen, desto größer sei auch der erforderliche Grad der Freiwilligkeit", vgl. *Möller*, Paternalismus und Persönlichkeitsschutz, S. 166 ff. unter Bezugnahme auf *Feinberg*, Harm to Self. The Moral Limits of the Criminal Law III, 1989 S. 101 ff.; *Gkountis*, Autonomie und strafrechtlicher Paternalismus, S. 153.

338 Vgl. hierzu unten E.IV.5.

339 BVerfG NJW 1999, 3399, 3401 f.; s. zum Schutzgut der „Volksgesundheit" als „komplexes und universelles, nicht der Verfügung des einzelnen unterliegende Rechtsgut" BGH NJW 1991, 307, 309; im Übrigen *Otto*, FS Tröndle (1989), S. 157, 158; *Sitzmann*, GA 1991, 71, 78; *Weigend*, ZStW 98 (1986), 44, 64 f. Ähnlich einzuordnen ist der Ansatz, wonach die Allgemeinheit vor Folgekosten durch die Selbstschädigung geschützt werden soll. Hierauf bezog sich das BVerfG in den straßenverkehrsrechtlichen Entscheidungen zur Schutzhelm- und Gurtanlegepflicht, vgl. BVerfG NJW 1982, 1276 und BVerfG NJW 1987, 180. Dieser Ansatz ist deswegen abzulehnen, weil

des Einzelnen gründe sich demnach auf das Selbsterhaltungsinteresse der Gemeinschaft.[340] Es bestünde eine Verpflichtung gegenüber der Gemeinschaft, sich nicht selbst zu schädigen oder zu verletzen.[341] *Schmidhäuser* führt hierzu aus: „ein Gemeinwesen, das sich selbst ernst nimmt, wird seine Existenz nicht in das Belieben aller einzelnen stellen können, sondern die Achtung vor dem Leben aller seiner Mitglieder (…) fordern müssen."[342] Konsequent weitergedacht, würde diese Ansicht bedeuten, dass auch selbstverletzende Handlungsweisen verboten und mitunter auch strafbar sein müssten, da auch dann (wie bei der Fremdverletzung) in das Rechtsgut der „Gesundheit des Volkes" eingegriffen wird.[343] Selbstverletzende Handlungen sind aber, wie oben festgestellt, weder verboten noch strafbar.[344] Das mitunter auch unter dem Begriff der „Volksgesundheit" zur Legitimation herangezogene Gut der Gesundheit der Gemeinschaft bringt weitere Ungereimtheiten mit sich. Dogmatisch kann nicht hinreichend zwischen der Verletzung der Gesundheit des Handelnden und der Verletzung der Gesundheit anderer Menschen gegen deren Willen differenziert werden.[345] Vielmehr führt das Interesse an einer gesunden Gemeinschaft zu einer nicht nachvollziehbaren Vorrangstellung des Kollektivs. Insoweit ist nicht nachvollziehbar, warum der Einzelne sich selbst einschränken soll, damit der Gemeinschaft absoluter Wert zukommen kann.[346] Eine solche Ansicht würde auch mit dem Grundgedanken des Grundgesetzes nicht konform gehen,

---

sich hierdurch jedes (strafbewehrte) Verbot an nicht gesunder Lebensführung, wie Nikotin- und Alkoholkonsum oder übermäßiger Fleischverzehr legitimieren ließe, vgl. zu diesem „*slippery-slope*"-Argument *Schünemann* in: Paternalismus im Strafrecht, S. 221, 239; *Murmann*, Selbstverantwortung des Opfers, S. 280; *Rigopoulou*, Grenzen des Paternalismus, S. 96 f. Eine solche Betrachtungsweise wird aber dem Individualrechtsgüterschutz nicht gerecht.

340 *Otto*, FS Tröndle (1989), S. 157, 158; *Schmidhäuser*, FS Welzel (1974), S. 801, 817; *Weigend*, ZStW 98 (1986), 44, 62 f.; *Jescheck/Weigend*, AT, S. 379.

341 *Schmidhäuser*, FS Welzel (1974), S. 801, 817; *Weigend*, ZStW 98 (1986), 44, 62 f.

342 *Schmidhäuser*, FS Welzel (1974), S. 801, 817.

343 *Stratenwerth/Kuhlen* AT/I, § 9 Rn. 17; MüKo/*Hardtung*, StGB, § 228 Rn. 21.

344 RGSt 70, 313, 315; BGHSt 2, 150, 152; BGH NJW 2001, 1802, 1803; Kindhäuser/Neumann/Paeffgen/*Neumann*, StGB, Vorb. § 211 Rn. 37 ff.; Schönke/Schröder/Eser/*Sternberg-Lieben*, Vorb. §§ 211 ff. Rn. 33; Lackner/Kühl/*Lackner*, Vorb. § 211 – § 222 Rn. 9; a. A. *Hoerster* NJW 1986, 1786, 1788; *Schmidhäuser*, FS Welzel (1974), S. 801 ff. in Bezug auf die Selbsttötung.

345 *Hirsch/Neumann* in: Paternalismus im Strafrecht, S. 71 Fn. 3.

346 *Maatsch*, Selbstverfügung, S. 44.

wonach der Mensch als individuelles Rechtssubjekt anerkannt sowie dessen Würde von fundamentaler Bedeutung ist. Diese Prämisse würde ausgehöhlt, würde man die Freiheitsentfaltungsinteressen des Einzelnen unter den Vorbehalt des Wohles der Gemeinschaft stellen.[347] Der Mensch würde hierdurch zum bloßen Objekt degradiert werden. Schließlich ist fraglich, inwieweit das Volk als Kollektiv „gesund“ sein kann. Dies kann nur jeder einzelne des Volkes, also jedes einzelne Individuum.[348] Dann aber geht es sachlich nicht um ein Kollektiv, sondern eben um die individuelle Gesundheit konkreter Personen, die allenfalls in ihrer Summe die Gesundheit des Volkes ausmachen.[349] Der Ansatzpunkt bleibt dann aber gleichwohl ein individualistischer und kein kollektiver. Da es um den Schutz konkret-individueller Rechtsgüter geht, kann ein solches übergeordnetes Rechtsgut eines Gemeinwohlanliegens allein den Staat nicht dazu berechtigen, in die Freiheit zur Selbstgefährdung reglementierend einzugreifen. Die Heranziehung von Allgemeininteressen zum Zweck der Bewahrung des Menschen vor sich selbst wird der liberalen Werteordnung des Grundgesetzes nicht gerecht.[350] Das Kollektiv „Volk“ ist kein übergeordnetes Gut, welchem eigene (Gesundheits-)Interessen zustehen können. Vielmehr ist es die Summe der einzelnen Mitglieder, die ihrerseits als Subjekte eigenständige Interessen haben.[351] Letztlich münden somit mögliche Erklärungsansätze in einem stets individualistischen Konzept, was dazu führt, dass der Gedanke der „Volksgesundheit“ auf ein Schein-Rechtsgut hinausläuft und daher zu verwerfen ist.

(c) Die Körperintegrität *ganz bestimmter* Arzneimittelanwender

Näher zu untersuchen ist die Legitimation im Interesse der *anderen* Anwender verschreibungspflichtiger Arzneimittel. Es sind insofern verschiedene Gruppierungen von Arzneimittelanwendern zu unterscheiden, ohne in diesem Rahmen eine starre Kategorisierung vornehmen zu wollen. Diejenigen

---

347 *Schmitz*, Gefahrenabwehrrecht und psychisch Kranke, S. 178; *Rigopoulou*, Grenzen des Paternalismus, S. 92.

348 Die These, das Volk selbst mit eigenem Gehalt auszustatten, das also eigenständig krank oder gesund sein kann, ist abzulehnen. Bedeute es doch eine nicht angemessene Postulierung einer nicht greifbaren jeglicher Substanz mangelnden Größe, im Ergebnis ebenso Kindhäuser/Neumann/Paeffgen/*Paeffgen*, § 228 Rn. 55.

349 So auch *Greco*, GA 2010, 622, 623; *Schünemann*, in: Paternalismus im Strafrecht, S. 221, 231.

350 So auch *Gkountis*, Autonomie und strafrechtlicher Paternalismus, S. 174.

351 *Mosbacher*, Strafrecht und Selbstschädigung, S. 209; *Rigopoulou*, Grenzen des Paternalismus, S. 91.

Arzneimittelanwender, die bei der Anwendung stark wirkender Arzneimittel im Wege der Eigenmedikation das Risiko[352] eingehen und etwaige Gesundheitsgefährdungen bagatellisieren, diejenigen, die die Situation erfassen und sich eigenverantwortlich selbst gefährden möchten[353] und schließlich diejenigen, die um ihrer Gesundheit willen stark wirkende Arzneimittel nur aufgrund vorheriger ärztlicher Anordnung einnehmen möchten, um Gesundheitsschäden zu vermeiden.

Um in der Gesundheit ganz bestimmter Arzneimittelanwender einen legitimen Zweck im Hinblick auf das Verbot der Abgabe verschreibungspflichtiger Arzneimittel entgegen der Verschreibungspflicht zu erblicken, müsste diese ein speziell durch die Verhaltensnorm der Verschreibungspflicht zu schützendes Rechtsgut darstellen. Insoweit lassen sich solche mehr oder weniger „bevormundenden" Verbote jedenfalls dann legitimieren, wenn sie sich auf Handlungen beziehen, die fremdschädigend sind.[354] Grundsätzlich kann in die allgemeine Handlungsfreiheit des freiverantwortlichen Selbstzerstörers zu dem Zweck eingegriffen werden, dass hierdurch Rechte Dritter geschützt werden, wenn diese *unmittelbar durch die selbstgefährdende* oder -verletzende Handlung gefährdet werden. So liegt es etwa im Fall der Selbsttötung durch die unmittelbar andere Menschen verletzt werden können, etwa beim Suizid im Straßenverkehr. Anders liegt der Fall bei der Verschreibungspflicht. Zunächst ist klarzustellen, dass die unmittelbar selbstgefährdende Handlung, nämlich die Einnahme stark wirkender Arzneimittel im Wege der Eigenmedikation durch den Selbstgefährdenden nicht dazu führt, dass Rechte Dritter – namentlich ganz bestimmter Arzneimittelanwender – verletzt werden.

Anzusetzen könnte allerdings an der Abgabe stark wirkender und nebenwirkungsbehafteter Medikamente ohne Kontrollmechanismen sein. In diesem Fall ist gerade die Gesundheit konkret desjenigen Arzneimittelanwenders betroffen, der auf die Eigenmedikation eines stark wirkenden Arzneimittels zum Schutze seiner Gesundheit verzichtet und dieses erst nach ärztlicher Untersuchung, Diagnose und Behandlung anwenden möchte. Bei freier Verfügbarkeit stark wirkender und nebenwirkungsbehafteter Arzneimittel wäre der Arzneimittelanwender

---

352 *Schulte*, Die Rechtsgüter des strafbewehrten Organhandelsverbotes, S. 34, weist allgemein in Bezug auf die Legitimität paternalistischer Normen zu Recht darauf hin, dass der Bürger häufig ein Risiko eingeht, ohne die Folgen konkret gewollt zu haben.

353 Vgl. zu dieser Differenzierung allgemein in Bezug auf die Legitimität paternalistischer Normen *Schulte*, Die Rechtsgüter des strafbewehrten Organhandelsverbotes, S. 34.

354 BVerfG NJW 1982, 1276; NJW 1987, 180; NJW 1994, 1577, 1578.

aber der physiologischen Wirkung dieser Substanzen ohne diese Kontrollmechanismen ausgesetzt. Sein Interesse, sich seine körperliche Integrität zu bewahren, wäre bei freier Verfügbarkeit gefährlicher Stoffe ohne Kontrollmechanismus eingeschränkt. Die Verschreibungspflicht ist zum angemessenen Schutz dieser Personen aber nicht angemessen. Personen, die ein Interesse daran haben, sich ihre eigene Körperintegrität zu bewahren, können dies indem sie vor Einnahme eines Medikamentes die Indikation ärztlich abklären lassen. Für sie genügt die Information, dass sie zum Arzt gehen können, um ihren Interessen gerecht zu werden.

Dem mündigen Arzneimittelanwender, der die Situation korrekt erfasst und in jeder Hinsicht frei handelt, dient die Verschreibungspflicht ebenfalls nicht. Aufgrund der allgemeinen Handlungsfreiheit ist die Abgabe von verschreibungspflichtigen Arzneimitteln nur aufgrund einer Verschreibung nicht verbotswürdig. In diesen Fällen wird kein schutzwürdiges Rechtsgut gefährdet, sodass bereits ein legitimer Zweck fehlt.

Anders verhält es sich mit Personen, die zwar als eigenverantwortlich gelten, die im Wege der Eigenmedikation das Risiko einer Selbstgefährdung aber bagatellisieren oder herunterspielen; die also die konkrete Situation falsch einschätzen. Diese Arzneimittelanwender müssen durch die Rechtsordnung vor Schäden an ihrer körperlichen Integrität bewahrt werden. Ein entsprechendes Verbot der Abgabe entgegen der Verschreibungspflicht dient in diesen Fällen dem legitimen Zweck des Schutzes der Rechtsgüter dieser Personen. Letztlich geht es darum, die Anwendung bei Fehleinschätzung der Sachlage per Verbot zu unterbinden, damit diese Personen nicht dazu veranlasst werden, stark wirkende Arzneimittel im Wege der Eigenmedikation frei zu beziehen und sich dadurch gesundheitlichen Nachteilen auszusetzen, die sie nicht wirklich überblicken.

(2) Zwischenfazit

Stellt man allein auf den mündigen Bürger ab, der sich aufgrund einer autonomen Entscheidung selbst gefährden möchte, ist das Verbot der Abgabe verschreibungspflichtiger Arzneimittel entgegen der Verschreibungspflicht wegen des staatlichen Paternalismus problematisch. Auf ein überindividuelles Rechtsgut der „Gesundheit des Volkes" kann nicht abgestellt werden. Letztlich handelt es sich dabei nur um die Summe der Gesundheit aller konkret-individuellen Personen. Die Annahme eines Kollektivrechtsguts besitzt totalitären Charakter und ist daher verfassungsrechtlich mehr als bedenklich. Ein schutzbedürftiges und schutzwürdiges (Individual-)Rechtsgut der Gesundheit ist bei Personen gegeben, die nicht freiverantwortlich entscheiden können, weil sie die Tragweite der Anwendung stark wirkender Arzneimittel nicht vollkommen überblicken können. Dazu zählen letztlich – entgegen dem ersten Anschein – auch an sich „mündige Bürger", die aber mangels ausreichender medizinisch-pharmazeutischer Kenntnisse vor Fehlentscheidungen bewahrt werden sollen, die sie in ihren Konsequenzen nicht wirklich „wollen". Vor diesem Hintergrund dient das Verbot einem durchaus legitimen Zweck. Eine Inanspruchnahme aller, die in der Nebenfolge auch diejenigen verpflichtet, die frei verantwortlich selbstgefährdend handeln, lässt sich im Sinne eines effektiven Schutzes der genannten übrigen Personen – und damit der großen Mehrheit – legitimieren. Generalisierend darf somit an dem Verbot der Abgabe verschreibungspflichtiger Arzneimittel festgehalten werden.

Inwieweit auf einen Verstoß im Einzelfall auch mit Strafe reagiert werden darf, wenn es um einen Fall geht, in dem tatsächlich das rein paternalistische Verbot betroffen ist, ist eine andere Frage, der später nachgegangen werden soll. Insofern lässt sich aber bereits hier feststellen, dass sich ein (strafbewehrtes) Verbot am ehesten begründen lässt in Fällen, in denen der mündige Arzneimittelanwender zwar die Situation überblickt, etwaige Gesundheitsgefährdungen aber als Bagatelle abtut.[355] Andererseits gerät die Begründung eines mit Strafe bewehrten Verbots bei einem mündigen Bürger, der in Kenntnis der Situation bewusst selbstgefährdend handelt und dabei auch die möglichen Konsequenzen angemessen erfasst[356] unter dem Blickwinkel des staatlichen Paternalismus an seine Grenzen.

bb) Der mittelbare Schutz des Menschen

Arzneimittel, die zur Anwendung bei Tieren bestimmt sind, die der Gewinnung von Lebensmitteln dienen, unterfallen kraft Gesetzes der Verschreibungspflicht gemäß § 48 Abs. 1 Satz 1 Nr. 2 AMG. Ausweislich der Gesetzesbegründung sollen solche Arzneimittel nur dann angewendet werden, wenn eine entsprechende Indikation vorliegt, was durch die Unterstellung unter die Verschreibungspflicht erreicht werden könne.[357] Eine Indikation ist notwendiger Zwischenschritt bevor der Tierarzt eine Verschreibung vornehmen kann. Sie ist damit kohärent zur Verschreibung. Nur nach entsprechender Diagnose kann der Arzt feststellen, welches Arzneimittel zur Behandlung der diagnostizierten Krankheit in Betracht kommt und damit indiziert ist. Anschließend wird eine entsprechende hierauf lautende Verschreibung ausgestellt. Ein legitimer Zweck mit Blick auf den Schutz des Menschen ist damit freilich noch nicht gefunden.

---

355 Im Sinne dieser Differenzierung auch *Schulte*, Die Rechtsgüter des strafbewehrten Organhandelsverbotes, S. 34 f.

356 Im Sinne dieser Differenzierung auch *Schulte*, Die Rechtsgüter des strafbewehrten Organhandelsverbotes, S. 34 f.

357 BT-Drs. 15/5316, S. 42.

Ein entsprechender Ansatz ist der der Vermeidung von Arzneimittelrückständen und der Bildung von Resistenzen in Lebensmitteln bei unkontrolliertem Einsatz von Arzneimitteln bei Tieren, die der Gewinnung von Lebensmitteln dienen. Dies kommt letztlich dem Verbraucher von Lebensmitteln tierischer Herkunft zugute.[358] Betrachtet man allein die Verschreibungspflicht, so führt diese jedenfalls auch zur Vermeidung des Risikos etwa auffindbarer Arzneimittelrückstände in Lebensmitteln, da der Umgang mit diesen Tierarzneimitteln durch die Verschreibungspflicht kontrolliert wird. Hiermit wird eine Verbesserung des Verbraucherschutzes bezweckt, indem Tiere, die zu Lebensmitteln verarbeitet werden können, grundsätzlich nur mit verschreibungspflichtigen Arzneimitteln behandelt werden sollen.[359] Der Konsument tierischer Lebensmittel soll vor eventuell schädlichen Auswirkungen des Arzneimittels geschützt werden.[360] Der fleischkonsumierende Bürger hat nämlich keinen Einfluss darauf, mit welchen Arzneimitteln beispielsweise das Schwein behandelt wurde, bevor es in die Schlachtung kam.[361] Er wird hierdurch mittelbar in Bezug auf die Rechtsgüter Leib und Leben geschützt, indem stark wirkende Arzneimittel nicht unkontrolliert bei Tieren angewendet werden, die der Gewinnung von Lebensmitteln dienen.

Zusätzlich führen auch die Einhaltung der Wartezeiten und die Nichtüberschreitung zulässiger Rückstandshöchstmengen zu einer Sicherstellung dahin gehend, dass Konsumenten von Lebensmitteln tierischer Herkunft nicht durch Arzneimittelrückstände geschädigt werden. Die Wartezeit[362] ist ausweislich der Legaldefinition in § 4 Abs. 12 AMG die Zeit, die bei bestimmungsgemäßer Anwendung des Arzneimittels nach der letzten Anwendung des Arzneimittels bei einem Tier bis zur Gewinnung von Lebensmitteln, die von diesem Tier stammen, zum Schutz der öffentlichen Gesundheit einzuhalten ist. Dies wird durch Rückstandsprüfungen sichergestellt, wobei bestimmte Rückstandshöchstmengen[363] nicht überschritten werden dürfen.

---

358 *Kloesel/Cyran*, AMG, § 48 Rn. 28.

359 Erwägungsgrund 21 Richtlinie 2004/28/EG des Europäischen Parlaments und des Rates vom 31. März 2004 zur Änderung der Richtlinie 2001/82/EG zur Schaffung eines Gemeinschaftskodexes für Tierarzneimittel, ABl. L 136 vom 30. 04. 2004, S. 58 ff., der in § 48 Abs. 1 Satz 1 Nr. 2 AMG umgesetzt ist.

360 Kügel/Müller/Hofmann/*Hofmann*, AMG, § 48 Rn. 13.

361 Kügel/Müller/Hofmann/*Hofmann*, AMG, § 48 Rn. 13.

362 Mehrere Vorschriften im AMG nehmen Bezug auf die Wartezeit; vgl. z. B. § 24 Abs. 1 Nr. 4 AMG, wonach dem Zulassungsantrag Sachverständigengutachten beizufügen sind, aus denen hervorgeht, ob die vorgesehene Wartezeit ausreicht.

363 Rückstandshöchstmengen finden sich im Anhang der VO (EU) Nr. 37/2010.

cc) Der Schutz des Tieres

Die Unterstellung mancher Tierarzneimittel unter die Verschreibungspflicht dient dem legitimen Zweck, Gefahren einzugrenzen, die durch die Anwendung von Tierarzneimitteln für das Tier bestehen können. Mit der Unterstellung unter die Verschreibungspflicht von Arzneimitteln, die zur Anwendung bei Tieren bestimmt sind (§ 48 Abs. 2 Satz 1 Nr. 2 lit. c) AMG), wird dies bezweckt. Hierdurch wird ein unkontrollierter Arzneimitteleinsatz vermieden und damit letztlich dem Tierschutz gedient.[364] Grundsätzlich unterscheidet das Gesetz zwischen Tieren, die der Gewinnung von Lebensmitteln dienen, und solchen, die nicht der Gewinnung von Lebensmitteln dienen. Zu den letztgenannten sind Heimtiere zu zählen, also ausweislich § 60 Abs. 1 AMG beispielsweise Zierfische oder nicht der Gewinnung von Lebensmitteln dienende Kaninchen. Hunde und Katzen sind nicht unter dem Begriff Heimtiere gefasst. Sie sind jedoch gleichfalls Tiere, die nicht der Gewinnung von Lebensmitteln dienen. Für Arzneimittel für Heimtiere, wie sie in § 60 AMG genannt sind, bedarf es keiner arzneimittelrechtlichen Zulassung.[365] Gemäß § 4 AMVerkRV sind Arzneimittel für die dort aufgezählten[366] Heimtiere freiverkäuflich und unterfallen damit weder dem Apothekenmonopol noch der Verschreibungspflicht. Etwas anderes gilt für Tierarzneimittel, die beispielsweise bei Katzen oder Hunden angewendet werden. Sie sind nicht automatisch von der Verschreibungspflicht ausgenommen. Vielmehr wird anhand der AMVV deutlich, dass auch solche Wirkstoffe für ein Arzneimittel, welches beispielsweise für die Tierart Hund zugelassen ist, ebenfalls der Verschreibungspflicht unterfallen können. Dies betrifft beispielsweise eine Zubereitung aus Imidacloprid und Permethrin zur Anwendung bei Hunden gemäß Anhang 1 der AMVV. Dass insoweit auch gerade der reine Tierschutz bezweckt ist, verdeutlicht das Beispiel des zuvor genannten Wirkstoffs Permethrin. Permethrin wird unter anderem unter dem Handelsnamen Exspot® oder Advantix® auf dem Markt angeboten. Hierbei handelt es sich um ein Mittel gegen Zecken und Flöhe bei Hunden. Als das Mittel aus der Verschreibungspflicht entlassen wurde, kam es vermehrt zu Vergiftungsfällen bei Katzen, die ebenfalls dieses Mittel gegen Zecken und Flöhe erhalten haben.[367] Die freie Verfügbarkeit

---

364 S. bereits oben D.I.3.a)ff).

365 Dies folgt aus § 60 Abs. 1 i. V. m. §§ 21 ff. AMG.

366 Die Aufzählung in § 4 Nr. 1 AMVerkRV deckt sich mit § 60 Abs. 1 AMG.

367 Pharmazeutische Zeitung online, „Wenn das Fell juckt", abrufbar unter http://www.pharmazeutische-zeitung.de/index.php?id=38337 (zuletzt aufgerufen am 04. 11. 2016).

führte folglich dazu, dass der nicht informierte Tierhalter das Mittel auch bei Katzen anwendete, für die Permethrin nicht zugelassen und hochgiftig ist.[368] Nachdem der Stoff wieder unter die Verschreibungspflicht fiel, nahm die Anzahl der Vergiftungsfälle wieder ab.[369] Das Beispiel illustriert, dass der Verordnungsgeber auch den Schutz nur der Tiergesundheit intendiert, indem hier zum Schutz der Katze die (Wieder-)Aufnahme des Mittels unter die Verschreibungspflicht erfolgte.

c) Die zur Erreichung des Zwecks nötige Geeignetheit der Verschreibungspflicht

Das Verbot der Abgabe verschreibungspflichtiger Arzneimittel entgegen der Verschreibungspflicht muss zur Erreichung des legitimen Zwecks geeignet sein. Dies ist dann der Fall, wenn die Maßnahme die nötigen Eigenschaften besitzt, das verfolgte Ziel zu erreichen.[370] Der soeben herausgearbeitete Zweck der Verschreibungspflicht ist es mit Blick auf Humanarzneimittel, bestimmte Arzneimittelanwender vor Schäden in Bezug auf Leib und Leben zu schützen. Die Verschreibungspflicht solcher Arzneimittel, die zur Anwendung bei Tieren bestimmt sind, die der Gewinnung von Lebensmitteln dienen, bezweckt den mittelbaren Schutz des Menschen. Überdies dient die Verschreibungspflicht mit Blick auf Tierarzneimittel dem Schutz des Tieres in den Fällen, in denen einfache Tierarzneimittel der Verschreibungspflicht unterstellt werden. Folglich drängt sich die Frage auf, inwieweit das Verbot zur Abwehr konkreter Schädigungsmöglichkeiten geeignet ist. Mit dem Verbot als solchem ist allerdings kein umfassender Schutz der Verbraucher erreicht. Vielmehr befindet sich das Arzneimittel im Verantwortungsbereich des Verbrauchers. So kann beispielsweise der Gefahr einer Überdosierung – gewollt oder ungewollt – durch das Verbot der Abgabe verschreibungspflichtiger Arzneimittel entgegen der

---

368 Verschreibungspflicht weg: Mehr Permethrin-Vergiftungen bei Katzen, abrufbar unter http://www.wir-sind-tierarzt.de/2016/01/permethrin-vergiftung-katzen-verschreibungspflicht/ (zuletzt aufgerufen am 04. 11. 2016).

369 Verschreibungspflicht weg: Mehr Permethrin-Vergiftungen bei Katzen, abrufbar unter http://www.wir-sind-tierarzt.de/2016/01/permethrin-vergiftung-katzen-verschreibungspflicht/ (zuletzt aufgerufen am 04. 11. 2016); Hierbei handelt es sich im Übrigen um das Prüfkriterium des § 48 Abs. 2 Satz 2 Nr. 2 lit. b) AMG, also um ein Arzneimittel mit erhöhtem Missbrauchspotential im Hinblick auf den Einsatz bei einer anderen – außerhalb der Zulassung liegenden – Tierart. Das Beispiel illustriert, wie häufig es zu einem Einsatz außerhalb der Zulassung kommt.

370 *Freund*, GA 2010, 193.

Verschreibungspflicht nicht begegnet werden. Allerdings kann kein allumfassender absoluter Schutz des Verbrauchers gefordert werden. Vielmehr genügt es, wenn die Unterstellung bestimmter Stoffe unter die Verschreibungspflicht dem Zweck förderlich[371] ist.

Dem Gesetzgeber kommt bei der Auswahl des ihm zur Erreichung des legitimen Zwecks geeignet erscheinenden Mittels eine Einschätzungsprärogative zu.[372] Maßgeblich ist dabei, dass er ein Mittel wählt, welches dem Zweck irgendwie zugutekommt.[373] Er kann mithin hinsichtlich der Geeignetheit das Mittel wählen, welches ihm zur Erreichung des Zwecks dienlich erscheint.[374] Eine Maßnahme ist nur dann als „schlechthin ungeeignet"[375] anzusehen, wenn der Erfolg der Maßnahme in Bezug auf das zu erreichende Ziel als schlechthin nicht möglich erachtet wird.

Stoffe, die aufgrund ihrer starken Wirkung oder Nebenwirkung im menschlichen oder tierischen Körper oder aufgrund ihrer nicht bekannten Wirkung ein Gefährdungspotential innehaben, werden der Verschreibungspflicht unterstellt. Die Verschreibungspflicht ist bei entsprechend ernst zu nehmendem Gefährdungspotential jedenfalls geeignet, Arzneimittelanwender vor Schäden in Bezug auf Leib und Leben zu bewahren. Denn durch das Unterstellen bestimmter Stoffe unter die Verschreibungspflicht wird sichergestellt, dass diese Stoffe nur bei Vorlage einer ärztlichen, zahnärztlichen oder tierärztlichen Verschreibung abgegeben werden dürfen. Hierdurch wird verhindert, dass verschreibungspflichtige Arzneimittel ohne ärztliche Kontrolle zunächst abgegeben und sodann im Wege der Eigenmedikation angewendet werden können. Die Unterstellung gefährlicher Stoffe unter die ärztliche Anordnung, welche auch noch einmal vom Apotheker überprüft wird,[376] stellt – bei ernst zu nehmenden

---

371 Allgemein zur Geeignetheit BVerfGE 30, 292, 316; 33, 171, 187; 63, 88, 115; 67, 157, 173; 78, 38, 50; 90, 145, 172; 115, 276, 308; 120, 224, 240; *Maurer*, Staatsrecht I, § 8 Rn. 57; *Degenhart*, Staatsrecht I, Rn. 424; *Ipsen*, Grundrechte, Rn. 189; Sachs/*Sachs*, GG, Art. 20 Rn. 150; Jarass/Pieroth/*Jarass*, GG, Art. 20 Rn. 118; *Detterbeck*, Öffentliches Recht, Rn. 303; *Kingreen/Poscher*, Grundrechte, Rn. 301.

372 Zur eingeschränkten Überprüfungsmöglichkeit durch Gerichte vgl. Sachs/*Sachs*, GG, Art. 20 Rn. 151; Sodan/*Sodan*, GG, Vorb. Art. 1 Rn. 64.

373 BVerfGE 90, 145, 173, 183; 63, 88, 115, 276, 308; *Kingreen/Poscher*, Grundrechte, Rn. 301.

374 BVerfGE 90, 145, 173, 183; 63, 88, 115, 276, 308; *Kingreen/Poscher*, Grundrechte, Rn. 301.

375 BVerfGE 19, 119, 127.

376 Zu den Prüfpflichten des Apothekers s. unten D.I.5.a).

Gesundheitsgefahren – ein geeignetes Mittel dar, um dem Zweck – Schutz des Arzneimittelanwenders vor Schäden in Bezug auf Leib und Leben – zu dienen. Hierdurch gelangen diese Stoffe zunächst nur an Personen, die diese aufgrund ihres Krankheitsbildes auch benötigen. Ein hinreichender Wirkungszusammenhang zwischen dem Verbot und dem mit dem Verbot bezweckten Schutz *ganz bestimmter* Arzneimittelanwender ist damit gegeben.

Mit Blick auf den mittelbaren Schutz des Menschen ist die Unterstellung von Arzneimitteln, die bei Tieren Anwendung finden, die der Gewinnung von Lebensmitteln dienen, geeignet, wenn hierdurch vermieden wird, dass schädliche Arzneimittelrückstände in Lebensmittel gelangen. Arzneimittelrückstände in Lebensmitteln sind gefährlich für die Gesundheit des Menschen. Dies dürfte in den letzten Jahren vor allem die Diskussion um Antibiotikarückstände bei Schweinen, Geflügel usw. vor Augen geführt haben.[377]

Gleiches gilt im Hinblick auf Tierarzneimittel. Erkrankte Tiere kann der Tierhalter nur dann mit verschreibungspflichtigen Arzneimitteln behandeln, wenn eine entsprechende Verschreibung vorliegt. Der unkontrollierte, die Gesundheit oder sogar das Leben des Tieres gefährdende Einsatz stark wirkender Arzneimittel wird damit in geeigneter Weise unterbunden.

aa) Die Geeignetheit der Verschreibungspflicht bei fehlendem nötigen Gefährdungspotential

Es wurde gezeigt, dass das Verbot der Abgabe verschreibungspflichtiger Arzneimittel entgegen der Verschreibungspflicht in Bezug auf den legitimen Zweck grundsätzlich geeignet ist, eine Gesundheitsgefährdung bestimmter Arzneimittelanwender bzw. des Tieres zu vermeiden. Dies ist aber dann nicht der Fall, wenn durch das Verbot auch Regelungsbereiche betroffen sind, in denen sich eine Schädigungsmöglichkeit nicht ergibt oder eine solche nicht feststellbar ist. Das Verbot verfolgt dann – mangels vorhandener Gesundheitsgefährdung von Mensch und Tier durch Arzneimittelanwendung – keinen legitimen Zweck.[378] Solche Fälle sind beispielsweise denkbar, wenn der pharmazeutische Unternehmer etwa durch Anwendungsbeobachtungen oder Auswertung von UAW-Meldungen[379] feststellt, dass der durch Rechtsverordnung unter die

377 S. hierzu bereits oben A.

378 S. oben D.I.4.b).

379 Unerwünschte Arzneimittelwirkungen können im deutschen Raum unter der UAW-Datenbank des BfArM unter www.bfarm.de abgerufen werden. Für Arzneimittel, die im Europäischen Wirtschaftsraum zugelassen sind, bietet die Europäische

Verschreibungspflicht gestellte Wirkstoff nicht mehr gesundheitsgefährdend ist. In der Regel wird er dann einen Antrag auf Entlassung aus der Verschreibungspflicht stellen.[380] Der Sachverständigenausschuss für Verschreibungspflicht tagt jedoch nur zweimal im Jahr.[381] Sodann ist die Umsetzung von Empfehlungen des Sachverständigenausschusses meist von behördlichen Verzögerungen begleitet. So können von der Antragstellung bis zur Entlassung aus der Verschreibungspflicht gut ein Jahr oder mehr vergehen.[382] Innerhalb dieses Zeitraumes ist der Stoff aufgrund wissenschaftlich erwiesener Nachweise nicht gesundheitsgefährdend und damit für die Anwendung im Wege der Selbstmedikation oder der eigenmächtigen Anwendung durch den Tierhalter geeignet. Gleichwohl kann das Arzneimittel bis zum Inkrafttreten der jeweiligen Änderungsverordnung nicht ohne die entsprechende Verschreibung durch den Arzt bezogen werden. Die konstitutive Wirkung der Änderungsverordnung, mit der ein Stoff aus der Verschreibungspflicht entlassen wird, führt regulatorisch zu der Vorgabe, dass Arzneimittel mit dem entsprechenden Stoff formell erst ab Inkrafttreten der Änderungsverordnung ohne Verschreibung abgegeben werden dürfen. In sachlicher Hinsicht besteht für diese Stoffe aber kein die Verschreibungspflicht legitimierendes Gefährdungspotential.

Nachzugehen ist deshalb der Frage, unter welchen Voraussetzungen in solchen Fällen generalisierend an dem Verbot festgehalten werden kann. Erforderlich ist ein handhabbares Konzept, welches einerseits dem prinzipiellen

---

Arzneimittel-Agentur das System EudraVigilance unter www.adrreports.eu an (beides zuletzt aufgerufen am 21. 05. 2015).

380 S. zum sog. Switch-Verfahren oben C.I.3.b).

381 So die Protokolle auf der Seite des BfArM www.bfarm.de (zuletzt aufgerufen am 21. 05. 2015) sowie die Information zur Verschreibungspflicht auf der Seite des BVL www.bvl.bund.de (zuletzt aufgerufen am 21. 05. 2015).

382 So hat beispielsweise die Entlassung von Benzydamin als Lösung zur Anwendung im Mund- und Rachenraum mit einer Konzentration von nicht mehr als 0,15 % nach der Empfehlung zur Entlassung durch den Sachverständigenausschuss für Verschreibungspflicht am 26. Juni 2012 bis zum Inkrafttreten der 13. Verordnung zur Änderung der AMVV am 01. 03. 2013 circa ein dreiviertel Jahr gedauert. Wenn man bedenkt, dass der pharmazeutische Unternehmer eine gewisse Zeit vorab aufgrund wissenschaftlicher Erkenntnisse den Antrag auf Entlassung aus der Verschreibungspflicht gestellt hat, dürfte eine Dauer von mindestens einem Jahr realistisch sein. Ausweislich der Seite des BAH zum Switch-Verfahren seien manche Empfehlungen in Bezug auf Arzneimittel, die unstreitig zur Eigenmedikation geeignet seien sogar gar nicht seitens des BMG umgesetzt worden, https://www.bah-bonn.de/themen-und-positionen/switch/ (zuletzt aufgerufen am 21. 05. 2015).

Schutzzweck des Verbots der Abgabe von verschreibungspflichtigen Arzneimitteln entgegen der Verschreibungspflicht gerecht wird. Welches andererseits aber in Fällen, in denen es an einem Schädigungspotential fehlt, mit dem Verhältnismäßigkeitsprinzip in Einklang zu bringen ist. Die Frage betrifft die Problematik der teleologischen Reduktion abstrakter Gefährdungsdelikte. Auf der Ebene der Verhaltensnorm geht es konkret um die Frage der Legitimation dieser Verhaltensnorm und entsprechende teleologische Reduktion bei abstrakten Gefährdungsdelikten. Diese Problematik wurde in der Vergangenheit vor allem im Rahmen der Brandstiftungsdelikte, und zwar des § 306a Abs. 1 Nr. 1 StGB diskutiert. Hier ging es vornehmlich um die Frage, ob der Täter auch dann nach § 306a Abs. 1 Nr. 1 StGB bestraft werden kann, wenn er sich vergewissert hat, dass sich keine Personen im Gebäude aufhielten.[383] Dem Deliktstypus der abstrakten Gefährdungsdelikte ist es immanent, dass der Gesetzgeber eine gefährliche Tätigkeit als solche abstrakt beanstandet, obwohl die Schädigungsmöglichkeit konkret nicht gegeben ist. Hierdurch werden Verhaltensweisen erfasst, denen generell eine Schädigungsmöglichkeit eigen ist. Bei dem oben angedeuteten Beispiel des an sich „ungefährlichen" und zur Selbstmedikation geeigneten Arzneimittels, welches lediglich aufgrund verzögerter Umsetzung in der AMVV noch als verschreibungspflichtig gelistet wird, ist ausgehend von dem Deliktstypus des abstrakten Gefährdungsdelikts diese Abgabe zu missbilligen. Denn das tatbestandsmäßige Verhalten ist schon durch die Abgabe verwirklicht. Gleichwohl geht die Gefährdung des Rechtsguts bei offenkundig fehlendem Gefährdungspotential gegen Null. Inwieweit in einem solchen Fall, also bei vollkommen ungefährlichen Handlungen, eine teleologische Reduktion oder Begrenzung abstrakter Gefährdungsdelikte Anwendung findet, ist fraglich und hat zu unterschiedlichen Auffassungen geführt, von denen die wichtigsten im Folgenden kurz dargestellt werden sollen.

(1) Die Theorie des Gegenbeweises/Präsumtionstheorie

Befürworter einer teleologischen Reduktion abstrakter Gefährdungsdelikte begründen dies generell mit der fehlenden Rechtsgutsverletzung und mit schuldstrafrechtlichen Überlegungen, wenn eine Gefährdung absolut ausgeschlossen ist.[384] Hierbei werden verschiedene Konstrukte herangezogen, um zu

---

383 BGHSt 26, 121.

384 S. BGHSt 26, 121; *Brehm,* Zur Dogmatik des abstrakten Gefährdungsdelikts S. 126; *Kaufmann,* JZ 1963, 431, 432; *Rudolphi,* FS Maurach (1972), S. 51, 59 f.; Schröder ZStW 81, 7, 16; Schünemann JA 1975, 787, 798.

diesem Ergebnis zu gelangen. Mitunter wird argumentiert, man müsse einen „Gegenbeweis der Ungefährlichkeit“[385] zulassen, wonach der Beweis erbracht werden kann, dass ein in Wirklichkeit ungefährliches Handeln vorlag.[386] Gelingt dieser Nachweis, solle eine Einschränkung der Strafbarkeit greifen.[387] Dem ist entgegenzuhalten, dass mit der Annahme eines Gegenbeweises der Deliktstypus der abstrakten Gefährdungsdelikte konterkariert würde; er mutierte zum Typus der konkreten Gefährdungsdelikte.[388] Das Konstrukt eines Gegenbeweises ist das Ergebnis des Versuchs einer Aufweichung der Präsumtionstheorie, welche besagt, dass bei abstrakten Gefährdungsdelikten (auch) eine konkrete Gefahr gegeben sein müsse. Dafür fehlt die Berechtigung.[389]

(2) Erfordernis einer sorgfaltswidrigen Handlung

Andere fordern das Vorliegen einer objektiv sorgfaltswidrigen Handlung für die Bestimmung der Rechtswidrigkeit des abstrakten Gefährdungsdelikts[390] und verlagern damit das Problem der Beschränkung des Tatbestandes auf die Ebene der Rechtfertigung. Neben die eigentliche Handlung tritt somit ein weiteres Erfordernis der Schaffung eines konkreten Risikos.[391] Wird mit der Handlung ein solches konkretes Risiko nicht geschaffen, entfällt die Bestrafung nach dem abstrakten Gefährdungsdelikt. Zwar ist der Ansatzpunkt der Sorgfaltswidrig- und damit auch der Fahrlässigkeit grundsätzlich zu begrüßen. Schließlich stellt ein sorgfaltswidriges Verhalten den Ausgangspunkt für einen Verhaltensnormverstoß und eine – bei Vorliegen der übrigen Voraussetzungen – hierauf folgende Bestrafung dar.[392] An der Einbeziehung der Sorgfaltswidrigkeit der Handlung wird jedoch zu Recht im Schrifttum kritisiert, dass hiermit in unzulässiger Weise abstrakte Gefährdungsdelikte mit Fahrlässigkeitsdelikten gleichgesetzt werden. Dies sei gerade deswegen unzulässig, weil die abstrakten Gefährdungsdelikte keinerlei Bezug zur Dogmatik der Fahrlässigkeit besitzen und diese nach

---

385 *Schröder*, ZStW 81, 7, 17.

386 *Schröder*, ZStW 81, 7, 16 f.

387 *Schröder*, ZStW 81, 7, 16 f.

388 So auch Schünemann, JA 1975, 797; Schönke/Schröder/*Bosch*, StGB, Vorb. §§ 306 ff. Rn. 6.

389 S. die Darstellung bei *Graul*, Abstrakte Gefährdungsdelikte, S. 145 ff., die ausführlich Vertreter der Theorie sowie hierzu vertretene Argumente auflistet.

390 *Brehm*, Zur Dogmatik des abstrakten Gefährdungsdelikts, S. 132.

391 *Brehm*, Zur Dogmatik des abstrakten Gefährdungsdelikts, S. 132 f.; *Volz*, Unrecht und Schuld abstrakter Gefährdungsdelikte, S. 103 ff., 143.

392 MüKo/*Freund*, AMG, Vor §§ 95 ff., Rn. 16 ff.

dem gesetzgeberischen Willen gerade keine Fahrlässigkeit im Hinblick auf die Gefährdung des Rechtsguts fordern.[393]

Ähnlich verhält es sich mit der mitunter geforderten konkreten Gefährlichkeit nur der Handlung. Jene Autoren stellen nur auf die konkrete Handlung im Einzelfall ab.[394] Hiernach dürfe nach einem abstrakten Gefährdungsdelikt nur dann bestraft werden, wenn sich die einzelne Handlung als konkret gefährlich erweist, mithin mit ihr eine gewisse Intensität erreicht wurde, um hieraufhin entsprechend mit Strafe zu reagieren.[395] Einige wollen auch solche generell konkret gefährlichen Verhaltensweisen erfassen, bei denen der Täter das Risiko durch entsprechende Sicherheitsmaßnahmen bannt.[396] Begründet wird dies mit Strafausschlussgründen.[397] Allerdings sind Strafausschlussgründe als Ausnahmen generell restriktiv zu handhaben.[398]

(3) Die Kategorisierung „vergeistigtes Zwischenrechtsgut" und „Massenhandlungen"

Schünemann und *Wolter* unterteilen abstrakte Gefährdungsdelikte in Kategorien, insbesondere solche mit einem „vergeistigtem Zwischenrechtsgut" und „Massenhandlungen".[399] Bei Delikten mit einem „vergeistigten Zwischenrechtsgut", etwa Bestechungs- und Falschaussagedelikte, soll bereits die Verletzung dieses Zwischenrechtsguts ausreichend für die Erfüllung des Tatbestands sein, mithin das Unrecht darstellen. Bei den übrigen Minimalverstößen käme eine Beschränkung abstrakter Gefährdungsdelikte durch restriktive Tatbestandsauslegung in Betracht.[400] Das verletzte Zwischenrechtsgut ist indes nicht das eigentlich durch die Norm zu schützende Rechtsgut.[401]

---

393 *Kindhäuser*, Gefährdung als Straftat, S. 273.

394 *Cramer*, Der Vollrauschtatbestand als abstraktes Gefährdungsdelikt, S. 65; *Hirsch*, FS Kaufmann (1993), S. 545, 550 f.; *Meyer*, Die Gefährlichkeitsdelikte, S. 153 ff.; *Zieschang*, Die Gefährdungsdelikte, S. 52 ff.

395 *Hirsch*, FS Kaufmann (1993), S. 545, 550 f.; *Meyer*, Die Gefährlichkeitsdelikte, S. 153 ff.; *Zieschang*, Die Gefährdungsdelikte, S. 52 ff.; *Cramer*, Der Vollrauschtatbestand als abstraktes Gefährdungsdelikt, S. 65 ff.

396 *Volz*, Unrecht und Schuld abstrakter Gefährdungsdelikte, S. 167.

397 *Volz*, Unrecht und Schuld abstrakter Gefährdungsdelikte, S. 164 ff.

398 *Meyer*, Die Gefährlichkeitsdelikte, S. 170 Fn. 73.

399 *Schünemann*, JA 1975 787, 798; *Wolter*, Objektive und personale Zurechnung, S. 319 f., wobei *Wolter* die Kategorisierung der „Massendelikte" auch als „Prüfstellendelikte" bezeichnet.

400 *Schünemann*, JA 1975 787, 798.

401 *Schünemann*, JA 1975 787, 798.

Die zweite Kategorie betrifft „Massenhandlungen“, welche vor allem im Straßenverkehr an Bedeutung gewinnen soll.[402] Hier gehe es nicht um konkreten Rechtsgüterschutz, sondern um eine Automatisierung, die es aus lerntechnischen Gründen zu befolgen gilt. Anderenfalls könne diese Automatisierung – genannt wird beispielhaft das Rechtsfahren im Straßenverkehr – nicht gelingen.[403] Ein solcher Verstoß soll aber dem Normzweck unterfallen, weshalb *Schünemann* und *Wolter* somit auch bei fehlender Rechtsgutsbeeinträchtigung zu einer Bestrafung gelangen. Eine Beschränkung der Strafbarkeit ist bei dieser Unterkategorie der abstrakten Gefährdungsdelikte mithin ausgeschlossen.[404]

Die Einordnung von abstrakten Gefährdungsdelikten in Unterkategorien ist abzulehnen, da sie dem erforderlichen Rechtsgüterschutz im Sinne einer Legitimation bestimmter Verhaltens- und Sanktionsnormen nicht gerecht wird. Ein konstruiertes „geistiges Zwischenrechtsgut“, welches stets verletzt sein soll, ohne indes auf die Verletzung des tatsächlich zu schützenden Rechtsgutes abzustellen, lässt sich schon aus verfassungsrechtlichen Gründen nicht legitimieren. Die Verletzung eines etwa vorgelagerten Zwischenguts, dessen Schutz durch die Norm gar nicht wirklich intendiert ist, kann nicht zu einer Bestrafung führen. Ist das zu schützende Rechtsgut nicht beeinträchtigt (verletzt oder gefährdet), kann die tatsächlich ungefährliche Handlung nicht mit Strafe inkriminiert werden.[405] Es fehlt mithin an der Legitimation der uneingeschränkten Anwendung der abstrakten Gefährdungsdelikte.[406] Gleiches gilt für die Annahme etwaiger Automatisierungen im Bereich von Massendelikten.

(4) Die Konzeption *Kindhäusers*

Kindhäuser stellt auf Sicherheitsaspekte ab, die bei rationaler Verfügung über Güter erforderlich sind.[407] Hiernach müsse der einzelne sorglos über Güter verfügen können; insbesondere auch in Bezug auf solche Bedingungen, bei denen nicht mit Gewissheit festgestellt werden könne, dass sich das Verhalten als unschädlich erweist.[408] Zur Vereinfachung wird beispielhaft auf das Verbot

---

402 *Schünemann*, JA 1975 787, 798.
403 *Schünemann*, JA 1975, 787, 798.
404 *Schünemann*, JA 1975, 787, 798.
405 Ebenso *Reus*, Das Recht in der Risikogesellschaft, S. 123.
406 In diesem Sinne auch *Zieschang*, Die Gefährdungsdelikte, S. 370.
407 *Kindhäuser*, Gefährdung als Straftat, S. 280 f.
408 *Kindhäuser*, Gefährdung als Straftat, S. 283.

in der Kurve zu überholen, Bezug genommen. Danach könne jeder ohne Sorge am Straßenverkehr teilnehmen, da durch das aufgestellte Verbot das Vertrauen aller in die Verkehrssicherheit bestärkt werde.[409] Die dem Rechtsgutsträger eingeräumte Sicherheit, mit seinem Rechtsgut nach Belieben zu verfahren, verhelfe selbigem somit zu optimalem Nutzen seines Rechtsguts. Vermittelt die Gewährleistung des Rechtsguts aber nicht die für die Verfügungen nötige Sicherheit, könne das Rechtsgut nicht optimal genutzt werden.[410]

Die Ansicht *Kindhäusers* ist deshalb problematisch, weil jedenfalls ein selbstständiges Rechtsgut der „Verfügungssicherheit" nicht bestehen kann, auf dessen Grundlage sich eine Kriminalstrafe legitimieren ließe. Sicherheit als Rechtsgut ist ein global zu verstehendes Gut, welches mangels Eingrenzungsmöglichkeiten den eigentlichen Rechtsgüterschutz untergräbt und gewissermaßen „übers Ziel hinausschießt". Bedenken gegen ein solches Konzept bestehen deshalb, weil sich hierüber praktisch jedes Verhalten einer Bestrafung zuführen lässt.[411] Dass dies aber nicht das Ergebnis sein kann, liegt auf der Hand.

(5) Rechtsgüterschutz durch Zufallsbeherrschung

Nach dem Konzept von *Kratzsch* soll jeder Zufall ausgeschaltet werden, indem er dem Einzelnen abverlangt, sich auch bei in Wirklichkeit nicht bestehender Gefahr dem Verbot entsprechend zu verhalten, er die entsprechende Handlung somit nicht ausführt.[412] Nur so könne garantiert werden, dass nichts dem Zufall überlassen werden soll, diesem vielmehr zum Zwecke eines effektiven Rechtsgüterschutzes „der Kampf angesagt wird"[413]. *Kratzsch* argumentiert, dass der einzelne in Bezug auf die durch abstrakte Gefährdungsdelikte verbotene Handlung nicht in der Lage sei, alle komplexen Einzelheiten der Situation zu erfassen.[414] Daher hat er schlichtweg jedes Verhalten zu unterlassen. *Kratzsch* würde daher wohl jedes diesem Konzept zuwiderlaufende Verhalten bestrafen, ohne

409 *Kindhäuser*, Gefährdung als Straftat, S. 291 ff.

410 *Kindhäuser*, Gefährdung als Straftat, S. 280 ff.

411 Ebenso *Zieschang*, Die Gefährdungsdelikte, S. 354 f.; *Reus*, Das Recht in der Risikogesellschaft, S. 120 f.

412 *Kratzsch*, Verhaltenssteuerung und Organisation im Strafrecht, S. 269.

413 *Kratzsch*, Verhaltenssteuerung und Organisation im Strafrecht, S. 119.

414 *Kratzsch*, Verhaltenssteuerung und Organisation im Strafrecht, S. 119; *ders.* GA 1989, 49, 67 ff.

bei tatsächlicher Ungefährlichkeit der Situation zu einer Beschränkung abstrakter Gefährdungsdelikte zu gelangen.[415]

Wie oben aufgeführt[416] muss dem Betroffenen in Bezug auf sein Fehlverhalten ein persönlicher Vorwurf gemacht werden können, damit seine Rechte durch Strafe eingeschränkt werden können. Nur nach dem Maß seiner Verantwortlichkeit kann dieser zur Rechenschaft gezogen werden. Hierbei muss die Strafe für den begangenen Verhaltensnormverstoß umso höher ausfallen, je gewichtiger der normative Gehalt des Verhaltensnormverstoßes an sich ist. Fehlt es dagegen an einem Verstoß gegen eine legitimierbare Verhaltensnorm lässt sich auch keine Bestrafung legitimieren. Die Ansicht *Kratzsch*s berücksichtigt das nicht angemessen.

(6) Die korrekte Bewertung des Verhaltens bei fehlendem ausreichenden Gefährdungspotential – Konkretisierungsbeispiele

Die aufgezeigten Konzepte besitzen allesamt Schwachstellen. Defizite sind insbesondere im Bereich der Legitimation von Strafe und ihrer Beschränkung vorherrschend. Der richtige Ansatz kann nur bei der Bewertung des Verhaltens einer Person liegen.[417] Wie oben festgestellt,[418] muss der einzelne in der konkreten Situation zumindest erkennen können, wie er sich zu verhalten hat. Hierzu muss ihm eine entsprechende Rechtskonkretisierung möglich sein. Anderenfalls lässt sich kein Fehlverhalten begründen und eine daran anknüpfende Bestrafung legitimieren. Genau diese Wertung ermöglicht auch die Erfassung von Sachverhalten mit fehlendem ausreichenden Gefährdungspotential. Hierbei ist zwischen evidenten und nicht evidenten Fällen zu differenzieren. Die nachfolgenden Fälle stellen Konkretisierungsbeispiele im Hinblick auf die Geeignetheit der Verschreibungspflicht dar.

(a) Evidente Fälle fehlenden ausreichenden Gefährdungspotentials

Bei einem Stoff, welcher aufgrund wissenschaftlicher Nachweise nicht mehr als gesundheitsgefährdend einzustufen ist, jedoch erst einige Zeit nach Antragstellung aus der Verschreibungspflicht entlassen werden kann, liegt ein Evidenzfall vor, wenn aufgrund wissenschaftlichen Erkenntnismaterials[419] die nicht mehr

---

415 *Kratzsch,* Verhaltenssteuerung und Organisation im Strafrecht, 119 f.

416 S. B.I.3.

417 Vgl. auch zur generellen Legitimation abstrakter Gefährdungsdelikte B.II.2.b).

418 S. B.II.2.a).

419 In der Praxis wird dieser Nachweis häufig durch Anwendungsbeobachtungen als nicht-interventionelle Studien geführt.

bestehende Gesundheitsgefährdung tatsächlich offenkundig ist. Das Verbot der Abgabe verschreibungspflichtiger Stoffe entgegen der Verschreibungspflicht verfolgt bei offensichtlich nicht bestehender Gesundheitsgefährdung jedenfalls schon keinen legitimen Zweck. Insofern ist das Verbot überflüssig. Es besteht gar kein Bedürfnis, an dem Verbot festzuhalten. Mithilfe einer teleologischen Reduktion auf Ebene der Verhaltensnorm kann deswegen gesagt werden, dass diese Fälle evident fehlender Gefährdung aus dem Tatbestand der Verschreibungspflicht herausfallen. Aus der ex-ante zu beurteilenden Sicht des Betroffenen, der entsprechend seiner Einsichtsfähigkeit handelt und ein *formal noch der Verschreibungspflicht*[420] unterstehendes Arzneimittel abgibt, stellt sich sein Verhalten somit gar nicht als *Fehl*verhalten dar, wenn das Arzneimittel offenkundig gar nicht mehr der Verschreibungspflicht unterfällt. Mangels zu beanstandenden Verhaltens kann der vermeintlich Normbrüchige nicht zur Verantwortung gezogen werden. Das Verbot der Abgabe entgegen der Verschreibungspflicht lässt sich dann materiell nicht legitimieren.[421]

Gleiches gilt, wenn dem Sachverständigenausschuss für Verschreibungspflicht oder dem zuständigen Bundesministerium beim Verfahren der Unterstellung unter die Verschreibungspflicht oder dem Verfahren zur Aufhebung der Verschreibungspflicht Fehler unterlaufen.[422] Etwa indem vorzulegende Unterlagen über die (fehlende) Gefährlichkeit falsch interpretiert werden. Führt dies im Ergebnis dazu, dass ein Arzneimittel der Verschreibungspflicht unterfällt, obwohl es keinerlei Gefährdungspotential aufweist, ist ein Verbot der Abgabe entgegen der Verschreibungspflicht nicht legitim.[423] Hier ist auch der Fall einzuordnen, in dem die zuständigen Ministerien Stoffe nicht aus der Verschreibungspflicht entlassen hat, obwohl diese unstreitig zur Selbstmedikation geeignet waren.[424]

In diesen evidenten Fällen, in denen die Entlassung aus der Verschreibungspflicht offenkundig ist, besteht ausnahmsweise auf der Ebene der Verhaltensnorm über eine teleologische Reduktion die Möglichkeit, solche Fälle aus dem Anwendungsbereich des insoweit zu weit geratenen Wortlauts der

420 Zur Frage, inwieweit eine nur formelle Kontrolle beispielsweise durch das Ordnungswidrigkeitenrecht in Frage kommt, vgl. unten Fn. 579 und G.II.2.

421 Inwieweit dieses Ergebnis auch auf der Ebene der Sanktionsnorm de lege lata berücksichtigt wird, wird unter E.IV.2 und G.I. thematisiert.

422 S. zu den Prüfkriterien im Einzelnen D.I.3.b)bb).

423 Zur Frage einer bloß formellen Kontrolle bei materiell fehlendem Unwertgehalt vgl. unten Fn. 579 und G.II.2.

424 Vgl. oben D.I.3.b).

formell normierten Verschreibungspflicht herauszunehmen. Bedingung hierfür muss aber sein, dass solche Reduktionen die Ausnahme bleiben. So muss die Entlassung aus der Verschreibungspflicht anhand objektiv nachvollziehbarer Gründe offenkundig und in Fachkreisen bereits anerkannt sein.

(b) Nicht-evidente Fälle fehlenden ausreichenden Gefährdungspotentials

Hiervon sind Fälle zu unterscheiden, in denen auf der Ebene der Verhaltensnorm eine teleologische Reduktion nicht möglich ist. Von dem oben aufgeführten Beispiel der Entlassung aus der Verschreibungspflicht, müssen Fälle unterschieden werden, in denen die Entlassung aus der Verschreibungspflicht nicht evident ist. Es geht um Fälle, in denen eine Entlassung nicht offenkundig ist, weil nicht sicher gesagt werden kann, dass der Sachverständigenausschuss für Verschreibungspflicht eine Empfehlung für die Entlassung aus der Verschreibungspflicht aussprechen wird und das BMG zusammen mit dem BMWi nach Zustimmung des Bundesrates eine entsprechende Änderungsverordnung erlässt. Denkbar sind beispielsweise Fälle, in denen in Fachkreisen die Unbedenklichkeit des Stoffes noch nicht anerkannt ist, weil nur vereinzelt Angehörige der Fachkreise von einer Unbedenklichkeit ausgehen oder aus der Erfahrung nur Einzelfälle bekannt sind, in denen beispielsweise nur unbedenkliche Nebenwirkungen bekannt geworden sind. In solchen Fällen kann auf der Ebene der Verhaltensnorm nicht der Wortlaut des Verbots teleologisch reduziert werden. Vielmehr ist die bloße Möglichkeit der Entlassung aus der Verschreibungspflicht nicht ausreichend, um das Verbot nunmehr als für die Erreichung eines legitimen Zwecks nicht geeignet bzw. überflüssig anzusehen. Der Betroffene darf sich nicht darauf verlassen, dass es durch die Abgabe des verschreibungspflichtigen Arzneimittels nicht zu einer Gesundheitsschädigung kommt. Sein Verhalten würde sich mangels offenkundiger Unbedenklichkeit als *Fehl*verhalten darstellen, welches einen entsprechenden Unwertgehalt mit Blick auf die zu schützenden Rechtsgüter aufweist. Ein Festhalten an dem Verbot ist dann legitim.[425]

Ein weiterer denkbarer Fall ist der der Abgabe des verschreibungspflichtigen Arzneimittels durch den Apotheker an den angehenden Arzt für den Eigenbedarf,[426] der einen Tag vor seiner Approbation steht. Gemäß § 4 Abs. 2

---

425 Zu der Frage, wie in diesen Fällen mit dem herabgesetzten Gefährdungspotential gegenüber ernst zu nehmenden Gefahren für Gesundheit und Leben umzugehen ist, vgl. D.I.4.d).

426 Vgl. hierzu bereits oben D.I.2.b).

i. V. m. Abs. 1 Satz 2 AMVV darf der Apotheker verschreibungspflichtige Arzneimittel an Ärzte abgeben, ohne dass diese eine entsprechende Verschreibung vorlegen müssen. Der Apotheker muss sich lediglich über die Identität der Person Gewissheit verschaffen, wobei dies in der Regel durch Vorlage des Arztausweises geschieht. Besitzt nun die Person noch keinen solchen Arztausweis, weil er offiziell noch kein approbierter Arzt ist und hat der Apotheker Kenntnis hiervon, so stellt sich ebenfalls die Frage, wie zu verfahren ist, wenn der Apotheker gleichwohl das verschreibungspflichtige Arzneimittel abgibt. Auch in diesem Fall lässt sich an dem Verbot der Abgabe verschreibungspflichtiger Arzneimittel entgegen der Verschreibungspflicht festhalten. Es ist insoweit nicht offenkundig, dass tatsächlich keine Gesundheitsgefährdung besteht. Vielmehr ist es – was dem Apotheker nicht ersichtlich ist – möglich, dass die betreffende Person durch die Prüfung fällt oder die Erteilung der Approbation aus sonstigen Gründen versagt wird. Eine teleologische Reduktion auf der Ebene der Verhaltensnorm kommt daher nicht in Betracht. Gleichwohl muss auch der konkrete Unwertgehalt in Bezug genommen werden. So lässt sich feststellen, dass der Unwertgehalt in einem solchen Fall deutlich herabgesetzt ist im Vergleich zur Abgabe eines verschreibungspflichtigen Arzneimittels durch den Apotheker an eine Person, die beispielsweise noch drei Jahre von der Approbation entfernt ist.[427]

bb) Zwischenfazit

Die Verschreibungspflicht ist bei bestehendem ernsthaften Gefährdungspotential für Leib und Leben grundsätzlich geeignet, dem legitimen Zweck – dem Schutz dieser Rechtsgüter – zu dienen. Bei fehlendem Gefährdungspotential versagen die bisher bestehenden Konzepte. Über die korrekte Erfassung des Verhaltens und die persönliche Verantwortlichkeit des Betroffenen ist es möglich, den zu weit geratenen Wortlaut teleologisch zu reduzieren und diese Fälle aus dem Anwendungsbereich des Verbots herauszunehmen. Dies ist aber nur bei evidenten Fällen des nicht ausreichenden Gefährdungspotentials möglich und muss die absolute Ausnahme bleiben.

---

427 Vgl. hierzu ausführlich unten D.I.4.d). Inwieweit solche Unterschiede bei der Strafzumessung Berücksichtigung finden wird der sachgerechten Differenzierung wegen unten unter E.IV.3. behandelt.

d) Die zur Erreichung des Zwecks nötige Erforderlichkeit der Verschreibungspflicht

Die Verschreibungspflicht ist erforderlich, wenn sie das mildeste Mittel darstellt. Dies ist allgemein dann der Fall, wenn es kein milderes Mittel gibt, welches gleichermaßen die mit dem Zweck verfolgten Ziele sichert.[428] Für die Verschreibungspflicht bedeutet dies, dass das Verbot der Abgabe verschreibungspflichtiger Arzneimittel ohne die erforderliche ärztliche Anordnung eine Maßnahme darstellen muss, die die Rechte desjenigen, der das Arzneimittel nicht frei beziehen kann, bei mehreren zur Zweckerreichung gleichermaßen geeigneten Maßnahmen nicht unnötig einschränkt. Der Gesundheitsschutz darf also nicht auf andere, einfachere Art und Weise zu erreichen sein.

Die Gefahrenlage ist bei der Abgabe entgegen der Verschreibungspflicht bereits allein durch die Abgabe begründet. Der Eintritt eines sog. Erfolgsunrechts ist nicht zwingende Voraussetzung. Allein das Verhalten des Normbrüchigen ist der Anknüpfungspunkt für eine Bestrafung. Etwaige Fehlverhaltensfolgen spielen nur für die Strafzumessung eine Rolle. Irrelevant ist für das legitimierbare Verbot, wenn sich ex post herausstellen sollte, dass der Betroffene das Arzneimittel nie anwenden wollte. Die ausbleibende weitere Beeinträchtigung macht das vom Gesetzgeber als verboten eingestufte Verhalten hierdurch nicht zum Erlaubten.

Vor diesem Hintergrund ist festzustellen, dass ein Abgabeverbot entgegen der Verschreibungspflicht zur Abwehr von Schädigungsmöglichkeiten auch erforderlich ist. Überlegungen zu milderen Mitteln greifen nicht. Die Verpflichtung beispielsweise, das Abgabeverbot entgegen der Verschreibung nur partiell auf diejenige Personengruppe zu beschränken, die nicht ohne vorherige ärztliche Absprache stark wirkende Arzneimittel einnehmen möchten, würde den zur Abgabe berechtigten Personen eine unzumutbare Bürde auferlegen. In Bezug auf den legitimen Zweck wurde oben bereits festgestellt, dass eine Inanspruchnahme aller (auch der Verantwortlichen) zum Schutze der Nichtverantwortlichen legitimiert ist.[429]

Informations- und Beratungsverpflichtungen des Apothekers in Bezug auf Wirksamkeits- bzw. Neben- und Wechselwirkungen, führen hier ebenfalls nicht

---

428 BVerfG NJW 1971, 1255, 1256; BVerfG NJW 1983, 1417, 1419; BVerfG NJW 1985, 121, 122; *Kingreen/Poscher*, Grundrechte, Rn. 303; Sachs/*Sachs*, GG, Art. 20 Rn. 152; *Detterbeck*, Öffentliches Recht, Rn. 304; *Ipsen*, Grundrechte, Rn. 191, *Freund*, GA 2010, 193, 193; *ders.*, GA 1995, 4, 9.

429 S. oben D.I.4.a)bb)(3).

in gleich effektiver Weise zum erforderlichen Schutz der Gesundheit. Denn sachlich geht es darum, dass bestimmte Arzneimittel erst dann erlangt werden können, wenn ein Arzt darüber entschieden hat, den Patienten mit einem bestimmten Mittel zu behandeln und genau dies zu kontrollieren. Dies kann der Apotheker oder das zur Abgabe berechtigte Personal aber schon allein aufgrund mangelnder Fachkenntnis nicht ersetzen. Vielmehr ist es dem Arzt vorbehalten, eine Diagnose zu erstellen und im Gespräch mit dem Patienten Therapiemöglichkeiten aufzuzeigen. Nur hierdurch kann ein hinreichender Schutz der Gesundheit der Arzneimittelanwender sichergestellt werden. Die Überprüfung der Effektivität einer etwaigen Informations- und Beratungsverpflichtung des Apothekers ergibt, dass eine Schutzwirkung, wie sie durch das Verbot der Abgabe entgegen einer Verschreibung erreicht wird, bei bloß bestehender Informations- und Beratungsverpflichtung des Apothekers nicht gleichermaßen erreicht werden kann. Vielmehr würde dem Missbrauch stark wirkender Arzneimittel, deren Ausmaß an schädlichen Nebenwirkungen im Wege der Eigenmedikation nicht überschaubar ist, sprichwörtlich Tür und Tor geöffnet werden. Die Verschreibungspflicht stellt demnach ein für die Zweckerreichung erforderliches Mittel dar, da insoweit kein gleich wirksames, aber weniger einschneidendes Mittel als das Verbot der Abgabe verschreibungspflichtiger Arzneimittel entgegen der Verschreibungspflicht besteht.

e) Die Angemessenheit der Verschreibungspflicht (Verhältnismäßigkeit i. e. S.)

Gerade angesichts der oben aufgeworfenen Komplexität der Normstruktur des Verbots der Abgabe verschreibungspflichtiger Arzneimittel entgegen der Verschreibungspflicht wird deutlich, dass dem Normunterworfenen insbesondere im arzneimittelrechtlichen Bereich klar und deutlich vor Augen geführt werden muss, welches Verhalten im Einzelfall rechtlich missbilligt ist und welches nicht. Rechtsdogmatisch wurden hierfür bereits die Gefahren, die durch die Abgabe verschreibungspflichtiger Arzneimittel entgegen der Verschreibungspflicht möglicherweise entstehen können, herausgearbeitet.[430] Die Vermeidung dieser Gefahren kann unmittelbar nur mithilfe des Aufstellens einer Verhaltensnorm erreicht werden. Eine solche kann aber nur dann sachgerecht sein, wenn die Einschränkung der Handlungsfreiheit weniger schwer wiegt als das Interesse, vor Gefahren geschützt zu werden, die in Bezug auf Leib und Leben mit dem unkontrollierten Einsatz von Arzneimitteln einhergehen. Erst in einem zweiten

430 Vgl. D.I.4.b).

Schritt kann anschließend geklärt werden, ob und inwieweit die Strafbewehrung einer solchen Verhaltensnorm durch die Anordnung der Sanktionierung entsprechender Verhaltensnormverstöße legitimiert werden kann.

Auf der Ebene der Angemessenheit einer Verhaltensnorm bedarf es einer Abwägung der widerstreitenden Interessen. Insbesondere ist die als geeignet und erforderlich erkannte Maßnahme daraufhin zu überprüfen, ob sie unter Berücksichtigung der mit ihr einhergehenden Freiheitsbeeinträchtigung für den Betroffenen noch in einem angemessenen Verhältnis im Hinblick auf den dadurch erreichbaren Rechtsgüterschutz steht.[431] Hier stehen sich insbesondere[432] der Schutz von Leib und Leben des Verbrauchers und die allgemeine Handlungsfreiheit (Art. 2 Abs. 2 Satz 2 GG) des von der Verschreibungspflicht Betroffenen gegenüber. Desjenigen also, der ohne das erforderliche Rezept keinen Zugang zu dem von ihm benötigten Arzneimittel hat. Zwar nehmen die Rechtsgüter „Leib" und „Leben" einen hohen Stellenwert in der Verfassung ein. Allerdings ist kein absoluter Schutz von Leib und Leben möglich, denn die Handlungsfreiheit ist ein ebenfalls von der Verfassung vorgegebenes zu schützendes Gut. Gleichwohl können die einzelnen Grundrechte untereinander, je nach betroffenem Gut, eine Rangordnung einnehmen.[433] Hierbei gibt das Grundgesetz eine Wertung vor, die zu einer solchen Rangordnung führen kann. Bei der allgemeinen Handlungsfreiheit ist dies gemäß Art. 2 Abs. 2 Satz 2 GG dann der Fall, wenn hierdurch Rechte anderer verletzt werden und gegen die verfassungsmäßige Ordnung verstoßen wird. Folglich kann argumentiert werden, dass der allgemeinen Handlungsfreiheit immer die Begrenzung der verfassungsrechtlich verbürgten Rechte anderer immanent sind.[434] Zwar folgt hieraus nicht zwangsläufig ein Vorrangverhältnis der anderen Grundrechte. Allerdings ist dies im Rahmen der Abwägung zu berücksichtigen.

Das Verbot der Abgabe verschreibungspflichtiger Arzneimittel entgegen der Verschreibungspflicht ist grundsätzlich angemessenen, wenn ernst zu nehmende Gefahren für die Gesundheit und das Leben des Verbrauchers zu befürchten sind. Das Rechtsgut der Handlungsfreiheit desjenigen, der verschreibungspflichtige Arzneimittel nicht frei beziehen kann, ohne vorab einen Arzt aufgesucht

---

431 BVerfG NJW 1994, 1577, 1582.

432 Im Folgenden wird die Berufsfreiheit desjenigen, der verschreibungspflichtige Arzneimittel abgibt, ausgeklammert.

433 *Canaris*, Grundrechte und Privatrecht: eine Zwischenbilanz, S. 79; *Canaris* führt dort weiter aus, dass das Leben den höchsten Rang einnimmt, weil sie „physische Grundlage jeder Grundrechtsträgerschaft" ist.

434 Maunz/Dürig/*Di Fabio*, GG, Art. 2 Rn. 44.

zu haben, wiegt gegenüber den herausgearbeiteten Rechtsgütern dann weniger schwer. Der Betroffene wird mit der Verpflichtung, vorab zum Arzt zu gehen, jedenfalls nicht über Gebühr belastet. Die Einschränkung auf Seiten des Betroffenen ist mit Blick auf die Schutzgüter der körperlichen Unversehrtheit und des Lebens angemessen, mithin grundsätzlich legitimiert, wenn ernst zu nehmende Gefahren für diese Schutzgüter bestehen. Hierbei muss auch Beachtung finden, dass durch das Verbot der Abgabe entgegen der Verschreibungspflicht nicht jedes Risiko restlos ausgeschlossen werden kann. Vielmehr ist ein zu tolerierendes Restrisiko trotz des Verbots der Abgabe zu bestimmen. Ein solches Restrisiko kann nur ein solches sein, welches trotz Befolgung der Verkehrspflichten eintritt. Denkbar sind hier beispielsweise Unwägbarkeiten im Körper oder noch unbekannte Unverträglichkeiten.

Fehlen ernst zu nehmende Gesundheitsgefahren, ist das Verbot der Abgabe entgegen der Verschreibungspflicht allerdings nicht legitimiert. Diese Wertung hat der Gesetzgeber beispielsweise korrekt erfasst im Falle der bereits angesprochenen Ausnahmeregelung des Eigenbedarfs nach § 4 Abs. 2 i. V. m. Abs. 1 Satz 2 AMVV. Danach darf der Arzt grundsätzlich ohne Rezeptvorlage verschreibungspflichtige Arzneimittel für den Eigenbedarf beziehen.[435] Das Risiko einer Gesundheitsgefährdung ist in diesem Fall nicht gegeben, da der Arzt aufgrund seiner Fachkenntnis weiß, welches Medikament gegen welche Symptome hilft und eine Verschreibung an sich selbst bloß unnötige Förmelei darstellen würde. Das Ergebnis ist auch unter dem Blickwinkel des Paternalismus sachgerecht. Denn ein Festhalten an dem Verbot in diesen Fällen hätte allein paternalistische Auswirkungen, würde also nur dazu dienen den betroffenen Arzt, der sich in voller Kenntnis der Tragweite seiner Entscheidung selbst gefährden möchte,[436] vor sich selbst zu schützen. Gefahren für andere sind nicht ersichtlich.

Gleiches gilt für die genannten Fälle des Switch-Verfahrens.[437] In evidenten Fällen, also solchen, in denen offenkundig kein Gefährdungspotential vorliegt, weil eindeutig ist, dass das Arzneimittel aus der Verschreibungspflicht entlassen wird, dient die Verschreibungspflicht nicht mehr dem Schutz von Leben und Gesundheit anderer, weil gar kein Gefährdungspotential besteht.[438] In solch evidenten Fällen ist die Verhaltensnorm des Verbots der Abgabe entgegen der

435 S. dazu oben D.I.2.c) sowie D.I.4.c)aa)(6)(b).

436 Etwa durch Einnahme stark wirkender Arzneimittel ohne Vorliegen entsprechender Symptome.

437 S. dazu D.I.4.c)aa)(6).

438 S. dazu D.I.4.c)aa)(6)(a).

Verschreibungspflicht, wie oben bereits ausgeführt, teleologisch zu reduzieren. Für die – rein hypothetische – Überprüfung der Angemessenheit bedeutet dies, dass ein Festhalten an dem Verbot nur rein paternalistische Auswirkungen hätte. Die Einschränkung der Handlungsfreiheit als belastender Eingriff kann in evidenten Fällen fehlenden Gefährdungspotentials nicht angemessen sein. Der Staat kann dann nicht unter dem Deckmantel des Schutzes der anderen Arzneimittelanwender an der Verschreibungspflicht festhalten und hierdurch den Betroffenen belasten, wenn gar kein Gefährdungspotential besteht. In einem solchen Fall kann das Recht auf Selbstbestimmung als Bestandteil der allgemeinen Handlungsfreiheit des Art. 2 Abs. 1 GG nicht zurückgedrängt werden, um hierdurch den Menschen vor (vermeintlichen) Gesundheitsgefahren zu schützen. Ein Festhalten an dem Verbot in einem solchen Fall wäre wegen der Erlaubtheit von freiverantwortlichen Selbstgefährdungen nicht legitimiert, da ein solches Verhalten grundsätzlich von Art. 2 Abs. 2 Satz 2 GG gedeckt ist.

Dieser Erkenntnis entsprechend, muss eine weitere Wertung vorgenommen werden. Die Legitimation der Verschreibungspflicht ist nämlich, was die Verhältnismäßigkeit anbelangt, abgeschwächt, wenn das Gefahrenpotenzial allenfalls noch minimal ist. Ein solches erheblich abgeschwächtes Gefährdungspotential besteht in dem oben bereits erwähnten Fall des angehenden Arztes, der einen Tag vor der Approbation steht.[439] Hier wurde festgestellt, dass es sinnvoll ist, an dem Verbot der Abgabe entgegen der Verschreibungspflicht festzuhalten, da z. B. das Risiko besteht, dass der Arzt durch die Prüfung fällt. Der Abgebende darf das Mittel also nicht ohne Vorlage eines Rezeptes abgeben. Der Unwertgehalt des Normverstoßes ist jedoch abgeschwächt im Vergleich zu einer Abgabe entgegen der Verschreibungspflicht an einen angehenden Arzt, der etwa noch vier Monate vor der Approbation steht. Dieser unterschiedliche Unwertgehalt eines Normverstoßes ist bei der Verhältnismäßigkeitsprüfung zu beachten.[440] Die Einschränkung der allgemeinen Handlungsfreiheit des Betroffenen ist in einem solchen Fall weitaus schwieriger zu begründen als bei voll bestehendem Risiko einer Gesundheits- oder gar Lebensgefährdung. Hier gelangt der bereits erwähnte Paternalismus an seine Grenzen. Denn bei abgeschwächtem Unwertgehalt und damit einhergehendem schwindenden Risiko einer Rechtsgutsgefährdung ist die Einschränkung der Freiheit des Individuums, welches sich selbst gefährden möchte, schwieriger zu begründen als bei ernst zu nehmenden

---

439 S. D.I.4.c)aa)(6)(b).

440 Vgl. auch *Freund*, ZLR 1994, 261, 289 f., der ähnliche Abstufungen in Bezug auf das Lebensmittelstrafrecht vornimmt.

Gesundheitsgefahren. Da allerdings nicht ausgeschlossen ist, dass der Betroffene die Prüfung nicht besteht, ist es auch unter Abwägung der Interessen noch verhältnismäßig, an dem Verbot festzuhalten. Diese im Ergebnis schwache Legitimation des Verbots muss sich jedoch sanktionenrechtlich auswirken, so dass die Feststellung der schwachen Legitimation bereits hier sinnvoll ist.[441]

Die Stärke der Legitimation der Verschreibungspflicht ist auch dann herabgesetzt, wenn beispielsweise der chronisch kranke Patient seit Jahren dasselbe verschreibungspflichtige Arzneimittel immer in derselben Apotheke bezieht, das letzte Mal aber kein erneutes Rezept eingeholt hat. Insofern muss selbst bei Dauermedikation, etwa bei Bluthochdruck, regelmäßig ein Folgerezept des Arztes vorgelegt werden. Der Gang zur Arztpraxis bleibt dem Betroffenen somit – auch wenn Wiederholungsrezepte jedenfalls ohne direkten Arzt-Patienten-Kontakt ausgestellt werden können – nicht erspart. Gibt der Apotheker nun ohne Vorlage des Rezeptes das Arzneimittel an den betroffenen Patienten heraus, von dem er weiß, dass er das Medikament seit Jahren einnimmt, so ist es zwar legitim, an dem Verbot festzuhalten. Denn insofern ist auch nicht auszuschließen, dass sich die gesundheitliche Situation zwischenzeitlich verändert hat. Der Apotheker darf das Medikament nicht ohne Rezept herausgeben. Der Verstoß ist materiell aber nicht so gewichtig, wie im Falle der Abgabe eines verschreibungspflichtigen Arzneimittels ohne Vorlage einer Verschreibung an einen völlig Unbekannten, in dem ernst zu nehmende Gesundheitsrisiken bestehen. Im Falle des dem Apotheker schon seit Jahren bekannten chronisch Kranken ist das Risiko einer Gesundheitsgefährdung demgegenüber herabgesetzt. Die paternalistisch ausgestaltete Norm der Verschreibungspflicht erlangt hier besondere Bedeutung, weil der Schutz der Rechtsgüter nur insofern durch ein (andere Rechtsgüter beschränkendes) Verbot zu legitimieren ist, sofern die entsprechenden Rechtsgüter auch gefährdet sind. Eine nur herabgesetzte oder abgeschwächte Legitimation der Verschreibungspflicht muss deswegen – trotz Aufrechterhaltung des Verbots auf der Ebene der Verhaltensnorm (und damit noch verhältnismäßiger Belastung des Eingriffs) – später bei der Sanktionierung berücksichtigt werden.[442]

In nicht evidenten Fällen des Switch-Verfahrens, in denen die Entlassung aus der Verschreibungspflicht möglich, aber nicht offenkundig ist, ist eine Gefährdung der zu schützenden Rechtsgüter zwar nicht vollkommen ausgeschlossen, aber ebenfalls herabgesetzt. Das Verbot der Abgabe entgegen der Verschreibungspflicht

---

441 In diesem Sinne auch MüKo/*Freund*, AMG, Vor §§ 95 Rn. 6.

442 S. dazu unten E.IV.

ist schwächer legitimiert. Die Verschreibungspflicht als paternalistisch ausgestaltete Verhaltensnorm gerät wieder an ihre Grenzen, da bei herabgesetzter Gefährdung der Gesundheit die Einschränkung der allgemeinen Handlungsfreiheit nur mit Einschränkungen einer Überprüfung der Verhältnismäßigkeit standhalten wird. Das Festhalten an dem Verbot ist aber immerhin deswegen noch angemessen, weil eine Entlassung aus der Verschreibungspflicht eben nur möglich, nicht jedoch offenkundig ist. Es ist demnach nicht auszuschließen, dass das Arzneimittel bzw. der Wirkstoff weiterhin wegen seiner gesundheitsgefährdenden Wirkung der Verschreibungspflicht unterfällt. Die Belastung durch den Eingriff in die Freiheit des Betroffenen ist daher noch verhältnismäßig. Gleichwohl findet dieser herabgesetzte Unwertgehalt bereits auf der Ebene der Angemessenheit der Verhaltensnorm Berücksichtigung, um auf der Ebene der Sanktionsnorm zu untersuchen, ob in Fällen schwacher Legitimation der Verschreibungspflicht das Strafrecht als schärfste Waffe unseres Rechtssystems das richtige Mittel ist, um die Geltung der Verhaltensnorm abzusichern.

Die soeben aufgeführten Fälle bedeuten im Rahmen der Angemessenheit in Bezug auf die vorzunehmende Interessenabwägung, dass je nach Gefährdungspotential mit Blick auf die Rechtsgüter Leib und Leben differenziert werden muss. Die Verschreibungspflicht hat insofern eine starke Legitimation bei ernst zu nehmendem Gefährdungspotential von Leib und Leben. In diesen Fällen ist es auch im Hinblick auf die Verschreibungspflicht als (auch) paternalistische Norm gerechtfertigt, das Dispositionsinteresse des mündigen Bürgers, der sich selbst eigenverantwortlich gefährden möchte, zum Schutz der anderen Arzneimittelanwender, einzuschränken. In Fällen, in denen tatsächlich keinerlei Gefährdungspotential von dem der Verschreibungspflicht unterstellten Stoff ausgeht, ist das Verbot der Abgabe entgegen der Verschreibungspflicht als paternalistische Verhaltensnorm mit Blick auf die Einschränkung der allgemeinen Handlungsfreiheit aber unverhältnismäßig. Denn der staatlich auferlegte Schutz, der die Einschränkung der allgemeinen Handlungsfreiheit nach sich zieht, darf nur soweit gehen, wie kongruent hierzu dem Schutz des Rechtsguts gedient werden kann und soll. Bei fehlender Gesundheits- oder Lebensgefährdung entfällt dieses Element aber. Entsprechend dieser Wertung ist das Verbot nur schwach legitimiert, wenn eine Gesundheitsgefährdung, etwa in Fällen des chronisch Kranken Patienten, der kein Rezept vorlegt, eher fernliegend ist.

f) Zwischenergebnis

Das Verbot des § 48 AMG verbietet die Abgabe von solchen Stoffen, die durch Rechtsverordnung benannt werden, von solchen, die zur Anwendung bei Tieren bestimmt sind, die der Gewinnung von Lebensmitteln dienen, und schließlich von solchen mit nicht allgemein bekannter Wirkung. Dies soll ausweislich des Gesetzes die Grundlage für den Betroffenen bilden, sich für ein richtiges Verhalten zu entscheiden. Hierbei handelt es sich um eine pauschale Verbotsanweisung, die dem Einzelnen keine spezifischen Maßstäbe an die Hand gibt, anhand deren er sein Verhalten ausrichten kann. Ein Verbot, welches nur pauschal die Abgabe bestimmter Arzneimittel entgegen der Verschreibungspflicht zwecks Vermeidung einer Gesundheitsgefährdung normiert, ist zu weitreichend und wird den Anforderungen an Verhaltensnormen, die normtreues Verhalten motivieren sollen, nicht gerecht.[443] So besagt etwa das „Verbot" des § 48 Abs. 1 Satz 1 Nr. 1 AMG schlicht: „Verursache keine Gesundheitsschädigung, indem du die in der Rechtsverordnung genannten Stoffe ohne Verschreibung abgibst!" Ein solches abstrakt formuliertes „Verbot" der Verursachung einer Gesundheitsschädigung, ist für die genaue Erfassung eines tatbestandsmäßigen Verhaltens bestimmter Sanktionsnormen jedenfalls viel zu undifferenziert und vor allem auch nicht konkret genug.

Immerhin hat die Untersuchung der Legitimation der Verschreibungspflicht gezeigt, dass mit dem Verbot der Abgabe entgegen der Verschreibungspflicht bestimmte legitime Zwecke zu verfolgen sind. Insofern ist aber jedenfalls zwischen dem unmittelbaren und dem mittelbaren Schutz des Menschen sowie dem Tierschutz streng zu unterscheiden.

Die exemplarisch untersuchten Fälle haben freilich verdeutlicht, dass derzeit Fälle aufgrund des pauschal gefassten Verbots erfasst werden, obwohl keine oder nur eine schwache Legitimation gegeben ist. Insbesondere in evidenten Fällen fehlenden nötigen Gefährdungspotentials wurde aufgezeigt, dass der Gesetzgeber mit der Normierung des Verbots zu weit gegangen ist. Auf der Ebene der Verhaltensnorm soll derzeit auch solches Verhalten erfasst werden, welches sich gar nicht als *Fehl*verhalten darstellt, weil es in diesen evidenten Fällen bereits an der für die Legitimation erforderlichen Geeignetheit zur Verfolgung eines legitimen Zwecks fehlt. Denn eine Verhaltensnorm, die ein Verhalten verbietet, welches gar nicht zu einer Gefährdung der zu schützenden Rechtsgüter führt, kann nicht geeignet sein, Rechtsgüterschutz zu erreichen. Aus demselben Grund ist eine solche Norm auch nicht angemessen. Denn der Staat darf nicht unter dem Vorwand des Schutzes von Rechtsgütern an einem Verbot festhalten, wenn mangels Gefährdung von Leib und Leben gar kein Schutz nötig ist. Diese Fälle

---

443 Im Sinne solcher problematischer Verursachungsverbote aber etwa *Kindhäuser*, Gefährdung als Straftat, S. 50 ff., 132, 255.

wurden mithilfe einer teleologischen Reduktion der Verhaltensnorm aus dem Erfassungsbereich der Verschreibungspflicht herausgenommen.

Bei nur schwacher Legitimation aufgrund herabgesetzten Gefährdungspotentials ist es zwar angemessen, an dem Verbot festzuhalten. Materiell muss diese schwache Legitimation jedoch auf der Ebene der Sanktionsnorm berücksichtigt und hinterfragt werden, ob eine Reaktion auf den Verstoß mit Strafe angemessen sein kann. Denn der Unwertgehalt ist ein anderer im Vergleich zu ernst zu nehmenden Gefahren für Leib und Leben. Da sich die unterschiedliche Stärke der Legitimation der Verhaltensnorm sanktionenrechtlich auswirkt, ist ihre Feststellung bereits auf der Ebene der Verhaltensnorm sinnvoll. Dementsprechend ist in einem nachgelagerten Schritt zu untersuchen, ob es in diesen Fällen angemessen ist, auf einen Verhaltensnormverstoß mit dem besonders einschneidenden Mittel des Strafrechts zu reagieren.[444]

5. Erfordernis der Aufstellung eines Verkehrspflichtensystems

Aufgezeigt wurde, dass das Verbot des § 48 AMG als solches zwar eine Legitimationsgrundlage für die Einschränkung der allgemeinen Handlungsfreiheit des Betroffenen darstellen kann. Ein detailliertes und handhabbares Konzept ist hiermit aber noch nicht gewonnen. Allerdings existiert bereits eine Reihe von (weiteren) Verkehrspflichten, die im Interesse des Gesundheitsschutzes der Verbraucher in Bezug auf die Verschreibungspflicht in Betracht gezogen werden können. Hier soll kurz untersucht werden, inwieweit diese gesetzlich normierten Verkehrspflichten in Bezug auf die Verschreibungspflicht dem Einzelnen als Verhaltensmaßstab dienen können. Auch hier müssen die gesetzlich normierten Verkehrspflichten grundsätzlich legitimiert, insbesondere verhältnismäßig sein.

a) Die Verantwortlichkeit des Apothekers und pharmazeutischen Personals

Den Apotheker und das pharmazeutische Personal treffen insbesondere die Pflichten der Apothekenbetriebsordnung. § 17 Abs. 5 ApBetrO[445] normiert, dass das verschreibungspflichtige Arzneimittel der ärztlichen Verordnung entsprechen muss (sog. Substitutionsverbot). Apotheker und pharmazeutisches Personal treffen demnach die Verkehrspflicht, das auszugebende Arzneimittel

444 Vgl. dazu unten E.IV.

445 Der Verweis auf die Vorschriften des SGB V erfasst im Wesentlichen die Abgabe im Bereich der Aut-Idem-Verschreibung und die einzelnen Vorschriften in den Rahmenverträgen nach § 129 Abs. 2 SGB V.

seiner Identität nach mit dem auf der Verordnung angegebenen abzugleichen, um sicherzustellen, dass kein anderes, nicht auf der Verordnung genanntes Arzneimittel an den Verbraucher abgegeben wird. Hierbei handelt es sich um die Verpflichtung zur Abgabe eines Arzneimittels, welches dem auf der Verschreibung angegebenem Arzneimittel in Bezug auf die Wirkstoffzusammensetzung gleicht. Somit können durchaus Generika-Präparate abgegeben werden.[446] Das Substitutionsverbot dient der Trennung der Verantwortungsbereiche von Arzt und Apotheker und dem Schutz der Therapiefreiheit.[447]

Weiter trifft den Apotheker bzw. das pharmazeutische Personal die Prüf- und Aufklärungspflicht bei etwa bestehenden Unstimmigkeiten, das Arzneimittel nicht abzugeben bis die Bedenken ausgeräumt sind (§ 17 Abs. 5 Satz 2 ApBetrO). Ein (möglicher) Irrtum liegt beispielsweise vor, wenn gesundheitsschädliche Dosierungen angegeben sind oder Präparate an die falsche Altersgruppe abgegeben werden.[448] Ebenfalls trifft den Apotheker eine Prüf- und Klärungspflicht, wenn bei handgeschriebenen Verschreibungen Klärungsbedarf wegen unleserlicher Schrift besteht sowie in allen sonstigen Fällen.[449] Mit Blick auf sonstige Fälle werden in der Literatur beispielsweise Wechselwirkungen mit anderen Arzneimitteln genannt.[450] Nimmt der Apotheker oder dessen Personal notwendige Korrekturen der zuvor genannten Fehler vor, so ist dies entsprechend auf dem Rezept zu vermerken und zu unterzeichnen; im Falle der elektronischen Verschreibung mit qualifiziert elektronischer Signatur.[451] Der Zweck der genannten Vorschriften besteht darin, den Verbraucher vor Gesundheitsschädigungen zu bewahren, indem durch besondere Prüfpflichten vermieden wird, dass ein Arzneimittel an den Patienten gelangt, welches nicht der Verschreibung entspricht. Ebenfalls wird verhindert, dass der Patient ein Arzneimittel erlangt, welches nicht für diesen vorgesehen ist, etwa weil das Rezept Unstimmigkeiten aufweist oder gar manipuliert wurde.

Überdies haben der Apotheker und dessen Personal besondere Voraussetzungen zu beachten, wenn das verschriebene Arzneimittel nicht verfügbar ist und ein wirkstoffgleiches aber anderes Arzneimittel als Ausnahme zum Substitutionsverbot abgegeben werden soll (§ 17 Abs. 5a ApBetrO). Voraussetzung ist,

---

446 Vgl. Rixen/Krämer/*Krämer*, ApBetrO, § 17 Rn. 24. Etwas anderes gilt, wenn auf der Verschreibung ausdrücklich die sog. Aut-Idem-Verordnung zulässig ist; s. hierzu in diesem Abschnitt unten.

447 Vgl. § 29 a MBO-Ä; *Wigge*, PharmR 2002, 2.

448 *Pfeil/Pieck/Blume*, ApBetrO, § 17 Rn. 362.

449 § 17 Abs. 5 Satz 2 ApBetrO.

450 Rixen/Krämer/*Krämer*, ApoBetrO, § 17 Rn. 27.

451 § 17 Abs. 5 Satz 3 ApBetrO.

dass das verordnete Präparat im Rahmen der Dienstbereitschaft in den in § 23 Abs. 1 Satz 2 ApBetrO genannten Zeiten in der Apotheke nicht verfügbar ist und eine unverzügliche Anwendung des Arzneimittels von Nöten ist. Ob ein derartiger Notfall vorliegt, ist vom Apotheker in eigener Verantwortung zu überprüfen und zu entscheiden.[452] Im Unterschied zu der – soweit angekreuzten – möglichen Aut-Idem-Verschreibung erfasst diese Vorschrift die Verpflichtung des Apothekers und dessen Personal, bei Vorliegen der Voraussetzungen, das verschriebene Arzneimittel zu ersetzen.[453]

Eine weitere Ausnahme zum Substitutionsverbot besteht über die Möglichkeit der Austauschbarkeit von Arzneimitteln, sog. Aut-Idem-Regelung. Hierüber sind Apotheken verpflichtet, preisgünstigere Arzneimittel abzugeben, wenn der Arzt bei der Verordnung nur eine Wirkstoffbezeichnung angegeben oder die Ersetzung durch ein wirkstoffgleiches Arzneimittel nicht ausgeschlossen hat (§ 129 Abs. 1 SGB V). Dem Gemeinsamen Bundesausschuss kommt seit 2014[454] die Aufgabe zu, Arzneimittel zu bestimmen, die in der Substitutionsausschlussliste aufgenommen werden sollen; deren Ersetzung also durch ein wirkstoffgleiches Arzneimittel ausgeschlossen ist (§ 129 Abs. 1a Satz 2 SGB V). Sofern die Apotheke eine Ersetzung vornimmt, muss das ausgegebene mit dem verordneten Arzneimittel in Wirkstärke und Packungsgröße identisch sein, für die gleiche Indikation zugelassen sein und die gleiche oder eine austauschbare Darreichungsform besitzen.

Schließlich hat der Abgebende auf der Verschreibung apothekenbezogene Angaben auf dem Rezept vorzunehmen und u. a. das Datum der Abgabe festzuhalten (§ 17 Abs. 6 ApBetrO). Die Dokumentationspflicht dient dazu, etwaige Abgabefehler schnell zurückverfolgen zu können.[455] Zusätzlich treffen den abgebenden Apotheker weitere Nachweispflichten nach § 19 ApBetrO bei der Abgabe von Tierarzneimitteln, die zur Anwendung bei Tieren bestimmt sind, die der Gewinnung von Lebensmitteln dienen.

Darüber hinaus finden sich in der AMVV weitergehende Konkretisierungen. So kann der Betroffene der Anlage 1 der AMVV entnehmen, welche Wirkstoffe er nur auf Vorlage einer vorherigen Verschreibung an den Patienten abgeben darf, z. B. der Wirkstoff „Acetylsalicsäure zur parenteralen Anwendung".[456]

---

452 Rixen/Krämer/*Krämer*, ApoBetrO, § 17 Rn. 29.

453 Rixen/Krämer/*Krämer*, ApoBetrO, § 17 Rn. 29.

454 BGBl. 2014 I, S. 261.

455 Cyran/Rotta/*Dettling*, ApBetrO, § 17 Rn. 785.

456 Der Arzt hat bei der Verordnung die Möglichkeit, die Bezeichnung des Arzneimittels oder aber den Wirkstoff einschließlich Stärke anzugeben (§ 2 Abs. 1 Nr. 4 AMVV).

Die genannten Pflichten dienen dem Betroffenen als weitere Handlungsanweisung während des Abgabeprozesses von verschreibungspflichtigen Arzneimitteln und fallen in den originären Verantwortungsbereich des Apothekers. Aufgrund der Unwägbarkeiten und Ungewissheit der pharmakologischen Wirkweise eines Stoffs im menschlichen Körper, kann die laienhafte Falschanwendung von verschreibungspflichtigen Stoffen zu erheblichen Gesundheits- oder gar Lebensgefahren führen. Um deren Vermeidung willen, sind die zuvor genannten Verkehrspflichten legitimierbare (geeignete, erforderliche und angemessene) Einschränkungen der Freiheit der Normadressaten. Sowohl die dem Apotheker und dem pharmazeutischen Personal auferlegten Pflichten, als auch die Voraussetzungen hinsichtlich der Ausnahmeregelungen betreffend dieser Pflichten führen dazu, dass der Apotheker nicht im Rahmen seiner allgemeinen Freiheit nach Art. 2 Abs. 1 GG agieren kann.[457] Dem stehen aber die möglichen Schädigungen an der Gesundheit, die auch zu bleibenden Schädigungen führen können, gegenüber. Diese stellen gerade angesichts der Tatsache, dass jeder menschliche Körper physiologisch unterschiedlich auf pharmakologische Stoffsubstanzen reagiert, ein unbeherrschbares Risiko dar. Die Einschränkung der Freiheit des Apothekers und seines Personals sind insoweit gegenüber dem hier höherrangig zu bewertenden Schutz von Leib und Leben hinnehmbar.

Den Apotheker treffen hingegen keine Prüfpflichten in Bezug auf die Person des Verschreibenden. So hat er nicht zu überprüfen, ob der Verschreibende tatsächlich dazu befugt war, das entsprechende Präparat oder den Wirkstoff zu verschreiben.[458] Nur wenn der Apotheker erkennt, dass das Rezept gefälscht ist, darf er das Präparat nicht abgeben.[459] Anderenfalls berechtigt ihn allein die ärztliche, tierärztliche oder zahnärztliche Verschreibung zur Abgabe des Arzneimittels.[460] Vorausgesetzt allerdings, dass es sich um eine berufsspezifische Verschreibung handelt.[461] Hierdurch wird ersichtlich, dass die dem Apotheker auferlegten Pflichten mit Blick auf den Rechtsgüterschutz, insbesondere von Leib und

---

457 Vgl. zur grundsätzlichen Subsidiarität des Art. 2 Abs. 2 GG bei eröffnetem Schutzbereich eines anderen Freiheitsrechts; Maunz/Dürig/*Di Fabio*, GG, Art. 2 Rn. 21.

458 Kügel/Müller/Hofmann/*Raum*, AMG, § 96 Rn. 39; Erbs/Kohlhaas/*Pelchen/Andres*, AMG, § 96 Rn. 34.

459 Kügel/Müller/Hofmann/*Raum*, AMG, § 96 Rn. 39; Erbs/Kohlhaas/*Pelchen/Andres*, AMG, § 96 Rn. 34.

460 Erbs/Kohlhaas/*Pelchen/Andres*, AMG, § 96 Rn. 34.

461 Vgl. D.I.2.c).

Leben der Arzneimittelanwender, legitimiert ist. Einschränkungen in der Freiheit des Apothekers hinsichtlich dessen verfassungsrechtlich geschützter Güter sind mit Blick auf mögliche Gesundheitsschäden gerechtfertigt, die dem Arzneimittelanwender ohne die genannten Kontrollpflichten entstehen können. Die Handlungs- und Anweisungspflichten des Apothekers sind nicht über Gebühr einschneidend und daher als angemessen zu qualifizieren.

b) Die Verantwortlichkeit des Arztes bzw. des Tierarztes

Der Arzt trifft bei der Behandlung des Patienten Entscheidungen, die in seinem Standesethos wurzeln, der Gesundheit des Menschen zu dienen. Erachtet der Arzt im Rahmen seiner Therapiefreiheit[462] die Behandlung einer Krankheit mithilfe eines Stoffes für geeignet, der in der Anlage 1 zu § 1 AMVV genannt ist, so ist er verpflichtet, eine entsprechende Verschreibung auf den Namen des zu behandelnden Patienten auszustellen. Ihn trifft die Verantwortung der medizinisch richtigen Verordnungsweise.[463] Der Arzt muss zunächst einmal eine Indikation feststellen, die eine Verordnung mit einem verschreibungspflichtigen Arzneimittel rechtfertigt.[464] Diese Pflicht kann aus § 1 Abs. 1 Satz 1, Abs. 2 MBO-Ä abgeleitet werden, wonach Ärzte der Gesundheit des einzelnen Menschen dienen und das Leben erhalten, die Gesundheit schützen und wiederherstellen, Leiden lindern sollen sowie an der Erhaltung natürlicher Lebensgrundlagen mitwirken sollen. Hieraus kann auch die Pflicht abgeleitet werden, dem Patienten die ordnungsgemäße Einnahme und Dosierung zu erklären. Schließlich fällt hierunter auch die Kontrolle, in deren Rahmen der Arzt gegebenenfalls Verträglichkeit und Wirkung im konkreten Fall überprüft. Die Entscheidung über eine Therapie mit verschreibungspflichtigen Arzneimitteln obliegt demnach allein dem Arzt.[465]

Aus der Verpflichtung der medizinisch richtigen Verordnungsweise folgt auch, dass der Arzt kein verschreibungspflichtiges Arzneimittel verschreiben darf, wenn dieses nicht indiziert ist. Denkbar sind etwa Fälle, in denen keine eingehende Untersuchung vorab stattgefunden hat[466] oder in denen der Arzt

---

462 Vgl. zur Therapiefreiheit Laufs/Katzenmeier/Lipp/*Katzenmeier*, Arztrecht, Abschnitt X. Rn. 83 ff.

463 *Wigge*, PharmR 2002, 2.

464 Vgl. zur vertraglichen und deliktischen Haftung des Arztes bei der Verordnung und Anwendung *Wemhöner/Frehse*, PharmR 2004, 432.

465 *Wigge*, PharmR 2002, 2.

466 Vgl. hierzu nunmehr die Regelung des § 48 Abs. 1 Satz 2 AMG, die mit dem 4. AMG-Änderungsgesetz (BT-Drs. 18/8034 S. 10) eingeführt wurde. Nach dieser Regelung

dem Patienten eine Art „Freundschaftsdienst“ erweist und ohne entsprechende Indikation das Arzneimittel verschreibt. Zwar ließe sich argumentieren, dass in diesem Fall keine Verschreibung vorliegt, der Fall also dem gleichzusetzen wäre, in dem der Apotheker ohne Vorliegen einer Verschreibung ein verschreibungspflichtiges Arzneimittel abgibt. Für den Apotheker ist jedoch nicht erkennbar, ob tatsächlich ein Arzt-Patienten-Kontakt stattgefunden hat. Mangels einer Prüfpflicht des Apothekers oder seines Personals mit Blick auf die Richtigkeit der Verschreibung[467] geht es hier sachlich gesehen aber nicht um die Abgabe entgegen der Verschreibungspflicht. Insofern ermächtigt allein das Vorliegen einer ärztlichen, tierärztlichen oder zahnärztlichen Verschreibung den Apotheker zur Abgabe. Etwas Anderes kann nur dann gelten, wenn der Apotheker weiß, dass es sich um eine Verschreibung handelt, der keine vorhergehende Untersuchung und Indikation zugrunde lag. Ist dies nicht der Fall und gibt der Apotheker oder dessen Personal das Arzneimittel dennoch ab, handelt er nicht entgegen dem Verbot der Abgabe ohne Vorliegen einer Verschreibung.

Schließlich trifft den Arzt die Verpflichtung, die in § 2 AMVV[468] genannten Pflichtangaben auf der Verschreibung anzugeben. Dazu zählen der Name des Patienten, die Bezeichnung des Arzneimittels[469] oder Wirkstoffs sowie die Unterschrift des Arztes. Die Angaben sind zwingend. Fehlt eine der dort genannten Angaben oder wurde eine falsche Angabe gemacht, so darf die Verschreibung nicht ausgeführt werden. Erfolgt die Abgabe dennoch, so ist sie als Abgabe entgegen der Verschreibungspflicht zu qualifizieren.[470] Dies gilt nicht für die von § 2 Abs. 6 AMVV erfasste Ausnahme, wonach der Apotheker unter anderem die fehlende Angabe, etwa der Darreichungsform, ersetzen darf.

§ 2 Abs. 1 Nr. 9 AMVV enthält spezielle Vorschriften für tierärztliche Verschreibungen. Maßgeblich trifft den Tierarzt hier die Verpflichtung, den Namen des Tierhalters sowie zusätzlich Angaben über Zahl und Art der Tiere auf der Verordnung zu vermerken. Bei Verschreibungen für Tiere, die der Gewinnung

---

darf eine Abgabe von Arzneimitteln nicht erfolgen, wenn zuvor offenkundig kein direkter Kontakt zwischen Arzt und Patient stattgefunden hat.

467 S. hierzu oben D.I.5.a).

468 Zu der sog. abgeschwächten Verschreibung im Falle des Praxisbedarfs nach § 2 Abs. 2 AMVV s. bereits oben D.I.2.a).

469 Die genaue Bezeichnung des Arzneimittels wird als wesentliches Identitätsmerkmal angesehen und soll der Gefahr von Verwechselungen vorbeugen, vgl. Leitlinie des BfArM und PEI zur Bezeichnung von Arzneimitteln, S. 1; vgl. im Übrigen *Kloesel/Cyran*, AMVV, § 2 Rn. 8.

470 *Kloesel/Cyran*, AMVV, § 2 Rn. 2.

von Lebensmitteln dienen, ist zusätzlich die Identität der Tiere anzugeben. Ausweislich der amtlichen Begründung heißt es hierzu: „Durch die Dokumentation der Identität der behandlungsbedürftigen Tiere durch den Tierarzt wird ferner im Sinne des Verbraucherschutzes sichergestellt, dass es bei der später erfolgenden Arzneimittelanwendung durch den Tierhalter zu keinen Verwechslungen kommt und die Wartezeit eindeutig den richtigen Tieren zugeordnet wird.“[471] Die Identifizierung der Tiere dient somit der Sicherheit des Verbrauchers, nämlich diesen vor Gesundheitsgefahren durch Arzneimittelrückstände zu bewahren.[472] Darüber hinaus gilt für Tiere, die der Gewinnung von Lebensmitteln dienen, § 13a TÄHAV. Hiernach müssen Verschreibungen für Tiere, die der Gewinnung von Lebensmitteln dienen, in drei Ausfertigungen (Original und zwei Doppel) verschrieben werden.[473] Überdies greifen weitere Vorschriften im Neunten Abschnitt des AMG (§§ 56 ff.),[474] die den einzelnen Betroffenen konkrete Handlungsanweisungen zwecks Vermeidung von Gesundheitsgefahren für den Verbraucher geben.

Die Vorschriften dienen der weiteren Konkretisierung, wenn der (Tier-)Arzt verschreibungspflichtige Arzneimittel verschreibt. Die bei Nichtbeachtung der jeweiligen Verkehrspflichten eintretenden Folgen in Bezug auf Leib und Leben des Verbrauchers sind auch gewichtig genug, um eine Einschränkung der jeweiligen Freiheit durch die Auferlegung der einzelnen Pflichten zu rechtfertigen. Dem Arzt muss es gerade aufgrund seines Standesethos und dem durch den hippokratischen Eid abgelegten Gelöbnis eine persönliche Angelegenheit sein, der Gesundheit des Menschen zu dienen. Insofern wäre es paradox, würde man das Freiheitsinteresse des Arztes schwerer wiegen lassen, als das des Verbrauchers und dadurch dessen Gesundheit oder gar Leben gefährden.

c) Die Verantwortlichkeit des Pharmazeutischen Unternehmers und des Großhändlers

Grundsätzlich treffen den pharmazeutischen Unternehmer die im Rahmen der Zulassung relevanten Pflichten im Hinblick auf die Verkehrsfähigkeit des verschreibungspflichtigen Arzneimittels. Insbesondere ist der pharmazeutische

---

471 BR-Drs. 794/05.

472 Die Identifizierung der Tiere kann beispielsweise je nach Tierart mittels Transponder, Ohrmarken oder individueller Kennzeichnung erfolgen.

473 Das Original und das erste Doppel sind vom Tierhalter der Apotheke zu überreichen. Das zweite Doppel verbleibt beim Tierarzt, § 13a Abs. 2 TÄHAV.

474 S. hierzu bereits oben C.II.2 und C.III.

Unternehmer verpflichtet, das verschreibungspflichtige Arzneimittel als solches kenntlich zu machen.[475] Pharmazeutischer Unternehmer und Großhändler sind gemäß § 47 Abs. 1a AMG außerdem verpflichtet, Arzneimittel, die zur Anwendung bei Tieren bestimmt sind, erst abzugeben, wenn eine entsprechende Anzeige eines Betriebes bei der zuständigen Behörde vorliegt und diese dem pharmazeutischen Unternehmer oder Großhändler vorgelegt wurde.[476] Zusätzlich müssen pharmazeutischer Unternehmer und Großhändler gemäß § 47 Abs. 1b AMG über den Bezug und die Abgabe von verschreibungspflichtigen Arzneimitteln, die zur Anwendung bei Tieren, auch solchen, die zur Gewinnung von Lebensmitteln bestimmt sind, „für jedes dieser Arzneimittel zeitlich geordnet die Menge des Bezugs unter Angabe des oder der Lieferanten und die Menge der Abgabe unter Angabe des oder der Bezieher nachweisen, und diese Nachweise der zuständigen Behörde auf Verlangen vorlegen."

Die Verpflichtungen stellen zusätzliche Sicherungs- und Kontrollpflichten in Bezug auf den Verkehr mit Arzneimitteln dar. Sie sind ihrerseits legitimiert, da mit ihnen dem pharmazeutischen Unternehmer und Großhändler Kontrollmechanismen auferlegt werden, die einen schadensträchtigen Verlauf vermeiden können. Die damit einhergehende Einschränkung der Freiheit der pharmazeutischen Unternehmer und Großhändler, welche vorliegend vornehmlich die allgemeine Handlungsfreiheit tangiert, ist im Hinblick auf die anderenfalls gefährdeten Güter von Leib und Leben auch legitimiert.

d) Die Verantwortlichkeit des Tierhalters

Den Tierhalter betreffen eine Reihe besonderer Vorschriften im Umgang mit Tierarzneimitteln. Die in diesem Rahmen wichtigsten Vorschriften sollen hier kurz abgehandelt werden. Der Tierhalter darf apothekenpflichtige Arzneimittel nur über die Apotheke, den Tierarzt oder im Fall von Fütterungsarzneimitteln vom Hersteller erwerben.[477] Die Anwendung von verschreibungspflichtigen Tierarzneimitteln durch den Tierhalter ist gemäß § 57a AMG nur möglich, sofern der Tierarzt das entsprechende Mittel verschrieben oder abgegeben hat und sich die Tiere bei diesem Tierarzt in Behandlung befinden. Die Vorschrift dient dem

---

475 Vgl. § 10 Abs. 1 Nr. 10, Abs. 5 Nr. 15 AMG. Entsprechende Angaben sind in Bezug auf die Fachinformation vorzunehmen, vgl. § 11 Abs. 1d AMG.

476 Zusätzlich treffen den pharmazeutischen Unternehmer und den Großhändler Mitteilungspflichten über die Art und Menge der nach § 47 Abs. 1a AMG abgegebenen Arzneimittel; vgl. § 47 Abs. 1c AMG.

477 Vgl. § 57 Abs. 1 AMG sowie oben C.II.2.

Zweck, dem unkontrollierten Arzneimitteleinsatz durch Tierhalter entgegenzuwirken.[478] Es soll verhindert werden, dass Tierhalter an verschreibungspflichtige Arzneimittel gelangen und diese als Laien in Eigeninitiative und ohne die vorherige Diagnose durch einen Tierarzt anwenden.[479] Hierdurch entstünden unerwünschte Risiken für das Tier, wie sie insbesondere durch eine – weil laienhaft und ohne entsprechenden Befund durchgeführte – Fehlbehandlung in Erscheinung treten können.[480] Die Vorschrift dient damit vornehmlich dem Tierschutz und der Tiergesundheit.[481] Zugleich wird in der Gesetzesbegründung aber ausgeführt, dass sich der unkontrollierte und laienhafte Einsatz von verschreibungspflichtigen Arzneimitteln auch „nachteilig auf das menschliche Umfeld auswirken" kann, etwa aufgrund von Anwender- oder Resistenzrisiken.[482] Damit ist klar, dass die Vorschrift auch den Schutz des Menschen miteinbezieht. Ungeachtet dessen bleibt in der Gesetzesbegründung beim Schutzzweck der Schutz des Menschen unerwähnt.[483]

Während § 57a AMG sowohl für einfache Tierarzneimittel als auch für solche gilt, die zur Anwendung bei Tieren bestimmt sind, die der Gewinnung von Lebensmitteln dienen, enthält § 58 AMG zusätzliche Bestimmungen explizit nur für solche Tierarzneimittel, die zur Anwendung bei Tieren bestimmt sind, die der Gewinnung von Lebensmitteln dienen. Solche dürfen nur vom Tierhalter und anderen Personen, die nicht Tierhalter sind, nur für den betreffenden Fall und nur aufgrund vorheriger tierärztlicher Behandlungsanweisung angewendet werden. In der Literatur wird die Vorschrift zum Teil als übertrieben und nicht praxisnah kritisiert.[484] Insbesondere würde der aufgeklärte Verbraucher das Arzneimittel auch ohne gesetzliche Verpflichtung nur gemäß der Packungsbeilage anwenden.[485] Zusätzlich ließe sich eine Anwendung nach Maßgabe der tierärztlichen Behandlungsanweisung nicht kontrollieren.[486] Genau wie § 57a AMG dient die Vorschrift der Vorbeugung der Selbstmedikation durch den Tierhalter

478 BT-Drs. 17/4720 S. 7.

479 BT-Drs. 17/4720 S. 7.

480 BT-Drs. 17/4720 S. 7.

481 BT-Drs. 17/4720 S. 7.

482 BT-Drs. 17/4720 S. 7.

483 Insofern wird abschließend ausgeführt: „Die Regelung dient somit dem Tierschutz, der Tiergesundheit und der Wahrung der Arzneimittelsicherheit."; vgl. BT-Drs. 17/4720 S. 7.

484 Deutsch/Lippert/*Anker*, AMG, § 58 Rn. 1.

485 Deutsch/Lippert/*Anker*, AMG, § 58 Rn. 1.

486 Deutsch/Lippert/*Anker*, AMG, § 58 Rn. 1.

sowie der Vermeidung des Missbrauchs von Tierarzneimitteln.[487] Gewährleistet werden soll der Einsatz des Arzneimittels entsprechend der Anweisung des Tierarztes.[488] Zusätzlich treffen den Tierhalter besondere Dokumentations- und Nachweispflichten nach der Tierhalter-Arzneimittelanwendungs- und Nachweisverordnung. Hinsichtlich verschreibungspflichtiger Arzneimittel ist insbesondere das Original der Verschreibung aufzubewahren.[489]

Die dem Tierhalter auferlegten Pflichten stellen einen Eingriff in dessen nach Art. 2 Abs. 1 GG garantierte allgemeine Handlungsfreiheit dar. Er kann nicht nach Belieben Tierarzneimittel beziehen und diese seinem Tier verabreichen. Die Verpflichtungen sind deswegen angemessen, weil sie gewährleisten, dass der Tierhalter als Laie nicht wahllos Krankheitsbilder seiner Tiere diagnostiziert und therapiert, indem er Arzneimittel einsetzt, deren Wirkweise ihm nicht bekannt ist und von denen er nicht wissen kann, ob sie für ein bestimmtes Krankheitsbild im konkreten Fall eingesetzt werden können. Würde dies nicht verboten werden, bestünde ein hohes Risiko für die Tiergesundheit, bei stark wirkenden Arzneimitteln auch mit letalen Folgen. Die skizzierten möglichen Schäden legitimieren die Auferlegung der genannten Pflichten und damit die Einschränkung der allgemeinen Handlungsfreiheit und stellen nicht bloß ein zu tolerierendes Restrisiko dar.

e) Die Verantwortlichkeit des Patienten

Der Patient erhält das Arzneimittel nur, wenn er das gültige Rezept in der Apotheke seiner Wahl vorlegt. Dies bedingt vorab den Gang zum Arzt, der ausgehend von seiner Diagnose und Therapiewahl das entsprechende Arzneimittel verschrieben hat. Seine Freiheit ist insofern eingeschränkt, als er nicht, wie im Falle freiverkäuflicher Arzneimittel, verschreibungspflichtige Arzneimittel in der Apotheke einfach erwerben kann.

Der Patient ist überdies gehalten, das verschreibungspflichtige Arzneimittel entsprechend der ärztlichen Anweisung einzunehmen. Eine legitimationsbedürftige Verpflichtung ist hierin jedoch nicht zu erblicken. Sobald der Patient das Arzneimittel nach Vorlage des Rezeptes erhalten hat, kann er dieses grundsätzlich einnehmen wie ihm dies beliebt. Das ist letztlich Konsequenz des oben bereits beschriebenen[490] Restrisikos.

---

487 Kügel/Müller/Hofmann/*Heßhaus/Laber-Probst*, AMG, § 58 Rn. 1.

488 Kügel/Müller/Hofmann/*Heßhaus/Laber-Probst*, AMG, § 58 Rn. 1.

489 § 1 Abs. 2 Nr. 3 Tierhalter-Arzneimittelanwendungs- und Nachweisverordnung.

490 S. hierzu oben D.I.4.e).

Anders verhält es sich indes in Fällen, in denen der Patient nach Erhalt des verschreibungspflichtigen Arzneimittels bewusst gegen Rechtspflichten verstößt. Denkbar sind Fälle, in denen der Patient das verschreibungspflichtige Arzneimittel – wie vielleicht sogar von vornherein beabsichtigt – an Dritte weitergibt, für die das Arzneimittel nicht vorgesehen ist. Da auch der Unberechtigte gegen das Verbot der Abgabe entgegen der Verschreibungspflicht verstoßen kann, liegt ein solcher Verstoß in diesem Fall vor.[491] Die Einschränkung der Freiheit des Patienten ist aufgrund der anderenfalls drohenden Gesundheitsgefahren für die Rechtsgüter von Leib und Leben legitimiert, sofern ernst zu nehmende Gefahren zu befürchten sind.

f) Zwischenergebnis

Die einzelnen Verkehrspflichten sind bei *ernst zu nehmendem* Gefährdungspotential grundsätzlich legitimiert. Zu beachten ist, dass Verstöße gegen einige der genannten Pflichten lediglich Ordnungswidrigkeiten darstellen, so beispielsweise Verstöße gegen die TÄHAV. Gleichwohl muss auch, um als Rechtsfolge ein Bußgeld verhängen zu können, ein entsprechender Verstoß gegen das zugrunde liegende gesetzliche Verbot vorliegen. Das Verbot als solches muss ebenfalls legitimiert sein. Wie oben festgestellt, ist dies bei bestehenden ernst zu nehmenden Gefahren in Bezug auf Leib und Leben der Fall. Da sich die einzelnen Verbote auf verschreibungspflichtige Arzneimittel beziehen, gilt auch hier, dass die Verbote bei nicht oder nur herabgesetztem Gefährdungspotential für die genannten Rechtsgüter entsprechend nicht oder nur schwach legitimiert sind. Kongruent zu den Feststellungen in Bezug auf den unterschiedlichen Unwertgehalt etwaiger Verstöße gegen § 48 AMG ist somit der unterschiedliche Unwertgehalt in gleichem Umfang hinsichtlich der Legitimation dieser, auf die Verschreibungspflicht bezugnehmenden Verbote, zu beachten. Wenn also die Verschreibungspflicht als solche nicht oder nur schwach legitimiert ist, hat das Konsequenzen für einen möglichen Pflichtverstoß und dessen Gewicht. Ist die Pflicht nicht legitimiert, gibt es auch keinen Verstoß dagegen. Bei schwach legitimierter Pflicht, kann auch der Verstoß nur ein geringes Gewicht haben. Beispielsweise sind Verstöße des Tierarztes gegen § 13a Abs. 2 Satz 3 TÄHAV u. U. nicht begründbar oder jedenfalls nur schwach legitimiert. Hier ist – bei evident fehlendem Gefährdungspotential – eine teleologische Reduktion des Wortlauts geboten,

---

491 So auch MüKo/Freund, AMG, § 96 Rn. 23; a. A. Kloesel/Cyran, AMG, § 48 Rn. 5; Körner/Patzak/Volkmer/Volkmer, BtMG, § 96 AMG Rn. 221; BGHSt 21, 291, 295; OLG Stuttgart NStZ-RR 2012, 154, 155.

was beim Umgang mit der Sanktionsnorm beachtet werden muss. Auch die auf der Ebene der Verhaltensnorm nur als schwach festgestellte Legitimation wirkt sich auf der Ebene der Sanktionsnorm aus. Hier ist insbesondere zu klären, ob nicht vielleicht ein Bußgeld im Bereich von Bagatellen die angemessene Reaktion auf den Verhaltensnormverstoß darstellt oder ob eine Reaktion nicht sogar ganz unterbleiben kann.

6. Rechtsprechungspraxis

Nachstehend soll kurz auf die für die Verschreibungspflicht relevante Rechtsprechung eingegangen werden.

a) „Auf den Hund gekommen"

Das OVG Münster[492] hat in dem Beschluss „Auf den Hund gekommen" die Rechtsauffassung der Vorinstanz bestätigt und ausgeführt, „dass vor allem die Beanstandungen im Zusammenhang mit der Abgabe verschreibungspflichtiger Arzneimittel eine nicht weiter hinnehmbare Gefahr im Hinblick auf die Versorgung der Bevölkerung mit Arzneimitteln und den Schutz vor einer unsachgemäßen Anwendung von Arzneimitteln begründen. Die arzneimittel- und apothekenrechtlichen Regelungen sollen medizinische Laien von den Gefahren schützen, die drohen können, wenn sie Arzneimittel ohne ärztliche Anweisung und Kontrolle aufgrund eigener Entscheidung anwenden. Die vom Staat durch das Verbot, bestimmte Mittel ohne Hinzuziehung eines Arztes anwenden zu können, veranlassten Einschränkungen der allgemeinen Handlungsfreiheit entspringen der staatlichen Schutzpflicht aus Art. 2 Abs. 2 Satz 1 GG, Vorkehrungen zum Schutz des Lebens und der körperlichen Unversehrtheit zu treffen."[493]

Damit hat das OVG – im Wesentlichen mit dem Schutzzweck des § 48 AMG argumentierend – die Beschwerde der Antragstellerin zurückgewiesen. Die Antragstellerin hatte neben anderen apothekenrechtlichen Verstößen mehrfach verschreibungspflichtige Arzneimittel ohne Vorlage eines Rezeptes abgegeben. Insbesondere hatte sie in Kenntnis der Sachlage mehrfach ein Humanarzneimittel zur Behandlung von epileptischen Leiden eines Hundes auf Verschreibung eines Humanmediziners und auch gänzlich ohne Vorlage eines Rezeptes abgegeben. Wie oben aufgeführt,[494] liegt eine ordnungsgemäße Verschreibung

---

492 OVG Münster, Beschluss vom 22. 06. 2011 – 13 B 495/11 BeckRS 2011, 52003.
493 OVG Münster, Beschluss vom 22. 06. 2011 – 13 B 495/11 BeckRS 2011, 52003.
494 Vgl. oben D.I.2.c).

nur bei Beschränkung auf den entsprechenden Berufszweig vor. Ein Humanmediziner, der in dem entsprechenden Feld der Humanmedizin seine Approbation erhalten hat, kann demnach keine Tierarzneimittel verschreiben. Geschieht dies dennoch, liegt keine ordnungsgemäße Verschreibung im Sinne von § 43 Abs. 3 AMG vor; der Apotheker oder dessen Personal dürfen das Arzneimittel nicht abgeben. Die im Fall ergangene Ordnungsverfügung, die den Widerruf der Apothekenbetriebserlaubnis zum Gegenstand hatte, und deren angeordnete sofortige Vollziehung blieben damit aufrechterhalten. Aufgrund der „gravierende[n] [Verstöße]“[495] musste die Antragstellerin die Apotheke schließen.

b) Abgabe ohne Rezept

Im Januar 2015 entschied der BGH zur Verschreibungspflicht, dass die Abgabe eines verschreibungspflichtigen Arzneimittels entgegen der Verschreibungspflicht nicht nur einen Verstoß gegen § 48 AMG darstellt, sondern ebenfalls unter dem Blickwinkel des Lauterkeitsrechts wettbewerbswidrig ist.[496] Hierbei argumentierte der BGH erneut mit dem Schutzzweck der Verschreibungspflicht und stellte deren besondere Bedeutung, insbesondere die Gefahren für das Schutzgut der Gesundheit, die mit einer Fehlmedikation verbunden sind, nochmals heraus.[497] Aufgrund der hohen Bedeutung des Schutzgutes der körperlichen Integrität auf der einen Seite und den Gefahren aufgrund einer Fehlmedikation auf der anderen Seite sieht der BGH einen Verstoß gegen § 48 AMG stets als wettbewerbswidrig an. Damit ist der Verstoß gegen die Verschreibungspflicht – auch wenn es sich bloß um einen Einzelfall handelt – stets als spürbar im Sinne des Wettbewerbsrechts einzustufen.[498]

Im Übrigen legt der BGH im selben Fall zu § 4 AMVV[499], wonach der Arzt den Apotheker in Notfällen auch fernmündlich über die Verschreibung unterrichten kann (die Abgabe eines verschreibungspflichtigen Arzneimittels zunächst also auch ohne Rezept möglich ist), strenge Maßstäbe an. Der BGH setzt die Kenntnis der Normen zur Abgabe verschreibungspflichtiger Arzneimittel bei einem Apotheker als Zugehörigem des Fachkreises voraus. Dieser müsse – so

495 OVG Münster, Beschluss vom 22. 06. 2011 – 13 B 495/11 BeckRS 2011, 52003.

496 BGH GRUR 2015, 916.

497 BGH GRUR 2015, 916, 917.

498 Damit scheitert der einmalige Verstoß auch nicht an der Spürbarkeitsgrenze des § 3 Abs. 1 UWG; vgl. hierzu und im Allgemeinen zur Problematik *Podszun*, GRUR-Prax 2015, 346.

499 Vgl. zur Bestimmung des § 4 AMVV sowie zum Sachverhalt bereits oben C.II.1.

der BGH – erkennen, wann ein solcher Notfall vorliegt, wie ihn die Vorschrift des § 4 AMVV verlangt.[500] Der BGH legt demnach bei der Bestimmung eines Verstoßes gegen die Verschreibungspflicht aufgrund des Nichtvorliegens der Voraussetzungen des § 4 AMVV den Sorgfaltsmaßstab eines Fachkreisangehörigen an und bejaht im vorliegenden Fall auf dieser Basis die Fahrlässigkeit der Beklagten.

c) Testkäufe

Ein weiterer Fall zu Testkäufen wurde vom OLG Oldenburg[501] entschieden und betraf mehrere Fälle, in denen die Abgabe verschreibungspflichtiger Arzneimittel ohne Verschreibung erfolgte. Die die Testkäufe durchführenden Apotheker vernichteten die Arzneimittel und stellten Strafanzeige. Der Fall des OLG Oldenburg betraf nunmehr die Strafbarkeit der die Testkäufe durchführenden Apotheker wegen Anstiftung zur vorsätzlichen Abgabe verschreibungspflichtiger Arzneimittel ohne Vorlage der erforderlichen Verschreibung. Beide angeklagten Apotheker wurden freigesprochen und das vorinstanzliche Urteil aufgehoben. Zur Begründung führte das OLG zutreffend aus, dass der eigentliche Unrechtserfolg, nämlich eine Gesundheitsgefährdung von Verbrauchern, weder beabsichtigt noch eingetreten war.[502] Indes war der eigentlich durch § 48 AMG in Bezug genommene missbilligte Erfolg, nämlich eine Gesundheitsgefährdung der Verbraucher, gerade ausgeschlossen.[503] Allerdings hat das OLG durchaus zutreffend festgestellt, dass die Apotheker, bei denen die Testkäufe durchgeführt wurden, nicht berechtigt waren, die Arzneimittel abzugeben, formal also ein Verstoß gegen die Verschreibungspflicht des § 48 Abs. 1 AMG vorlag. Eine Bestrafung der Angeklagten (also der die Testkäufe durchführenden Apotheker) war aber wegen des fehlenden Unrechtserfolgs von vornherein ausgeschlossen. Hierzu führt das OLG aus:

> „Eine Bestrafung der Angekl. wegen Anstiftung kommt jedoch trotz Vollendung der Haupttat nicht in Betracht, weil der hinter der formellen Tatbestandserfüllung liegende eigentliche Unrechtserfolg – hier die Gefährdung des Rechtsguts der Volksgesundheit – von vornherein nicht beabsichtigt war und auch nicht eingetreten ist.“[504]

---

500 BGH GRUR 2015, 916, 918.

501 OLG Oldenburg NJW 1999, 2751.

502 OLG Oldenburg NJW 1999, 2751.

503 OLG Oldenburg NJW 1999, 2751, 2752.

504 OLG Oldenburg NJW 1999, 2751.

Weiter wird ausgeführt:

> „Entscheidend bei der Beurteilung des Verhaltens der Angekl. ist, daß sie eine mögliche Gefährdung der Volksgesundheit nicht in Kauf genommen haben. Nach der unwiderlegten Einlassung des Angekl. N war sichergestellt, daß die Arzneien an den Apotheker W und nicht unkontrolliert an Verbraucher gelangten. Zu einer Gefährdung des geschützten Rechtsguts Volksgesundheit ist es tatsächlich auch nicht gekommen. Da der mißbilligte Erfolg im Sinne der Strafbestimmungen des Arzneimittelgesetzes, – die unkontrollierte Abgabe von Medikamenten an Verbraucher –, mithin weder beabsichtigt war noch eingetreten ist …“.[505]

Gleichwohl hat das OLG Brandenburg auf der Basis dieser richtigen Feststellung eine *vollendete* Haupttat angenommen.[506] Dies ist insofern nicht überzeugend, als dieselbe Begründung, nämlich das Fehlen einer Gefährdung der Gesundheit des Verbrauchers,[507] ja auch in Bezug auf die Haupttat eingreift. Trotz Ausgestaltung als abstraktes Gefährdungsdelikt sind daher bestimmte Folgen, die für die Vollendungstat nötig sind, gerade ausgeblieben.[508] Insofern hat eine Reaktion auf den Verhaltensnormverstoß dann gewichtiger auszufallen, wenn durch den Verstoß die Folgen eingetreten sind, die gerade durch das Aufstellen der Verhaltensnorm vermieden werden sollten.[509] Ginge es also um die Bestrafung des abgebenden Apothekers läge zwar rein formal ein Verstoß gegen § 48 Abs. 1 AMG vor. Allerdings läge ebenso wie in dem vom OLG zu entscheidenden Fall keine vollendete Haupttat vor. Der Fall des OLG Oldenburg führt vor Augen, dass es auf die ex ante Sicht des Betroffenen in Bezug auf die Legitimation der Verschreibungspflicht ankommt. Denn wenn der Apotheker genau weiß, dass er an Testkäufer abgibt, die das Arzneimittel ohnehin vernichten, könnte er das Mittel abgeben, ohne gegen eine legitimierbare Rechtspflicht zu verstoßen. Wenn er hingegen nicht um die fehlende Gefährlichkeit weiß, bleibt nur der untaugliche Versuch. Der untaugliche Versuch ist aber bei der Abgabe von Humanarzneimitteln nicht strafbar, da eine dem § 95 Abs. 2 AMG entsprechende Normierung der Strafbarkeit des Versuchs in § 96 AMG fehlt. Folglich ist der abgebende Apotheker bei Abgabe eines Humanarzneimittels straffrei und nur bei Abgabe eines

---

505 OLG Oldenburg NJW 1999, 2751, 2752.

506 OLG Oldenburg NJW 1999, 2751.

507 Vom OLG Oldenburg misslicherweise mit Volksgesundheit umschrieben, vgl. kritisch dazu bereits oben D.I.4.b)aa)(1)(b).

508 Vgl. MüKo/*Freund*, AMG, § 96 Rn. 19; § 95 Rn. 14 f., der insoweit von einer „spezifischen Fehlverhaltensfolge oder von gleichwertigen Gegebenheiten als Erfolgssachverhalt“ spricht.

509 Vgl. auch *Freund*, Erfolgsdelikt und Unterlassen, S. 99.

Arzneimittels strafbar, welches zur Anwendung bei Tieren bestimmt ist, die der Gewinnung von Lebensmitteln dienen.[510]

Interessant ist vor diesem Hintergrund und auch im Rahmen des Switch-Verfahrens eine Entscheidung des OLG München[511]. Im zu entscheidenden Fall hatte der Verordnungsgeber die Verschreibungspflicht in Bezug auf eine bestimmte Menge eines Wirkstoffs pro Packung aufgehoben, wenn diese bestimmte Menge pro Packung nicht überschritten wird. Das OLG München hat nun entschieden, dass auch die Abgabe mehrerer Packungen erlaubt ist, sofern der Verordnungsgeber nicht auch die Anzahl der abzugebenden Packungen begrenzt.[512] Zwecks Aufdeckung etwaiger Wettbewerbsverstöße führte die Antragstellerin im Verfahren Testkäufe in der von der Antragsgegnerin betriebenen Apotheke durch. Dort erwarb sie, ohne Vorlage eines entsprechenden Rezeptes, mehrere Packungen Formigran, in denen jeweils zwei Tabletten mit einer Wirkstoffkonzentration von 2,5 mg des Wirkstoffs Naratriptan pro Tablette enthalten waren. Grundsätzlich unterfällt der Wirkstoff Naratriptan zwar gemäß Anlage 1 zu § 1 AMVV der Verschreibungspflicht. Allerdings entfällt die Verschreibungspflicht, wenn der Wirkstoff zur Behandlung des Migränekopfschmerzes bei Erwachsenen zwischen 18 und 65 Jahren, nach der Erstdiagnose einer Migräne durch einen Arzt, in festen Zubereitungen zur oralen Anwendung in Konzentrationen *bis 2,5 mg* je abgeteilter Form und in einer *Gesamtmenge von 5 mg je Packung* abgegeben wird.[513] Dies war vorliegend der Fall. Der Apotheker gab in dem zu entscheidenden Fall *fünf* Packungen dieser verschreibungsfreien Form Formigran ohne ärztliche Verschreibung ab. Hierzu hat das OLG München entschieden, dass der Umstand der Abgabe von fünf Packungen nicht dazu führe, dass nunmehr von einer Verschreibungspflicht wegen Kumulation auszugehen sei.[514] Vielmehr folgert das OLG München aus dem Umstand, dass der Verordnungsgeber, sollte eine Begrenzung auch auf die zu verkaufenden Packungseinheiten gewollt gewesen sein, dies auch, wie beispielsweise schon bei dem Wirkstoff Dexamethason, getan hätte.[515] Da diese

---

510 Zur Unsachgemäßheit dieses Ergebnisses s. unten F.III.

511 OLG München GRUR-RR 2013, 403.

512 OLG München, GRUR-RR 2013, 403 (LS).

513 Vgl. Anlage 1 zu § 1 AMVV – Naratriptan.

514 OLG München, GRUR-RR 2013, 403, 405.

515 OLG München, GRUR-RR 2013, 403, 405. Im Falle der Begrenzung auch auf Packungseinheiten formuliert der Verordnungsgeber im Anhang 1 zu § 1 AMVV „bis zu maximal 3 Packungseinheiten"; vgl. in Bezug auf Dexamethason Anhang 1 zu § 1 AMVV.

Einschränkung gerade nicht vorgenommen wurde, lag auch im Hinblick auf die Testkäufe kein Verstoß gegen § 48 AMG und entsprechend kein Wettbewerbsverstoß vor, auf den ein Unterlassungsanspruch hätte gegründet werden können.

Fazit zu Teil D

Die Verschreibungspflicht in § 48 AMG kann die Vielfalt der Handlungsweisen, die das zu schützende Rechtsgut bedrohen, nur typisierend erfassen. Eine klare Grenze zwischen gefährlichen und ungefährlichen Verhaltensweisen lässt sich nicht immer leicht ziehen. Exemplarisch aufgezeigt wurden einzelne Konkretisierungen in Bezug auf die Verschreibungspflicht. Hierbei wurde deutlich, dass bei dem derzeitigen System Fälle erfasst werden, die gar kein oder nur ein sehr geringes Gefährdungspotential mit Blick auf die zu schützenden Rechtsgüter Leib und Leben aufweisen. Bei evidenten Fällen fehlenden Gefährdungspotentials kann aber kein Fehlverhalten angenommen werden mit der Folge, dass kein Verhaltensnormverstoß vorliegt. Dieses Ergebnis wurde mithilfe einer teleologischen Reduktion des zu weit geratenen Wortlauts der Regelung erzielt. Dies muss sich entsprechend auf der Ebene der Sanktionsnorm widerspiegeln, was im nachfolgenden Schritt untersucht wird. In Fällen einer nur schwachen Legitimation der Verschreibungspflicht ist es zwar durchaus sinnvoll, an dem Verbot festzuhalten. Der Apotheker darf bei Kenntnis dieses herabgesetzten Gefährdungspotentials das Arzneimittel dennoch nicht abgeben. Tut er dies doch, ist freilich das nur herabgesetzte Gefährdungspotential auf der Ebene der Sanktionsnorm zu berücksichtigen.[516] Umgekehrt fallen aber auch bestimmte Fälle durch das Raster der Regelungen. So wurde etwa gezeigt, dass der Apotheker, der keine Kenntnis vom fehlenden Gefährdungspotential hat und Humanarzneimittel abgibt, weder wegen einer Vollendungstat noch wegen untauglichen Versuchs bestraft werden kann.

Entsprechend dieser differenzierten Wertung ist das OLG Oldenburg – was die Bestrafung der die Testkäufe durchführenden Apotheker anbelangt – zu einem korrekten Ergebnis gelangt. Nämlich, dass eine Bestrafung dieser Apotheker bei von vornherein nicht bestehendem Gefährdungspotential (wegen der im Vorhinein vorgesehen und auch ausreichend gewährleisteten Vernichtung der Medikamente) ausscheidet.

516 In diesem Sinne auch MüKo/*Freund*, AMG, Vor §§ 95 Rn. 40; *ders.*, GA 1999, 509, 526 ff.

Im Folgenden gilt es aufzuzeigen, inwieweit die einzelnen Beispiele auf der Ebene der Sanktionsnorm entsprechend ihrer Wertung auf der Ebene der Verhaltensnorm korrekt erfasst werden können. Insbesondere geht es um die Frage, ob Strafe als schärfstes Mittel auch bei nur schwacher Legitimation der Verhaltensnorm das richtige Mittel ist, um die Geltung der Verhaltensnorm zu sichern.

E Die Straftatbestände der §§ 95 und 96 AMG

Nicht nur weltweit in die Schlagzeilen geratene Skandale, wie der um das zur Senkung der Blutfettwerte eingesetzte Arzneimittel Lipobay, führen die Straftatbestände des AMG auf den Prüfstand.[517] Weitere Tierfutter- oder Lebensmittelskandale, wie der Dioxin-Skandal[518] oder der Verkauf von Pferde- anstatt Rindfleisch[519] seien hier nur kurz genannt.[520] Es ist Aufgabe des Gesetzgebers einen angemessenen Schutz der Gesundheit der Bevölkerung zu gewährleisten, und zwar bevor es zur Verletzung rechtlich geschützter Güter kommt. Diese staatliche Schutzaufgabe basiert auf der Grundlage von Art. 2 Abs. 2 Satz 1 GG. Das AMG mit seinen Verhaltensnormen dient daher insbesondere dem Schutz von Leib und Leben des einzelnen Bürgers und dem Tierschutz.[521] Die Straftatbestände im AMG bezwecken als solche den *mittelbaren* Schutz der genannten Rechtsgüter. Als Sanktionsnorm schützen sie unmittelbar die bei Übertretungen gefährdete Normgeltungskraft.[522]

---

517 Exemplarisch genannt seien der Skandal um Lipobay, s. becklink 42719 vom 14. Januar 2002, Sammelklage deutscher Lipobay-Opfer gegen Bayer in den USA. Zu den rechtlichen Fragestellungen *von Czettritz/Wartensleben/Ehlers/Dierks*, PharmR 2001, 268. Ein weiteres Beispiel ist das des Schmerzmittels Vioxx, welches 2004 Gegenstand einer weltweiten Rückrufaktion war, nachdem in einer klinischen Studie bekannt wurde, dass behandelte Patienten durch die Einnahme von Vioxx Schlaganfälle erlitten. Vgl. dazu beispielsweise OLG München, PharmR 2009, 557; OLG Karlsruhe, PharmR 2009, 81; OLG Zweibrücken, NJW-RR 2011, 534.

518 Im Jahr 2011 wurden mehrere tausend Schweine und Hühner getötet, da Futtermittelhersteller verunreinigtes Futterfett verkauften, welches sodann weiterverarbeitet wurde. In dessen Folge kam es zu erhöhten Dioxinwerten in Fleisch und Eiern, die die zulässigen Grenzwerte überschritten.

519 Eine Auswertung der Meldungen über nicht-deklariertes Pferdefleisch im europäischen Behörden-Informationssystem RASFF vom 01. 02. 2013 bis 10. 04. 2013 durch *foodwatch* ergab, dass in diesem Zeitraum in 58 Fällen Pferdefleisch als solches in den Handel gelangte und dabei nicht deklariert wurde. Die Auswertung ist abrufbar unter: www.foodwatch.org (zuletzt aufgerufen am 18. 03. 2015).

520 Die genannten Skandale betreffen bei Fehlen einer Überschneidung zum Arzneimittelrecht freilich vor allem die Verbote des LFGB.

521 Vgl. grundlegend § 1 AMG.

522 Zur differenzierten Erfassung von Verhaltens- und Sanktionsnormen sowie deren Schutzzwecke s. bereits oben B.II.1.

I. Neue Arzneimittel und Produktgefahren: Fluch oder Segen?

Der Einsatz von Arzneimitteln bringt zweifelsohne einen Nutzen mit sich. Nämlich den, dass damit Krankheiten geheilt werden können oder vielleicht sogar deren Entstehung vermieden werden kann. Auch die Entwicklung neuer Stoffe in den letzten Jahren zur Behandlung von Krankheiten, die bis dato als nicht behandelbar galten, ist als Vorteil der Arzneimittelanwendung anzusehen. Dabei ist der Weg vom Auffinden einer chemisch relevanten Formel bis zur Zulassung ein langer und vor allem kostenintensiver.[523] Mit der Entwicklung neuer Stoffsubstanzen und dem Einsatz von Arzneimitteln generell gehen aber auch Risiken einher, die trotz reglementierender Maßnahmen zum Zwecke der Sicherheit des Arzneimitteleinsatzes nie ganz auszuschließen sind.[524] Das bringt es mit sich, dass in einer sich technisch stetig weiterentwickelnden, hochindustrialisierten Gesellschaft auch neue Risiken entstehen und bestehende erhöht werden. Allein die Entwicklungsprozesse im Bereich der Biotechnologie zeugen von einer hochgradigen Komplexität, an deren Ende ein Produkt steht, welches in den Verkehr gelangt. Hinzu kommen weltweit vernetzte Herstellungs- und Distributionswege, die im Zuge der Globalisierung immer mehr in den Vordergrund gerückt sind. Weitere Folge dieser globalen Vernetzung ist die Entstehung eines enorm großen, sich stetig entwickelnden und hochgradig spezialisierten Arzneimittelmarktes. Hierdurch erhöht sich die Anzahl potentiell Geschädigter auf eine unüberschaubare Vielzahl. Die Gewährleistung von Arzneimittelsicherheit hat daher heute einen eklatant hohen Stellenwert. Es gilt, den eben beschriebenen Einflüssen entgegenzutreten und Sicherheit bei der Herstellung, dem Inverkehrbringen und der Anwendung von Arzneimitteln dort zu bieten, wo dies angezeigt ist.

---

523 Bis ein gefundener Wirkstoff eine Zulassung erhält, vergehen etwa 13 Jahre; vgl. *Fischer/Breitenbach*, Pharmaindustrie, S. 228; *Efpia* (Hrsg.), The Pharmaceutical Industry in Figures, Key Data 2014, S. 6. Die Kosten für Forschung und Entwicklung eines Arzneimittels liegen bei mehr als einer Milliarde Euro; vgl. *Bundesverband der Pharmazeutischen Industrie e. V.* (Hrsg.), Pharma-Daten 2014, S. 12; *Verband Forschender Arzneimittelhersteller e. V.* (Hrsg.), Statistics 2014, Die Arzneimittelindustrie in Deutschland, S. 8.

524 Auf der Homepage des BfArM ergibt die Suche nach Rote-Hand-Briefen 67 Treffer, bezogen auf das Jahr 2013, vgl. www.bfarm.de (zuletzt aufgerufen am 21. 01. 2015). Die FDA (Food and Drug Administration, USA) gab bekannt, dass Schätzungen zufolge jährlich zwischen 60.000 und 140.000 Todesfälle allein durch die pharmazeutische, die kosmetische und die Lebensmittelindustrie verursacht werden; vgl. *Clinard/Yeager*, Corporate Crime, 1980, S. 280.

Die Gefahr für das Rechtsgut entsteht hierbei aber bereits durch das Inverkehrbringen eines Produktes oder Arzneimittels. Zeitlich gesehen ist deshalb bereits vor Eintritt eines Schadens anzusetzen. Dies wird auch durch die Definition des Inverkehrbringens in § 4 Abs. 17 AMG unterstrichen, wonach ein Inverkehrbringen unter anderem bereits im Vorrätighalten zum Verkauf zu erblicken sein soll. Der Begriff des Inverkehrbringens ist ein zentraler Begriff im Arzneimittelgesetz, an den zahlreiche Rechtsfolgen geknüpft werden, etwa beim Inverkehrbringen bedenklicher Arzneimittel nach § 5 AMG. Bereits das Erfassen des Vorrätighaltens zum Verkauf verdeutlicht, dass hierdurch Gefahren entstehen können, die es zu vermeiden gilt. Deutlich wird, dass das Gesetz davon ausgeht, dass sich schon in diesem Stadium Verhaltensnormen legitimieren lassen, die gerade diese Gefahr vermeiden sollen. Dies unterstreicht die Wichtigkeit der Erfassung von Risiken, die mit der Entwicklung neuer Substanzen und deren Inverkehrbringen einhergehen.

Zunehmende Komplexität von Wirkmechanismen sowie unbekannte Arzneimittelrisiken neuer Stoffe führen zu einer beschränkten Erfassungsmöglichkeit der Risiken durch den Einzelnen. Dies ist maßgeblich darauf zurückzuführen, dass neue Entwicklungsprozesse und die Austestung der Wirkung neuer Stoffkombinationen dazu führen, dass nicht auf bereits vorhandene Erfahrungen im Umgang mit dem Produkt zurückgegriffen werden kann. Wahrscheinlichkeitsszenarien betreffend eine Gefährdung sind hierdurch schwieriger zu skizzieren – alternative Geschehensabläufe im Vorfeld nahezu nicht zu konstruieren. Notwendig ist daher eine flexible und damit auf stetige Veränderungen reagierende Rechtsordnung. Denn alle denkbaren Produktgefahren sind letztlich auf den Menschen zurückzuführen. Hinter jedem Entwicklungs- und Produktionsprozess steckt ein menschliches Handeln oder Unterlassen bzw. eine Entscheidung. Diese Aktionen menschlichen Verhaltens lassen sich durch das Aufstellen von Ge- und Verboten steuern. Sicherheit und Schutz vor ernst zu nehmenden Gefahren ist daher der maßgebliche Ansatzpunkt, um effektiven Individualgüterschutz zu ermöglichen.[525]

II. Strafrechtskonzept des AMG

Die strafrechtliche Systematik der Normen des AMG folgt einem komplexen System. Die §§ 95 und 96 AMG bilden die Kernvorschriften des strafrechtlichen Sanktionsnormensystems. § 97 AMG normiert Bußgeldvorschriften, § 98 AMG

525 St. Rspr. BVerfG NJW 1958, 257; NJW 1973, 1176, 1177 mwN.; NJW 1975, 573, 575.

normiert bestimmte Nebenfolgen einer Tat. Auch auf Verordnungen[526] und auf Rechtssetzungsakte der Europäischen Union[527] wird verwiesen, was die gesamte Systematik und deren Erfassung weiter erschwert.[528] Selbst eine mehrfache Verweisungstechnik wird zum Teil vorgenommen, wie etwa in § 96 Nr. 13 AMG.[529] Die grundsätzlich richtige und systemgerechte Einordnung der strafrechtlichen Sanktionsnormen als sekundäre Normenordnung in einem selbstständigen Teil *nach* der Normierung der gesetzlichen Grundlagen für die relevanten Verhaltensnormen ist begrüßenswert und verdeutlicht den sekundären Charakter des Strafrechts. Bei reiner Gesetzeslektüre der in Bezug genommenen Vorschriften offenbart sich dem Leser mitunter aber nicht, welches Verhalten genau nun zu einer Ahndung führen soll. Die anderen in Bezug genommenen Vorschriften normieren diverse Verhaltensweisen, die ein bestimmtes Verhalten entweder unterbinden oder aber veranlassen sollen. Diese Versuche der Erfassung von Verhaltens- und Sanktionsnormen sind das Ergebnis des Gesetzgebers, Produktgefahren durch Arzneimittel zu erfassen und Arzneimittelsicherheit bei der Anwendung zu gewährleisten. Das AMG weist nahezu nur Gefährdungstatbestände auf.[530] Auf einen tatbestandsmäßigen Erfolg im Sinne eines Schädigungserfolgs wird, was das Herstellen, das Inverkehrbringen und den Vertrieb von Arzneimitteln anbelangt, weitestgehend verzichtet.

Das AMG, welches kasuistisch und detailgetreu jeden Sachverhalt nebst entsprechender Sanktionierung zu erfassen versucht, hat zu einer enormen formalistisch gehaltenen Regelungsflut geführt. Allerdings kann gerade mit dem – gut gemeinten – Versuch einer detaillierten und formalistischen Regelungssystematik dennoch nicht jedes relevante Fehlverhalten angemessen erfasst werden.[531] Vielmehr ist festzustellen, dass es eines allgemeingültigen, tragfähigen und

---

526 Vgl. § 95 Abs. 1 Nr. 2 AMG.

527 Vgl. § 96 Nr. 20 AMG.

528 Zur Problematik von Blankettnormen s. MüKo/*Freund*, AMG, Vor §§ 95 ff. Rn. 51 ff. sowie unten E.IV.6.

529 Ähnlich auch die mehrfache Alternativverweisungstechnik z. B. in § 95 Abs. 1 Nr. 3 lit. a) AMG.

530 Die Entwicklung hin zu Gefährdungsdelikten in modernen Lebensbereichen ist unter anderem Folge der Contergan-Schäden. Das LG Aachen (JZ 1971, 507) hatte das Verfahren am 18. 12. 1970 eingestellt, weil u. a. eine vorsätzliche Schädigung nicht nachweisbar war. Der Verletzungserfolg konnte nicht sicher auf die Wirkung von Thalidomid zurückgeführt werden.

531 Zur „Lückenhaftigkeit des AMG" s. *Freund*, in: Marburger Gespräche, 1. Symposion, S. 67 und 85 Fn. 49; MüKo/*Freund*, AMG, Vor §§ 95 ff. Rn. 81 ff.

materialen Straftatkonzeptes bedarf, welches geeignet ist, alle wesentlichen, vor allem gesundheitsschädlichen Verhaltensweisen sachgerecht zu erfassen und zu sanktionieren. Dies gelingt nur durch die vorrangige Aufstellung von Ge- und Verboten, die ihrerseits eigenständig legitimiert sind. Diese Verhaltensnormen müssen den rechtsstaatlichen Vorgaben entsprechen, also zur Erreichung eines legitimen Zwecks geeignet, erforderlich und angemessen sein.[532]

Im AMG selbst finden sich zwar Verhaltensnormen, die als abstrakte Grundnormen verstanden werden können. Denn sie normieren zunächst einen Erfolg, der so nicht erwünscht ist. § 5 AMG normiert beispielsweise erfolgsgerichtet, dass ein Arzneimittel, welches bedenklich ist, nicht am Menschen angewendet oder nicht in Verkehr gebracht werden soll. Die Anwendung oder das Inverkehrbringen bedenklicher Arzneimittel konterkariert den in § 1 normierten Zweck des AMG, für eine ordnungsgemäße Arzneimittelversorgung zu sorgen, die ausweislich § 1 AMG durch „Sicherheit im Verkehr mit Arzneimitteln, insbesondere (…) Qualität, Wirksamkeit und Unbedenklichkeit der Arzneimittel" erreicht wird. Bedenkliche Arzneimittel gewähren im Umkehrschluss nicht die Sicherheit im Verkehr mit Arzneimitteln, wie sie ausweislich des Zwecks in § 1 AMG erforderlich wäre. Durch Normierung des strafbewehrten Verbots des Inverkehrbringens bzw. des Anwendens bedenklicher Arzneimittel, soll eben dieser unerwünschte Erfolg vermieden werden. Welches Verhalten aber konkret zu vermeiden ist, damit dieser unerwünschte Erfolg nicht eintritt, bleibt zu Recht offen.[533] Hierdurch besteht die Möglichkeit, sich bei der Konkretisierung richtigen oder falschen Verhaltens an den von der Verfassung vorgegebenen rechtsstaatlichen Bindungen zu orientieren. Der legitime Zweck, die Eignung, Erforderlichkeit und Angemessenheit finden hierdurch bei der Konkretisierung der einzelnen Verhaltensnormen angemessene Berücksichtigung.[534]

Diese Festlegung von abstrakten Grundnormen trifft allerdings nicht auf alle durch die Strafnormen in Bezug genommenen Vorschriften zu. Vielmehr

---

532 Vgl. zur Verhaltensnormlegitimierung B.II. und explizit zur Legitimation der Verschreibungspflicht D.I.4.

533 Entsprechend nimmt die fahrlässige Körperverletzung in § 229 StGB nicht etwa eine ganz bestimmte Verhaltensweise, etwa das Überfahren der roten Ampel, in Bezug, sondern setzt lediglich die Verletzung des Rechtsguts der körperlichen Integrität aufgrund eines Verstoßes gegen eine entsprechend legitimierte Verhaltensnorm voraus. Soll es zur strafrechtlichen Sanktionierung kommen, obliegt die Klärung dieser Frage letztlich den Strafgerichten.

534 S. zur Legitimation der Verschreibungspflicht D.I.4.

versuchen einige Verhaltensnormen demgegenüber relativ detailgetreu und spezifisch ein jenes später durch Anwendung der Sanktionsnorm zur Bestrafung führendes Verhalten zu untersagen und zu umschreiben. Durch derartige formalistische Versuche der Konstruktion von Verhaltensnormen wird aber den materiellen Legitimationsgründen nicht die angemessene Beachtung geschenkt. Die Legitimationsgründe werden durch eine derartige Spezifizierung vielmehr verwischt und sind häufig gar nicht erkennbar. Denn durch den Versuch, exakt definierte Bereiche vorzugeben, wird der Rechtsanwender und Laie oftmals gar nicht erfassen können, welches Verhalten genau richtig oder falsch ist bzw. wie sich dieses Aufoktroyieren eines bestimmten Tuns oder Unterlassens legitimieren lässt. Hierdurch aber wird das verfehlt, was materiell richtig erfasst werden muss. Allein die Vorschrift zur Verschreibungspflicht in § 48 AMG, welche durch § 95 Abs. 1 Nr. 6 und § 96 Nr. 13 AMG in Bezug genommen wird, betrifft zunächst in Abs. 1 und Abs. 2 verschiedene Arten von Arzneimitteln. § 48 Abs. 2 Satz 1 Nr. 1 AMG erfasst solche Arzneimittel, die wegen ihrer Neuheit der Verschreibungspflicht unterfallen,[535] um nur ein Beispiel zu nennen. Systematisch werden einzelne Stoffe durch zu erlassende Regelungen in Rechtsverordnungen festgesetzt, wobei diese Regelungen auch Bestimmungen zur Aufhebung der Verschreibungspflicht (§ 48 Abs. 2 Nr. 3 AMG) oder zur Abgabe auf Verschreibung, die von der Einhaltung bestimmter Höchstmengen für den Einzel- und Tagesgebrauch abhängig sind (§ 48 Abs. 2 Nr. 4 AMG), treffen sollen. § 48 AMG gibt somit ein Handlungsregime vor, welches durch einen Kanon weiterer durch Rechtsverordnung zu regelnder Normen ergänzt wird. Überdies bestehen weitere Konkretisierungen im Gesetz, die derjenige, der verschreibungspflichtige Arzneimittel abgibt, beachten muss.[536] Es ist zumindest nicht leicht, diesen formalistischen Regelungskomplex nachzuvollziehen.[537]

---

535 Vgl. oben D.I.3.cc).

536 S. D.I.3.cc).

537 Zu den genauen Anforderungen an den Gesetzesvorbehalt und die Bestimmtheit der Strafnormen des § 95 Abs. 1 Nr. 6 und § 96 Nr. 13 AMG vgl. unten E.IV.6.

III. Legitimation der Strafbewehrung des Verbots der Abgabe ohne die erforderliche Verschreibung

In Bezug auf die Abgabe verschreibungspflichtiger Arzneimittel enthalten die §§ 95 Abs. 1 Nr. 6 AMG und 96 Nr. 13 AMG[538] die zentralen Strafvorschriften. Beide Regelungen normieren abstrakte Gefährdungsdelikte[539] und pönalisieren die Abgabe verschreibungspflichtiger Arzneimittel ohne Verschreibung.

Strafe nach begangener Tat soll die Geltung der übertretenen Verhaltensnorm schützen. Die Verschreibungspflichtigkeit eines Arzneimittels impliziert die Verhaltensnorm: „Gib keine verschreibungspflichtigen Arzneimittel ohne entsprechende Verschreibung ab". Durch diese werden die wichtigen – auch durch die Verfassung geschützten – Güter der körperlichen Integrität und des Lebens vor ernst zu nehmenden Gefahren bewahrt.[540] Die genauen Legitimationsgründe der Verschreibungspflicht und vor allem auch deren „Stärke" erlangen somit grundlegende Bedeutung für die auf einen Verhaltensnormverstoß folgende Sanktion. Strafe als besonders intensive Reaktion erfordert hinreichend gewichtige Gefahren für die Belange des Rechtsgüterschutzes. Andernfalls kommt lediglich eine Ahndung als Ordnungswidrigkeit in Betracht.[541] Entsprechend dem Gewicht der Legitimationsgründe der übertretenen Verhaltensnorm muss bei einem Verstoß gegen das Verbot der Abgabe ohne die erforderliche Verschreibung auch die staatliche Reaktion stärker oder schwächer ausfallen.[542]

Im Hinblick auf den für die Sanktionierung erheblichen Unterschied zwischen dem folgenlosen und dem folgenreichen Verhaltensnormverstoß liegt eine vollendete Tat nur vor, wenn ein verschreibungspflichtiges Arzneimittel tatsächlich *erfolgreich* abgegeben wurde. Dies erfordert bei unkontrollierter Abgabe ein ernst zu nehmendes Gefährdungspotential im Hinblick auf die Gesundheit des Verbrauchers. Mit der Abgabe muss jedenfalls die abstrakte Gefahr bestehen, dass das Arzneimittel unkontrolliert in die Hände von Verbrauchern gelangt

---

538 Mit dem 4. AMG-Änderungsgesetz wurde die Strafvorschrift erweitert auf die Abgabe von Arzneimitteln entgegen § 48 Abs. 1 Satz 1 Nr. 3 AMG, also auf Stoffe mit nicht allgemein bekannter Wirkung; vgl. zur Begründung BT-Drs. 18/8034, S. 41.

539 Allgemein zu abstrakten Gefährdungsdelikten *Roxin*, AT, § 2 Rn. 68 ff., § 11 Rn. 153 ff.; Baumann/Weber/Mitsch/Eisele/*Mitsch*, Strafrecht AT, § 6 Rn. 52.

540 Zu den durch die Verschreibungspflicht bezweckten Schutzgütern s. näher oben D.I.4.b).

541 MüKo/*Freund*, AMG, Vor §§ 95 ff. Rn. 40.

542 Vgl. zu diesem Konzept *Freund*, GA 1999, 509, 526 ff.; *ders*. Erfolgsdelikt und Unterlassen, S. 90 ff., 107 ff.

und mit einer Gefährdung der Gesundheit des Verbrauchers tatsächlich zu rechnen ist. Dies ist beispielsweise nicht der Fall, wenn im Rahmen von Testkäufen durch Mitbewerber, der den Testkauf durchführende Apotheker das entgegen der Verschreibungspflicht abgegebene Arzneimittel sofort vernichtet.[543] Die als solche durchaus zu missbilligende Handlung führt in concreto die für die Vollendungstat erforderliche abstrakte Gefahr nicht herbei. Mit ihr ist nur der Unwertgehalt eines untauglichen Versuchs erfüllt.[544] Auch im Rahmen der Strafzumessung wirkt es strafschärfend, wenn aufgrund des Fehlverhaltens eine abstrakte oder konkrete Gefährdung bzw. sogar ein Verletzungserfolg eintritt. Die Infragestellung der Verhaltensnorm ist gewichtiger und zieht auch ein größeres Bedürfnis einer staatlichen Reaktion nach sich.[545] Bei nicht bestehendem Gefährdungspotential ist zu berücksichtigen, dass bei der unerlaubten Abgabe von Humanarzneimitteln der untaugliche Versuch nicht strafbar ist. Eine Versuchsstrafbarkeit kommt de lege lata nur bei der Abgabe von Tierarzneimitteln, die zur Anwendung bei Tieren bestimmt sind, die der Gewinnung von Lebensmitteln dienen, in Betracht (§ 95 Abs. 2 Nr. 6 AMG).[546]

Mit Blick auf die relevanten Rechtsgüter ist – wie bereits auf der Ebene der Verhaltensbewertung des § 48 AMG[547] aufgezeigt wurde – für ein funktionierendes Rechtsgüterschutzkonzept systematisch von einer Dreiteilung auszugehen, nämlich dem unmittelbaren Schutz von Leib und Leben des Menschen, dem mittelbaren Schutz von Leib und Leben des Menschen und dem Schutz der Tiergesundheit.

Bei Humanarzneimitteln ist für die Beurteilung des entsprechenden Verhaltensnormverstoßes allein die mehr oder weniger große abstrakte – mitunter auch konkrete – Gefahr für Leib oder Leben der Anwender von Humanarzneimitteln relevant. Der Strafgrund bei Tierarzneimitteln, die zur Anwendung bei Tieren bestimmt sind, die der Gewinnung von Lebensmitteln dienen, ist die mittelbare Gefahr für Leib oder Leben der Lebensmittelverbraucher. Diese

---

543 So im Fall des OLG Oldenburg NJW 1999, 2751; s. dazu bereits oben D.I.6.c). Vgl. auch MüKo/*Freund*, AMG, § 96 Rn. 19.

544 Obwohl das OLG Brandenburg ebenfalls aufgrund des fehlenden Unwertgehalts eine Strafbarkeit wegen Anstiftung des die Testkäufe durchführenden Apothekers verneint, dann aber fälschlicher- und inkonsequenterweise von einer vollendeten Haupttat ausgeht; vgl. OLG Oldenburg NJW 1999, 2751.

545 *Freund*, Erfolgsdelikt und Unterlassung, S. 99.

546 Zu den hiermit einhergehenden Ungleichbehandlungen in Bezug auf die Abgabe von Humanarzneimitteln und einfachen Tierarzneimitteln s. unten F.

547 S. dazu oben D.I.4.b).

verzehren Produkte tierischen Ursprungs, die vor Verarbeitung zu einem Lebensmittel mit verschreibungspflichtigen Arzneimitteln behandelt worden sind. Die Gefährdung ist deswegen eine mittelbare Gefährdung, weil der Zwischenschritt der Verarbeitung zu einem Lebensmittel zwischen die Tathandlung der Abgabe des verschreibungspflichtigen Arzneimittels entgegen der Verschreibungspflicht und der Gewinnung eines Lebensmittels aus eben diesem Tier, welches mit dem abgegebenen Arzneimittel behandelt wurde, tritt. Schließlich ist mit Blick auf einfache Tierarzneimittel Strafgrund die abstrakte Gefahr für Leben und Gesundheit des Tieres, die damit einhergeht, dass verschreibungspflichtige Tierarzneimittel entgegen der Verschreibungspflicht abgegeben werden.

Es erscheint naheliegend, dass sich auch für ein Inkriminieren auf der Ebene der Sanktionsnorm diese Dreiteilung wiederfindet. Nachfolgend wird deswegen die Systematik der §§ 95 Abs. 1 Nr. 6 und 96 Nr. 13 AMG erörtert, um zu klären, ob das Regelungskonzept dieser Dreiteilung gerecht wird oder ob sich nicht vielleicht Unstimmigkeiten ergeben.

1. Der unmittelbare Schutz des Menschen

Der unmittelbare Schutz des Menschen, welcher durch das Verbot der Abgabe verschreibungspflichtiger Humanarzneimittel entgegen der Verschreibungspflicht bezweckt wird, wird von § 96 Nr. 13 AMG erfasst. Hiernach wird bestraft, wer Arzneimittel entgegen der Verschreibungspflicht nach § 48 Abs. 1 Satz 1 i. V. m. einer Rechtsverordnung nach § 48 Abs. 2 Nr. 1 oder 2 AMG abgibt, wenn die Tat nicht bereits von § 95 Abs. 1 Nr. 6 AMG erfasst ist. Aufgrund der normierten Subsidiaritätsklausel fallen hierunter Fälle der Abgabe verschreibungspflichtiger Humanarzneimittel, da diese nicht von § 95 Abs. 1 Nr. 6 AMG erfasst werden.

Die Sanktionsnorm des § 96 Nr. 13 AMG erfasst die vorsätzliche Begehungsweise, die mit einem Jahr Freiheitsstrafe oder Geldstrafe bestraft wird. Handelt der Täter fahrlässig,[548] begeht er lediglich eine Ordnungswidrigkeit nach

548 Wie oben unter D.I.5.a) aufgeführt, trifft den Apotheker grundsätzlich keine Prüfpflicht in Bezug auf die Person des Verschreibenden. Allerdings trifft den Apotheker ein Fahrlässigkeitsvorwurf, wenn er eine Fälschung nicht erkennt, obwohl dies für ihn nach seinen persönlichen Verhältnissen vorhersehbar, vermeidbar und auch von Rechts wegen zu vermeiden war; vgl. Kügel/Müller/Hofmann/*Raum*, AMG, § 96 Rn. 39. S. zur Definition fahrlässigen Verhaltens MüKo/*Freund*, AMG, Vor §§ 95 Rn. 30 ff.; *ders.*, AT, § 5 Rn. 42 ff.

§ 97 Abs. 1 Nr. 1 AMG, die mit bis zu 25.000 Euro Geldbuße geahndet werden kann (§ 97 Abs. 3 AMG). Der Versuch der Abgabe verschreibungspflichtiger Humanarzneimittel ist nicht strafbar. Der Tatbestand erfasst nach zutreffender, wenngleich umstrittener Auffassung auch die Abgabe verschreibungspflichtiger Arzneimittel durch Unbefugte.[549] Eine Begrenzung auf die Abgabe nur durch Berechtigte ist dem Wortlaut nicht zu entnehmen.[550] Dieser ist vielmehr neutral formuliert, indem es heißt „wer entgegen § 48 … abgibt". Der Tatbestand des § 96 Nr. 13 AMG wird beispielsweise sowohl vom Apotheker als auch von dem Dritten erfüllt, wenn ein Apotheker verschreibungspflichtige Arzneimittel an einen Dritten ohne Rezept abgibt und dieser das Arzneimittel zum Einkaufspreis an andere verkauft. Sofern ein Unbefugter Arzneimittel abgibt, ist das damit verbundene Gefährdungspotential für die relevanten Rechtsgüter (Leib und Leben) im Falle von Humanarzneimitteln (mindestens) ebenso gegeben wie bei der Abgabe durch den Apotheker. In solchen Fällen erfolgt die Beschaffung der Arzneimittel häufig aus illegalen Quellen. Die Beschaffung von verschreibungspflichtigen Arzneimitteln über den illegalen Markt führt insofern zu einem Verzerrungsfaktor, als die Aufdeckung und Rückverfolgbarkeit erschwert sind und auf diesem Wege stark wirkende Substanzen in unkontrollierten Mengen und über illegale Vertriebswege an den Verbraucher gelangen können. Entscheidungen zu den Sanktionsnormen der §§ 95, 96 AMG zeigen überdies, dass die Abgabe verschreibungspflichtiger Arzneimittel Relevanz in der Drogenszene hat.[551] Hier sind Fälle bekannt, in denen Apotheker verschreibungspflichtige Schlaf- und Schmerzmittel sowie andere Medikamente, die in der Substitutionstherapie eingesetzt werden, wissentlich an Drogenabhängige abgeben, ohne dass eine entsprechende Verschreibung vorliegt oder

549 In der Sache wie hier etwa MüKo/*Freund*, AMG, § 96 Rn. 23; a. A. Körner/Patzak/Volkmer/*Volkmer*, BtMG, § 96 AMG Rn. 221; Kügel/Müller/Hofmann/*Raum*, AMG, § 96 Rn. 38; vgl. hierzu bereits D.I.2.b).

550 So auch MüKo/*Freund*, AMG, § 96 Rn. 23 und Spickhoff/*Knauer*, Medizinrecht, § 95 Rn. 55. Dies gilt ungeachtet der Tatsache, dass verschreibungspflichtige Arzneimittel nach dem in § 43 Abs. 3 AMG normierten Apothekenmonopol grundsätzlich nur von einem Apotheker abgegeben werden dürfen. Zur Gegenauffassung s. Erbs/Kohlhaas/*Pelchen/Anders*, AMG, § 96 Rn. 32; Körner/Patzak/Volkmer/*Volkmer*, BtMG, § 96 AMG Rn. 221; Kügel/Müller/Hofmann/*Raum*, § 96 Rn. 38.

551 Vgl. etwa BGH NStZ 1982, 113; LG Frankfurt am Main Urteil vom 24. 10. 2013 – 5/26 KLs 5280 Js 214943/09; *Volkmer* nennt überdies ein nicht veröffentlichtes Urteil des AG Frankfurt – 910/R 2 Js 340/76 Ls; vgl. Körner/Patzak/Volkmer/*Volkmer*, BtMG, § 96 AMG Rn. 233.

diese offensichtlich gefälscht ist.[552] In einschlägigen Fällen ging es häufig um die Abgabe großer Mengen, zum Teil in Form von Klinikpackungen, die teilweise auch zum Weiterverkauf gedacht waren. Folglich wurden hier gerade durch den Weiterverkauf durch Drogenabhängige – offenbar zur Geldbeschaffung – verschreibungspflichtige Arzneimittel ohne entsprechende Verschreibung durch Unbefugte weitergegeben.[553]

2. Der mittelbare Schutz des Menschen

An den mittelbaren Schutz des Menschen knüpft § 95 Abs. 1 Nr. 6 AMG an, indem die Abgabe von Arzneimitteln entgegen § 48 Abs. 1 Satz 1 i. V. m. einer Rechtsverordnung nach § 48 Abs. 2 Nr. 1 oder 2 AMG unter Strafe gestellt wird, wenn die Arzneimittel zur Anwendung bei Tieren bestimmt sind, die der Gewinnung von Lebensmitteln dienen. § 95 Abs. 1 Nr. 6 AMG betrifft die vorsätzliche Begehungsform und sieht eine Freiheitsstrafe von bis zu drei Jahren oder Geldstrafe vor. § 95 Abs. 2 AMG regelt die Strafbarkeit des Versuchs und § 95 Abs. 3 AMG erfasst besonders schwere Fälle, etwa die Gesundheitsgefährdung einer großen Anzahl an Menschen. § 95 Abs. 4 AMG erfasst schließlich die fahrlässige Begehungsform, die mit Freiheitsstrafe bis zu einem Jahr oder Geldstrafe sanktioniert wird.

Täter ist der zur Abgabe von verschreibungspflichtigen Arzneimitteln Befugte,[554] also der Apotheker sowie pharmazeutische Unternehmer und Großhändler[555] sowie gleichermaßen auch der Unbefugte[556]. Derjenige, der an sich nicht zur Abgabe von Arzneimitteln berechtigt ist, dies aber dennoch entgegen der Verschreibungspflicht tut, verstößt gegen § 48 AMG und erfüllt die

---

552 So im Fall des LG Frankfurt am Main Urteil vom 24. 10. 2013 – 5/26 KLs 5280 Js 214943/09.

553 Mitunter wurden hier Beträge in Einzelfällen von über einer Million Euro zu Lasten der gesetzlichen Krankenversicherung abgerechnet.

554 S. zur Abgabe durch Unbefugte als Täter bereits D.I.2.b) und E.III.1.

555 Vgl. hierzu oben D.I.2.b). Die Vorschrift erfasst gerade auch den pharmazeutischen Unternehmer und Großhändler, auch wenn diese speziell über §§ 95 Abs. 1 Nr. 5 und Nr. 5a AMG erfasst werden. Die dortige Tathandlung betrifft jedoch nur Fälle, in denen Großhändler und pharmazeutische Unternehmer Arzneimittel an *andere*, als die dort genannten Empfänger abgeben. Die Vorschriften erfassen damit nicht die Abgabe entgegen der Verschreibungspflicht.

556 *Rehmann*, AMG, § 95 Rn. 16; MüKo/*Freund*, AMG, § 95 Rn. 58; a. A. Körner/Patzak/Volkmer/*Volkmer*, BtMG, § 95 AMG Rn. 277; s. im Übrigen bereits D.I.2.b) und E.III.1.

Voraussetzungen der Sanktionsnorm des § 95 Abs. 1 Nr. 6 AMG. Dass die unerlaubte Abgabe notwendigerweise durch einen Apotheker geschehen muss, ist nach dem Wortlaut des Gesetzes nicht erforderlich.[557] § 95 Abs. 1 Nr. 6 AMG ist insofern gerade nicht als Sonderdelikt ausgestaltet.

3. Tierschutz

Ebenso wie der unmittelbare Schutz des Menschen wird der reine Tierschutz[558] über § 96 Nr. 13 AMG erfasst. Erfasst werden damit einfache Tierarzneimittel, da die anderen Tierarzneimittel, also solche, die zur Anwendung bei Tieren bestimmt sind, die der Gewinnung von Lebensmitteln dienen, über § 95 Abs. 1 Nr. 6 AMG erfasst werden. Erfasst ist die vorsätzliche Begehungsweise, die mit bis zu einem Jahr Freiheitsstrafe oder Geldstrafe sanktioniert wird. Die fahrlässige Begehungsweise stellt lediglich eine Ordnungswidrigkeit nach § 97 Abs. 1 Nr. 1 AMG dar, die mit bis zu 25.000 Euro Geldbuße geahndet werden kann (§ 97 Abs. 3 AMG). Der Versuch der Abgabe verschreibungspflichtiger einfacher Tierarzneimittel ist ebenso wie bei Humanarzneimitteln nicht strafbar.

4. Ergebnis de lege lata in Bezug auf die Dreiteilung – unmittelbarer und mittelbarer Schutz des Menschen sowie Tierschutz

Die de lege lata bestehende Systematik der Sanktionsnormen entspricht nicht der herausgearbeiteten Dreiteilung in Orientierung an den durch die Verhaltensnorm zu schützenden Rechtsgütern (unmittelbarer Schutz von Leib und Leben des Menschen, mittelbarer Schutz von Leib und Leben des Menschen sowie Schutz von Leib und Leben des Tieres). Tatsächlich existieren hinsichtlich der Abgabe verschreibungspflichtiger Arzneimittel nur zwei Sanktionsnormen, die jeweils die Verhaltensnormen des § 48 AMG in Bezug nehmen. Die strengere Vorschrift des § 95 Abs. 1 Nr. 6 AMG erfasst nur die Abgabe von Arzneimitteln, die zum Einsatz bei Tieren bestimmt sind, die der Gewinnung von Lebensmitteln dienen, die also den mittelbaren Schutz des Menschen betreffen. Sie droht eine Freiheitsstrafe bis zu drei Jahren an und erfasst

---

557 So auch *Rehmann*, AMG, § 95 Rn. 16; MüKo/*Freund*, AMG, § 95 Rn. 58 und Spickhoff/*Knauer*, Medizinrecht, § 95 Rn. 55. Dies gilt ungeachtet der Tatsache, dass verschreibungspflichtige Arzneimittel nach dem in § 43 Abs. 3 AMG normierten Apothekenmonopol grundsätzlich nur von einem Apotheker abgegeben werden dürfen.

558 Vgl. allgemein zur Notwendigkeit strafrechtlicher Sanktionen in Bezug auf den Tierschutz *Kraemer*, Tierschutz und Strafrecht – Luxus oder Notwendigkeit?

darüber hinaus die Strafbarkeit des Versuchs, besonders schwere Fälle und die Begehungsvariante der Fahrlässigkeit.

Die weniger strenge Sanktionsnorm des § 96 Nr. 13 AMG (Freiheitsstrafe bis zu einem Jahr) erfasst hingegen die Abgabe von Humanarzneimitteln und damit den unmittelbaren Schutz von Leib und Leben des Menschen sowie die Abgabe von einfachen Tierarzneimitteln und damit den Schutz von Leib und Leben des Tieres.[559]

Vor diesem Hintergrund lassen sich drei wichtige Ergebnisse festhalten: Erstens wird in einer der beiden zentralen Strafvorschriften des AMG – nämlich § 96 Nr. 13 – der unmittelbare Schutz des Menschen und der Tierschutz in einer Vorschrift erfasst, obwohl es sich um grundverschieden zu bewertende Sachverhalte handelt.[560] Systematisch enthält die Sanktionsvorschrift deswegen eine unangemessene Gleichsetzung von Human- und Tierarzneimitteln. § 96 Nr. 13 AMG inkriminiert die Abgabe von Tier- oder Humanarzneimitteln entgegen der Verschreibungspflicht. Hierbei wird u. a. auf § 48 Abs. 1 Satz 1 Nr. 1 AMG i. V. m. einer Rechtsverordnung nach § 48 Abs. 2 Nr. 1, 2 oder Nr. 7 AMG verwiesen. In § 48 Abs. 2 Nr. 1 AMG wird ein Schutz des Tieres oder ein unmittelbarer oder mittelbarer Schutz des Menschen gar nicht im Wortlaut erwähnt. Wie oben dargelegt[561] ist aber aus dem Zweck der AMVV und der ratio der Verschreibungspflicht zu folgern, dass hiermit Stoffe gemeint sind, die der Gesundheit des Menschen oder des Tieres gefährlich werden können. Eine Differenzierung zwischen solchen Arzneimitteln, die der Gesundheit des Menschen und solchen, die der Tiergesundheit gefährlich werden können, erfolgt seitens des Gesetzgebers nicht. Gleiches gilt für den Verweis auf § 48 Abs. 2 Nr. 2 AMG. In dessen lit. a) und b) erfolgt ebenfalls die Gleichsetzung von Mensch- und Tiergesundheit hinsichtlich solcher Arzneimittel, die auch bei bestimmungsgemäßem Gebrauch unmittelbar oder mittelbar gesundheitsgefährdend sein können, und solcher, die häufig in erheblichem Umfang nicht bestimmungsgemäß gebraucht werden und dadurch die Gesundheit von Mensch und Tier gefährden. Hierbei handelt es sich wieder um eine sachwidrige Gleichbehandlung unterschiedlich zu bewertender und damit auch unterschiedlich zu sanktionierender Sachverhalte.[562] Lediglich über das Arzneimittelzulassungsrecht wird ein Arzneimittel,

559 Zu der Frage der sachlichen Rechtfertigung dieser Gleichstellung s. unten F.

560 MüKo/*Freund*, AMG, Vor §§ 95 Rn. 84.

561 S. oben D.I.3.a)cc).

562 MüKo/*Freund*, AMG, Vor §§ 95 Rn. 84; *ders.*, in: Marburger Gespräche, 1. Symposion, S. 82; *Putz*, Strafrechtliche Produktverantwortlichkeit, S. 42 f.

je nach Anwendungsbereich, entweder als Human- oder als Tierarzneimittel zugelassen. Das AMG geht daher grundsätzlich davon aus, dass die Wirkmechanismen bestimmter der Verschreibungspflicht unterstellter Stoffe physiologisch im menschlichen und im tierischen Körper ungleiche Wirkungen entfalten und damit grundverschieden sind.

Am deutlichsten wird diese eigentlich differenzierende Intention des Gesetzgebers an der Vorschrift des § 48 Abs. 2 Satz 1 Nr. 2 lit. c) AMG. Diese betrifft die Ermächtigung des BMG und des BMWi, Stoffe, Zubereitungen aus Stoffen oder Gegenstände zu bestimmen, die bei Tieren Anwendung finden sollen und „deren Anwendung eine vorherige ärztliche Diagnose erfordert oder Auswirkungen haben kann, die die späteren diagnostischen oder therapeutischen Maßnahmen erschweren oder überlagern." Die Norm dient damit dem *reinen* Tierschutz. Etwaige Rechtsgüterschutzbezüge zum Schutz der menschlichen Gesundheit sind nicht ersichtlich.[563] Da die Vorschrift auf einfache Tierarzneimittel begrenzt ist, findet die Sanktionsnorm des § 96 Nr. 13 AMG Anwendung. Diese nimmt § 48 Abs. 2 Nr. 2 und damit dessen lit. c) AMG auch eindeutig in Bezug. Wie festgestellt, erfasst § 96 Nr. 13 AMG aber sowohl die Abgabe von Humanarzneimitteln als auch die Abgabe von einfachen Tierarzneimitteln. Sie umfasst damit ratioorientiert beide Schutzrichtungen, sowohl den Schutz des Tieres als auch den Schutz des menschlichen Wohls, obwohl § 48 Abs. 2 Satz 1 Nr. 2 lit. c) AMG als eine der korrelierenden Normen der Sanktionsnorm *nur* den Tierschutz bezweckt. Die Sanktionsnorm wird diesem differenzierten Konzept somit nicht gerecht. Sie erfasst in Bezug auf die Verschreibungspflicht diese vom Gesetzgeber selbst unterschiedlich eingestuften Sachverhalte in einer Vorschrift. Damit werden die für die Sanktionsnorm wichtigen unterschiedlichen Legitimationsgründe der Verhaltensnorm nicht hinreichend auseinandergehalten.[564]

Ein zweites wichtiges Ergebnis ist, dass aus dem Verstoß gegen die Verschreibungspflicht dann eine strengere Bestrafung (nämlich Freiheitsstrafe bis zu drei Jahren!) folgt, wenn es um Arzneimittel geht, die zur Anwendung bei Tieren bestimmt sind, die der Gewinnung von Lebensmitteln dienen. Dabei geht es sowohl bei der Abgabe von Tierarzneimitteln, die zur Anwendung bei Tieren bestimmt sind, die der Gewinnung von Lebensmitteln dienen (in diesem Fall Bestrafung von bis zu drei [!] Jahren) als auch bei der Abgabe von Humanarzneimitteln (in diesem Fall eine Bestrafung von lediglich bis zu

563 S. dazu bereits oben D.I.4.b)cc).
564 Der Frage, wie mit diesem Ergebnis umzugehen ist, wird unter G.I. nachgegangen.

einem Jahr) jeweils um den Schutz der Rechtsgüter Leib und Leben des Menschen. Im erstgenannten Fall um den mittelbaren, im letztgenannten um den unmittelbaren Schutz. Vor diesem Hintergrund drängt sich die Frage auf, ob es sich überhaupt rechtfertigen lässt, den Verstoß, bei dem der mittelbare Schutz des Menschen tangiert ist, strenger zu bestrafen als den Verstoß, der diesen Schutz unmittelbar betrifft. Dieser Frage wird im nachfolgenden Kapitel näher nachgegangen.

Ein drittes wichtiges Ergebnis ist, dass die Systematik der §§ 95 Abs. 1 Nr. 6 und 96 Nr. 13 AMG den Schutz solcher Tiere, die der Gewinnung von Lebensmitteln dienen, jedenfalls nicht angemessen erfasst. Vordergründig betrachtet ist die unerlaubte Abgabe entsprechender Tierarzneimittel zwar über § 95 Abs. 1 Nr. 6 AMG sanktionierbar. Die Vorschrift dient aber, wie dargelegt, allein dem mittelbaren Schutz des Menschen. Eine Erfassung auch des Tierschutzes bei Tieren, die der Gewinnung von Lebensmitteln dienen, in der Vorschrift des § 95 Abs. 1 Nr. 6 AMG wäre auch nicht sachgerecht, weil dann der Schutz des Menschen und der des Tieres wiederum systemwidrig in einer Vorschrift erfasst werden würden. Schließlich wird der Schutz der Tiere, die der Gewinnung von Lebensmitteln dienen, aber auch nicht über § 96 Nr. 13 AMG erfasst, weil Tierarzneimittel, die zur Anwendung bei Tieren bestimmt sind, die der Gewinnung von Lebensmitteln dienen, insoweit ausdrücklich nur über § 95 Abs. 1 Nr. 6 AMG erfasst werden. Möglich ist zwar die Argumentation, dass diese Tiere ohnehin lediglich deswegen gehalten und mit Medikamenten behandelt werden, um später zu einem Lebensmittel verarbeitet zu werden bzw. um ein Lebensmittel zu liefern, es auf den reinen Tierschutz bei diesen Tieren somit nicht ankäme. Die Behandlung mit Arzneimitteln würde dann nur zu dem Zweck erfolgen, ein genießbares und unbedenkliches Lebensmittelprodukt zu erhalten.[565] Allerdings sind gleichwohl Fälle denkbar, in denen ein Tier, welches an sich der Gewinnung von Lebensmitteln dient, niemals in die Lebensmittelkette gelangt, etwa, weil es als Haustier gehalten wird. Beispielhaft kann hier das sog. Minipig oder auch Hausschwein genannt werden, welches wie ein Hund gehalten wird, gleichwohl aber zur Gattung der Schweine gehört und damit als Tier eingestuft wird, welches der Gewinnung von Lebensmitteln dient.[566] Für sie gelten daher dieselben Vorschriften wie für andere Schweine, die der Gewinnung von Lebensmitteln

565 Beispielsweise im Fall von Honigbienen.

566 *Reim/Deischl*, Arzneimittel für Lebensmittel liefernde Tiere, Bayerisches Landesamt für Gesundheit und Lebensmittelsicherheit, http://www.lgl.bayern.de/tiergesundheit/tierarzneimittel/lebensmittelliefernde_tiere/ (zuletzt aufgerufen am 14. 11. 2016).

dienen.[567] Folglich dürfen sie auch nur mit Arzneimitteln behandelt werden, die für sie zugelassen sind. Nun ist aber der Fall denkbar, dass ein verschreibungspflichtiges Tierarzneimittel entgegen der Verschreibungspflicht an den Halter eines Minipigs abgegeben wird. In diesem Fall würde der Abgebende de lege lata nach § 95 Abs. 1 Nr. 6 AMG bestraft werden, obwohl es an einer entsprechenden Gefährdung für den Menschen fehlt. Denn nach § 95 Abs. 1 Nr. 6 AMG kommt es allein auf die Abgabe an.

Grundsätzlich wäre zwar überlegenswert, zu Gunsten des Betroffenen § 95 Abs. 1 Nr. 6 AMG teleologisch zu reduzieren, sodass § 95 Abs. 1 Nr. 6 AMG nur Anwendung findet, wenn tatsächlich eine mittelbare abstrakte Gefährdung der menschlichen Gesundheit betroffen ist. Dies ist jedenfalls vom telos der Norm auch bezweckt und würde also einer zweckorientierten Auslegung entsprechen. In der Folge wäre die Strafvorschrift des § 95 Abs. 1 Nr. 6 AMG im genannten Beispielsfall und generell, wenn der reine Tierschutz betroffen ist, nicht anwendbar. Folglich bliebe – u. U. sogar tateinheitlich mit § 95 Abs. 1 Nr. 6 AMG – eine strafrechtliche Erfassung über § 96 Nr. 13 AMG. Dass dies vom Gesetzgeber intendiert ist, ist jedoch nicht anzunehmen. Vielmehr soll die Erfassung von Tierarzneimitteln, die zur Anwendung bei Tieren bestimmt sind, die der Gewinnung von Lebensmitteln dienen, gerade von § 95 Abs. 1 Nr. 6 AMG erfasst sein, was durch die Subsidiaritätsklausel in § 96 Nr. 13 AMG deutlich wird. Die verfassungskonforme Auslegung gerät somit aufgrund des eindeutigen Willens des Strafgesetzgebers an ihre Grenzen.[568]

IV. Konkretisierungsbeispiele auf der Ebene der Sanktionsnorm nach dem Strafrechtssystem de lege lata

Die Verschreibungspflicht in § 48 AMG ist derzeit so konzipiert, dass zum einen Fälle nicht bzw. nicht angemessen erfasst werden, in denen durchaus ein (erhebliches) Gefährdungspotential besteht. Zum anderen ist der Bereich überreguliert mit der Folge, dass Fälle erfasst werden, in denen kein oder nur ein zu geringes Gefährdungspotential besteht.

Im erstgenannten Fall wurde hinsichtlich der exemplarisch aufgezeigten fachfremden Verschreibung gezeigt, dass auf der Ebene der Verhaltensnorm mithilfe

567 S. Rechtliche Grundlagen für Halter von Minipigs, https://www.vetion.de/taspezial/detail.cfm?aktuell_id=11651 (zuletzt aufgerufen am 14. 11. 2016).

568 Vgl. zu den Grenzen verfassungskonformer Auslegung BVerfGE 71, 81, 105, BVerfGE 18, 97, 111; Maunz/Dürig/*Hillgruber*, GG, Art. 97 Rn. 58 ff.; MüKo/*Schmitz*, StGB, § 1 Rn. 91 ff. mwN. Fn. 405.

einer teleologischen Extension des zu eng geratenen Wortlauts ein entsprechendes Verbot der fachfremden Verschreibung legitimiert werden kann.

Hinsichtlich der unterschiedlich stark legitimierten Verschreibungspflicht wurde exemplarisch herausgearbeitet, dass derzeit Fälle denkbar sind, in denen die Verschreibungspflicht nicht oder nur schwach legitimiert ist. In evidenten Fällen, beispielsweise bei offenkundig fehlendem Gefährdungspotential im Switch-Verfahren, lässt sich die Verschreibungspflicht nicht legitimieren. Aufgezeigt wurde hier der Fall, in dem die Entlassung aus der Verschreibungspflicht aufgrund entsprechender Anwendungsbeobachtungen offenkundig sachgerecht ist, es aber noch mehrere Monate dauert, bis der Sachverständigenausschuss für Verschreibungspflicht tagt, eine entsprechende Empfehlung abgibt und das BMG durch entsprechende Änderungsverordnung das betroffene Mittel aus der Verschreibungspflicht entlässt.[569]

Denkbar sind aber auch Fälle einer abgeschwächten Legitimation, beispielsweise wenn ein angehender Arzt, der einen Tag vor der Approbation steht, ein Arzneimittel für den Eigenbedarf ohne Vorlage eines Rezeptes ausgehändigt bekommt.

Diese auf der Ebene der Verhaltensnorm unterschiedlich gewichtigen Legitimationsgründe müssen entsprechend auf der Ebene der Sanktionsnorm erfasst und gewürdigt werden. Oben wurde insoweit bereits festgestellt, dass sich eine angemessene Reaktion auf den Verhaltensnormverstoß am Legitimationsgrund der Verhaltensnorm orientieren muss.[570] Denn der für die Sanktionierung relevante normative Gehalt des Verhaltensnormverstoßes muss sich kongruent in der Reaktion auf den Verstoß wiederfinden. Nur dann ist ein angemessener Schutz der Normgeltung zu gewährleisten. Eine zutreffende Bestrafung erfordert den Verstoß gegen eine im konkreten Fall durch ganz bestimmte Gründe legitimierte Verhaltensnorm und gegebenenfalls spezifische Folgen dieser unrechten Tat. Im Folgenden ist daher zu untersuchen, ob für die jeweils unterschiedliche normative Wertigkeit denkbarer Verhaltensnormverstöße eine *passende* Sanktionsnorm vorhanden ist, die diesen differenzierten Anforderungen gerecht wird bzw. ob eine Bestrafung überhaupt als angemessene Reaktion auf

---

569 An dieser Stelle sei daran erinnert, dass die Empfehlung des Sachverständigenausschusses für Verschreibungspflicht nicht bindend ist. Das BMG kann den Antrag des pharmazeutischen Unternehmers ablehnen. Gleichwohl ändert dies nichts daran, dass dennoch Fälle denkbar sind, in denen offenkundig kein Gefährdungspotential besteht, bis zur entsprechenden Änderungsverordnung und deren Publikation im Bundesgesetzesblatt aber eine gewisse Zeit, mitunter ein Jahr, vergehen kann.

570 Vgl. B.I.5.

einen bestimmten Verhaltensnormverstoß in Betracht kommt. Dies soll nachstehend für die oben bereits aufgegriffenen Konkretisierungsbeispiele untersucht werden.

1. Abgabe von verschreibungspflichtigen Arzneimitteln bei fachfremder Verschreibung

Der Ausdehnung der Verhaltensnorm bei der Abgabe von verschreibungspflichtigen Arzneimitteln bei fachfremder Verschreibung (Abgabe eines Humanarzneimittels, welches von einem Tierarzt verschrieben wurde)[571] muss in der Sanktionsnorm Rechnung getragen werden. Über eine Ausdehnung des zu eng geratenen Wortlauts der Erlaubnis des § 48 AMG wurde insoweit ein Verbot der fachfremden Verschreibung und entsprechend hierzu ein Verbot der Abgabe eines solchen Arzneimittels begründet. Wenn also der Tierarzt ein Humanarzneimittel verschreibt und der Apotheker das verschriebene Arzneimittel aushändigt, hat der Apotheker gegen das auf der Ebene der Verhaltensnorm legitimierte Verbot der Abgabe verstoßen. Um auf der Ebene der Sanktionsnorm zu einer entsprechenden Bestrafung zu gelangen, muss dieses Ergebnis so auch von der Sanktionsnorm erfasst werden. Weder § 95 Abs. 1 Nr. 6 AMG noch § 96 Nr. 13 AMG als Sanktionsnormen differenzieren aber zwischen der berufsspezifischen und der fachfremden Verschreibung. Beide Sanktionsnormen stellen auf die Abgabe *ohne* das „Vorliegen einer ärztlichen, zahnärztlichen oder tierärztlichen Verschreibung" ab. Dem Wortlaut nach erfüllt aber auch eine fachfremde ärztliche Verschreibung die von der Sanktionsnorm förmlich in Bezug genommene gesetzliche Erlaubnisnorm. Daher kommt eine Bestrafung de lege lata nicht in Betracht, sondern bedeutete eine verbotene Analogie zu Lasten des Betroffenen. Der Apotheker[572], der ein Humanarzneimittel herausgibt, welches auf dem Rezept eines Tierarztes ausgestellt ist, bleibt also straflos. Dies folgt zwingend aus dem nullum crimen-Grundsatz.[573] Die Grenze des Wortlauts der Sanktionsnorm darf nicht durch teleologische Erwägungen überschritten werden. Folglich fallen solche Fälle de lege lata durch die Maschen der Sanktionsnorm. Will der Gesetzgeber diese Fälle strafrechtlich erfassen, ist die

571 Vgl. D.I.2.c).

572 Sofern vorliegend jeweils von „Apotheker" als Abgebenden die Rede ist, ist dies lediglich als Oberbegriff zu verstehen. Zu sonstigen abgebenden Personen s. vor allem C. II.

573 § 1 StGB, Art. 103 Abs. 2 GG. Zum nullum crimen-Grundsatz vgl. näher *Lackner/Kühl*, StGB, § 1 Rn. 1 ff.; Schönke/Schröder/*Eser/Hecker*, StGB, § 1 Rn. 1 ff.

Beschränkung auf den Berufszweig entsprechend im Wortlaut mit aufzunehmen. Es besteht also Reformbedarf de lege ferenda.

2. Switch-Verfahren

Im Konkretisierungsbeispiel des Switch-Verfahrens ist in evidenten Fällen kein Gefährdungspotential vorhanden, weil es offenkundig ist, dass das Mittel aus der Verschreibungspflicht zu entlassen ist. In solchen Fällen ist ein Verbot der Abgabe entgegen der Verschreibungspflicht nicht legitimiert. Mangels Gefährdung der Gesundheit liegt kein legitimer Grund vor, an dem Verbot festzuhalten. Für die Sanktionierung ist entscheidend, dass es an einem Verhaltensnormverstoß gerade mangelt. Oben wurde bereits festgestellt, dass es ohne ein entsprechendes Fehlverhalten keine Sanktionierung geben darf.[574] Die fehlende Gesundheitsgefährdung müsste so aber auch vom Wortlaut der Norm berücksichtigt werden. Denn der maßgebliche Bezugspunkt für die strafrechtliche Reaktion ist die legitimierte Verhaltensnorm. Die Strafbewehrung der Verhaltensnorm muss aus der Sanktionsnorm abgeleitet werden können.[575] Die Sanktionsnorm berücksichtigt die fehlende Gesundheitsgefährdung aber nicht – mit der Folge, dass sie de lege lata grundsätzlich zur Anwendung kommt. Mangels legitimierter Verhaltensnorm fehlt es für die Sanktionsnorm bereits an einem legitimen Zweck.[576] Zwar wäre hier eine teleologische Reduktion auch auf der Ebene der Sanktionsnorm denkbar, da es um eine Auslegung nach dem telos der Norm zu Gunsten des Betroffenen geht. Indessen wäre das eine problematische Notlösung, die mit der Gefahr einer uneinheitlichen Anwendung verbunden wäre. Bei fehlendem Verhaltensnormverstoß darf ein Straftatbestand nicht zur Anwendung gelangen. Das Kriterium der (wenigstens abstrakten) Gesundheitsgefährdung sollte daher de lege ferenda als Tatbestandsvoraussetzung mit aufgenommen werden.[577]

Ähnlich ist der Fall einzuordnen, in dem der Sachverständigenausschuss für Verschreibungspflicht oder das zuständige Ministerium bei der Bewertung der vorzulegenden Unterlagen und der Frage des Gefährdungspotentials einen Fehler macht, etwa Stellungnahmen, Gutachten oder sonstiges vorzulegendes Material falsch interpretiert, und infolgedessen über die Verordnung fehlerhaft festgelegt wird, dass der Stoff unter die Verschreibungspflicht fällt. Dem Arzneimittel wird

574 S. dazu B.II.2.
575 *Freund*, Erfolgsdelikt und Unterlassen, S. 112 ff.
576 Vgl. oben B.I.1.
577 Näher zur Methodik der „Rechtsfolgenlegitimation“ *Freund*, JZ 1992, 993 ff.

damit aufgrund falscher Bewertung ein Gefährdungspotential beigemessen, welches es gar nicht aufweist. Ebenfalls existieren offenbar Fälle, in denen das BMG Stoffe nicht aus der Verschreibungspflicht entlässt, obwohl sie unstreitig ohne Bedenken im Wege der Selbstmedikation eingenommen werden können.[578] In diesen Fällen wäre ein Festhalten am Verbot eine blanke Formalie. Materiell würde es an einem jedenfalls für eine Bestrafung zureichenden Verbotsgrund in Gestalt eines entsprechenden Gefährdungspotentials fehlen.[579] Nach dem derzeitigen System werden jedoch pauschal alle Fälle der Abgabe entgegen der Verschreibungspflicht von der Strafvorschrift erfasst. Dies liegt daran, dass die §§ 95 Abs. 1 Nr. 6, 96 Nr. 13 AMG lediglich die Abgabe inkriminieren. Gibt der Apotheker nun ein Arzneimittel heraus, welches offenkundig kein Gefährdungspotential aufweist, würde nach dem derzeitigen Konzept gleichwohl eine Bestrafung erfolgen, obwohl es an einer ausreichenden materiellen Legitimation fehlt. Denn bei nicht bestehendem Gefährdungspotential ist die abstrakte Gefährdung nicht gewichtig genug, um den massiven Eingriff von Schuldspruch und Strafe zu rechtfertigen. Strafe erfüllt dann weder einen legitimen Zweck noch ist sie erforderlich. Für die Strafbewehrung eines Fehlverhaltens ist deswegen de lege ferenda ein System zu schaffen, welches diese unterschiedliche Legitimation der Verhaltensnorm korrekt erfasst.

Nicht-evidente Fälle des Switch-Verfahrens sind indes anders zu bewerten. Exemplarisch aufgezeigt wurde hier der Fall des nur zum Teil in Fachkreisen anerkannten fehlenden Gefährdungspotentials[580] eines Arzneimittels. Hier handelt es sich um einen Fall, in dem eine Entlassung aus der Verschreibungspflicht möglich, aber nicht sicher ist. In solchen Fällen ist es legitim, an dem Verbot der Abgabe entgegen der Verschreibungspflicht bis auf Weiteres festzuhalten. Ein Verhaltensnormverstoß liegt demnach mit Blick auf das ausreichende Gefährdungspotential vor. Denn wenn nicht in *evidenter Form* davon ausgegangen werden kann, dass kein Gefährdungspotential besteht, kann und muss aus Gründen des Gesundheitsschutzes an dem Verbot festgehalten werden.[581] Ein Verstoß ist

---

578 Vgl. hierzu oben D.I.3.b)aa).

579 Fehlt es für eine Bestrafung an einem zureichenden materiellen Verbotsgrund ist zu überlegen, ob nicht der rein formale Ordnungsverstoß für eine Ahndung im Bereich der Ordnungswidrigkeiten ausreicht. Vergleichbare Fälle finden sich im Bereich des Verwaltungsrechts, genauer des Baurechts, wenn es um die formelle Baurechtswidrigkeit als Voraussetzung beispielsweise für die Baueinstellung geht. Auf die materielle Baurechtswidrigkeit kommt es nicht an; vgl. beispielsweise VGH München NVwZ-RR 2006, 234; vgl. hierzu unten G.II.2.

580 Vgl. zu den genannten Fällen in Bezug auf das Verhalten oben D.I.4.c)aa)(6)(b).

581 S. dazu oben D.I.4.c)aa)(6)(b).

bei herabgesetztem Gefährdungspotential materiell aber anders zu bewerten als der Verstoß, der ein ernst zu nehmendes Gefährdungspotential aufweist.[582] Dies muss bei der Sanktionierung berücksichtigt werden. Die Reaktion auf ein Fehlverhalten mit Mitteln des Strafrechts bei nur geringem Gefährdungspotential schießt über das legitime Ziel hinaus. Zwar kann auch eine hinreichend gewichtige abstrakte Gefahr für eine strafrechtliche Sanktion genügen. Dann darf es aber nicht unwahrscheinlich sein, dass der Stoff auch weiterhin noch der Verschreibungspflicht unterliegt. Auf der hier zu bewertenden Sanktionsebene ist dieser Umstand immerhin im Rahmen der Strafzumessung zu berücksichtigen. Ein Verstoß gegen die Verschreibungspflicht bei aller Voraussicht nach nicht bestehendem Risiko darf nicht genauso hart sanktioniert werden wie ein solcher bei uneingeschränkt anzunehmendem Risiko. Ist es demnach in hohem Maße wahrscheinlich, dass ein Mittel aus der Verschreibungspflicht entlassen wird, weil bereits einzelne Studien zur Unbedenklichkeit existieren, dürfte die Reaktion mit Strafe als schärfstem Mittel unserer Rechtsordnung überzogen sein. Hier zeigt sich einmal mehr ein Reformbedarf insofern, als solche bagatellhaften Verstöße de lege ferenda auch nur als Ordnungswidrigkeit erfasst werden sollten.

3. Die Eigenmedikation des Arztes

Ein nicht evidenter Fall liegt ebenfalls vor, wenn ein angehender Arzt einen Tag vor der Approbation steht und im Wege der Eigenmedikation ein verschreibungspflichtiges Arzneimittel erlangt, obwohl er kein Rezept vorlegt. Hier ist es durchaus sinnvoll, auf der Ebene der Verhaltensnorm an dem Verbot festzuhalten. Der Apotheker darf in einem solchen Fall nicht entgegen der Verschreibungspflicht das Mittel abgeben. Gleichwohl ist es aber höchst unwahrscheinlich, dass bei bloß einem Tag Differenz zur Erteilung der Approbation, das Arzneimittel unkontrolliert in die Hände des Verbrauchers gerät und der betroffene Patient (in diesem Fall der werdende Arzt) nicht genau weiß, was er tut. Dies ist auf der Ebene der Sanktionsnorm zu berücksichtigen. Das Verbot der Abgabe ist in diesem Konkretisierungsbeispiel nicht in legitimierter Weise *straf*bewehrt. Die Abgabe entgegen dem Verbot stellt sich nicht als hinreichend gewichtiges Fehlverhalten dar, um darauf mit Strafe zu reagieren, wenn der Apotheker genau

582 Dies kann beispielsweise Fälle betreffen, in denen ein Rückgang von Nebenwirkungen nicht bekannt ist. Der Unwertgehalt stellt sich mit Blick auf den Gesundheits- und Lebensschutz dann im Vergleich zu den Fällen geringeren Gefährdungspotentials als gewichtiger dar.

weiß, dass dem werdenden Arzt nur ein Tag zur Approbation fehlt.[583] Die Möglichkeit, dass der Betroffene durch die Prüfung fällt, besteht zwar unabhängig davon, ob der Prüfling nur einen Tag oder sechs Monate von der Approbation entfernt ist. Jedoch ist der Unwertgehalt im Fall der Abgabe entgegen der Verschreibungspflicht einen Tag vor der Approbation ein anderer. Zwar ist schon de lege lata eine Berücksichtigung im Rahmen der Strafzumessung oder über eine prozessuale Einstellung wegen Geringfügigkeit möglich. Indessen würde man damit dem schon prinzipiell fehlenden Straftatcharakter nicht gerecht werden.[584] Wenn das Gesetz nach § 96 Nr. 13 AMG als Rechtsfolge für solche Fälle Strafe vorsieht, ist das aufgrund des nicht hinreichend gewichtigen Fehlverhaltens des in Kenntnis der Sachlage handelnden Apothekers unangemessen. Vielmehr ist auch in solchen Fällen der nicht ausreichenden Gesundheitsgefährlichkeit eine Norm im Bereich der Ordnungswidrigkeiten zu schaffen, die eine der Strafe nachrangierende tatangemessene Geldbuße vorsieht.

4. Der chronisch kranke Patient

Im Falle des dem Apotheker schon seit Jahren bekannten chronisch Kranken, der dieses eine Mal nicht das erforderliche Rezept vorlegt, ist das Risiko einer Gesundheitsgefährdung ebenfalls im Bagatellbereich anzusiedeln. Auf der Ebene der Verhaltensnorm wurde zwar an dem Verbot der Abgabe festgehalten. Die extrem geringe materielle Gefährdung erlangt für die Frage der Bestrafung des Apothekers aber zentrale Bedeutung. Die gesetzgeberische Entscheidung, in einem solchen Fall mit Strafe zu reagieren und den Betroffenen mit dem entsprechenden strafrechtlichen Tadel zu brandmarken, geht zu weit. Auch solche Fälle sollten daher allenfalls von einer Ordnungswidrigkeit erfasst werden.

5. Die Sanktionsnormen der §§ 95 Abs. 1 Nr. 6 und 96 Nr. 13 AMG als staatlicher Paternalismus auf dem Prüfstand

Aufgezeigt wurde, dass das Konzept der Sanktionierung de lege lata zu formalistisch auf die Handlung der Abgabe entgegen der Verschreibungspflicht abstellt. Dieses System ist defizitär, weil der der Verhaltensnorm zugrunde liegende Legitimationsgrund nicht ausreichend Beachtung findet. Hinzu kommt, dass

---

583 Zum für eine Bestrafung erforderlichen hinreichenden Gewicht des Fehlverhaltens näher MüKo/*Freund*, AMG, Vor §§ 95 Rn. 6; *ders.* AT, § 2 Rn. 37 f., § 4 Rn. 6 ff.

584 Zur Differenzierung der Möglichkeit der Einstellung wegen Geringfügigkeit und der Einordnung eines Verhaltens als nicht strafwürdig vgl. auch *Georgy*, Die strafrechtliche Verantwortlichkeit von Amtsträgern für Arzneimittelrisiken, S. 218.

das System auch unter dem Blickwinkel des Paternalismus Probleme aufwirft. Die Verschreibungspflicht in § 48 AMG stellt eine auch paternalistische Norm dar, mit der der Staat versucht, eine Person vor sich selbst zu schützen und zu diesem Zweck deren Freiheit einschränkt.[585] Oben wurde festgestellt,[586] dass das Verbot dann mit Recht besteht, wenn ernsthafte Gesundheitsgefahren durch die Abgabe entgegen der Verschreibungspflicht für Personen zu befürchten sind, die die Tragweite ihrer Entscheidung nicht vollkommen zutreffend einschätzen können. Unter dem Blickwinkel des staatlichen Paternalismus verfolgt das Verbot mit dem Schutz von (möglicherweise) nicht uneingeschränkt eigenverantwortlich entscheidenden Arzneimittelanwendern einen legitimen Zweck. Die Freiheitseinschränkung auch desjenigen mündigen Bürgers, der sich eigenverantwortlich selbst gefährden möchte, ist durch das Schutzbedürfnis dieser anderen Personen[587] gerechtfertigt.[588]

Die Frage der Strafwürdigkeit[589] von Verstößen gegen dieses Verbot muss indes zusätzlich geklärt werden. Es wurde bereits festgestellt, dass eine eindeutige Klassifizierung der Personengruppen in Verantwortliche und Nichtverantwortliche fehlgeht.[590] Sie würde der konkreten Entscheidungssituation dessen nicht gerecht, der vor der Frage steht, ob er ein verschreibungspflichtiges Arzneimittel an eine bestimmte Person abgeben darf oder nicht. So ist es durchaus möglich, dass der an sich mündige und autonome Bürger defizitäre Entscheidungen trifft. Er kann etwa irren, sich täuschen oder einem Zwang unterliegen. Umgekehrt ist es denkbar, dass der an einer psychischen Erkrankung Leidende eine freiverantwortliche Entscheidung treffen kann. Für die Frage der Legitimität von Strafe bei einer paternalistischen Norm ist auch zu berücksichtigen, welche Folgen für den Betroffenen auf dem Spiel stehen.[591]

Auf Seiten der von der paternalistischen Norm Betroffenen ist festzustellen, dass der Arzneimittelanwender zunächst den Gang zum Arzt und dann in die

585 Vgl. dazu D.I.4.b)aa)(1).

586 Vgl. dazu D.I.4.b)aa)(1).

587 Zu der Einordnung auch der an sich autonom Handelnden, aber im konkreten Einzelfall irrenden sich täuschenden oder Zwang oder Drohung unterliegenden als Nichtverantwortliche vgl. D.I.4.b)aa)(1)(a) und (c).

588 S. dazu schon D.I.4.b)aa)(1)(a) und (c).

589 Vgl. zur Begrifflichkeit Kindhäuser/Neumann/Paeffgen/*Hassemer*, StGB, Vor § 1 Rn. 49 ff.

590 S. D.I.4.b)aa)(1)(a) und (c).

591 Zur Problematik von strafrechtlich paternalistischen Normen im Allgemeinen vgl. auch *Schulte*, Die Rechtsgüter des strafbewehrten Organhandelsverbotes, S. 39 ff.

Apotheke auf sich nehmen muss, bevor er ein Arzneimittel anwenden kann. Dies kann bei den mitunter enormen Wartezeiten zur Terminvergabe lange Zeit in Anspruch nehmen. Im Hinblick auf weitere Folgen für den Betroffenen ist von entscheidender Bedeutung, dass der Betroffene Arzneimittelanwender allerdings nicht selbst von der Sanktion betroffen ist, da ein Fall des indirekten Paternalismus vorliegt.[592] Die Sanktion trifft indes den Abgebenden des Arzneimittels. Zudem ist zu beachten, dass das Verbot der Abgabe entgegen der Verschreibungspflicht tatsächlich geeignet ist, Personen vor einem selbstschädigenden Verhalten zu bewahren, indem zunächst ein Arzt festgestellt haben muss, dass eine medikamentöse Behandlung indiziert ist. Und eine solche kann nur stattfinden, wenn der Arzt zuvor ein entsprechendes Rezept ausgestellt hat. Im Verhältnis dazu ist die Strafandrohung der §§ 95 Nr. 6, 96 Abs. 1 Nr. 13 AMG *grundsätzlich* nicht über Gebühr belastend.[593] Zu berücksichtigen ist, dass der einzelne, der verschreibungspflichtige Arzneimittel einnimmt, dies in der Regel tut, weil er sich erhofft, dadurch körperliche Leiden zu beseitigen und nicht diese zu verschlechtern. Eine schädigende Wirkung stellt dann eine tatsächlich ungewollte Folge dar, die der Betroffene zuvor bagatellisiert bzw. jedenfalls nicht zutreffend eingeschätzt hat. In diesen Fällen ist auch ein Schutz des Staates durch eine im Verhältnis zu Dritten strafbewehrte Verhaltensnorm legitim. Dies bedeutet indessen keinen „Freifahrtschein" im Hinblick auf paternalistische Gesetzgebung. Wenn im Einzelfall eine in jeder Hinsicht freiverantwortliche Entscheidung eindeutig feststehen sollte, lässt sich jedenfalls ein strafbewehrtes Verbot nicht rechtfertigen. Die Feststellung, dass ein tatsächlicher und in jeder Hinsicht autonomer Willensentschluss vorliegt, ist ein „empirischer Prozess"[594]. Wenn ein solcher – praktisch allerdings wohl eher selten vorkommender – Fall gegeben ist, muss Straflosigkeit angenommen werden.[595] An der grundsätzlichen Legitimität von Strafe auch bei sachlich angemessenen paternalistischen Normen ändert dies indes nichts.

---

592 Vgl. hierzu oben D.I.4.b)aa)(1).

593 Im Sinne von „bescheidenere[n] Strafsanktionen" etwa *Hirsch* in Anderheiden, Paternalismus und Recht, S. 235, 241.

594 *Gkountis*, Autonomie und strafrechtlicher Paternalismus, S. 154.

595 Vgl. hierzu unten G.III.

6. Die Anforderungen an das Gesetzlichkeitsprinzip und den Bestimmtheitsgrundsatz

Das Gesetzlichkeitsprinzip des Art. 103 Abs. 2 GG gewährleistet, dass eine Tat nur dann bestraft wird, wenn die Strafbarkeit vor Begehung der Tat gesetzlich bestimmt war („keine Strafe ohne Gesetz"). Möchte der Gesetzgeber ein bestimmtes Verhalten strafrechtlich ahnden, ist jedenfalls bei angeordneter Freiheitsstrafe ein formelles Gesetz von Nöten, also ein Parlamentsgesetz. Dies folgt aus Art. 103 Abs. 2 i. V. m. Art. 104 Abs. 1 GG. Hierdurch soll sichergestellt sein, dass nur der demokratisch legitimierte Gesetzgeber über die intensivste Form der Freiheitsbeschränkung entscheidet und dies nicht der Exekutive oder der Judikative überträgt.[596] Diese grundgesetzlich verankerten Prinzipien sind Ausfluss des Gewaltenteilungsprinzips.

Ausprägung des Gesetzlichkeitsprinzips ist der Bestimmtheitsgrundsatz, dem eine freiheitsgewährleistende Funktion zugesprochen wird.[597] Hiernach muss der parlamentarische Gesetzgeber die Voraussetzungen der Strafbarkeit sowie Art und Ausmaß der Strafe im förmlichen Gesetz so genau umschreiben, dass der einzelne erkennen bzw. im Zweifel durch Auslegung ermitteln kann, welches Verhalten unter Strafe gestellt ist.[598] Um der Schnelllebigkeit und Vielgestaltigkeit des Lebens gerecht zu werden, darf der Gesetzgeber allerdings auch im Bereich des Strafrechts auf andere Rechtsvorschriften verweisen. Solche Verweisungen sind dann verfassungsrechtlich unbedenklich, wenn die Blankettstrafnorm (also die, die auf andere Rechtsnormen verweist) die Vorschriften, auf die sie verweist, hinreichend deutlich benennt[599] und die Voraussetzungen der Strafbarkeit sowie Art und Maß der Strafe bereits aus der Blankettstrafnorm hinreichend erkennbar sind und nicht erst aufgrund der Rechtsverordnung, auf die verwiesen wird.[600]

Für sog. Rückverweisungsklauseln hat das BVerfG nun kürzlich in Bezug auf § 10 Abs. 1 und 3 Rindfleischetikettierungsgesetz (RiFlEtikettG) entschieden,

---

596 St. Rspr., vgl. nur BVerfGE 47, 109, 120; 73, 206, 234 f.; 75, 329, 341.

597 BVerfGE 75, 329, 341 mwN.

598 BVerfGE 25, 269, 285; 126, 170, 195 mwN.

599 BVerfGE 75, 329, 342 mwN.

600 Vgl. BVerfGE 75, 329, 342; vgl. hierzu bereits MüKo/*Freund*, AMG, Vor §§ 95 Rn. 51 ff.; *Freund/Rostalski*, GA 2016, 443, 447 f.; *Freund*, ZLR 1994, 261, 286 f.; *Domeier*, Gesundheitsschutz und Lebensmittelstrafrecht, S. 266 ff.; *Reus*, Das Recht in der Risikogesellschaft, S. 157 ff.

dass solche gegen Art. 103 Abs. 2 i. V. m. Art. 104 Abs. 1 GG und Art. 80 Abs. 1 Satz 2 GG verstoßen.[601] Rückverweisungsklauseln sind solche, die in der Blankettstrafnorm verankert sind und normieren, dass ein Verstoß gegen ein Geoder Verbot wie in der in Bezug genommenen Rechtsverordnung normiert, nur dann strafbar ist, wenn die Rechtsverordnung auf die Blankettstrafnorm zurückverweist (sog. qualifizierte Blankettstrafnorm).[602] § 10 Abs. 1 RiFlEtikettG normierte zu der im Tatzeitpunkt geltenden Fassung: „Mit Freiheitsstrafe bis zu einem Jahr oder mit Geldstrafe wird bestraft, wer einer unmittelbar geltenden Vorschrift in Rechtsakten der Europäischen Gemeinschaft im Anwendungsbereich des § 1 Abs. 1 RiFlEtikettG zuwiderhandelt, soweit eine Rechtsverordnung nach Abs. 3 für einen bestimmten Tatbestand auf diese Strafvorschrift verweist." § 10 Abs. 3 RiFlEtikettG lautete: „Das Bundesministerium wird ermächtigt, soweit es zur Durchsetzung der Rechtsakte der Europäischen Gemeinschaft erforderlich ist, durch Rechtsverordnung ohne Zustimmung des Bundesrates die Tatbestände zu bezeichnen, die als Straftat nach Absatz 1 zu ahnden sind." Ausweislich der Rechtsprechung des BVerfG handelt es sich bei § 10 Abs. 1 RiFlEtikettG um eine Blankettstrafnorm, die zwar Art und Maß der Strafe regelt, die Voraussetzungen der Strafe aber lediglich auf die Zuwiderhandlung gegen eine Vorschrift in Rechtsakten der Europäischen Gemeinschaft im Anwendungsbereich des § 1 Abs. 1 RiFlEtikettG benennt.[603] Selbst in Zusammenschau mit § 1 Abs. 1 RiFlEtikettG[604] ergibt sich für den Rechtsanwender kein ausreichender Anhaltspunkt, welche Verstöße genau sanktioniert werden sollen. Dies erfolgt vielmehr erst aufgrund der auf der Basis des § 10 Abs. 3 RiFlEtikettG ergangenen Rindfleischetikettierungs-Strafverordnung. Das BVerfG betont in dieser Entscheidung noch einmal den strengen Gesetzesvorbehalt und führt aus, dass sich jedenfalls bei angedrohter Freiheitsstrafe die Voraussetzungen der Strafbarkeit schon aufgrund des Gesetzes und nicht erst aufgrund der hierauf gestützten Rechtsverordnung ergeben und für den Bürger erkennbar sein müssen.[605]

---

601 BVerfG, Beschluss vom 21. 09. 2016 – 2 BvL 1/15 auf Vorlage des LG Berlin, Beschluss vom 16. 04. 2015 – (572) 242 AR 27/12 Ns (82/12) – juris; vgl. dazu bereits *Freund/Rostalski*, GA 2016, 443 ff.

602 Vgl. MüKo/*Freund*, AMG, Vor §§ 95 ff. Rn. 53; *Reus*, Das Recht in der Risikogesellschaft, S. 156.

603 BVerfG, Beschluss vom 21. 09. 2016 – 2 BvL 1/15.

604 „Dieses Gesetz dient der Durchsetzung der Rechtsakte der Europäischen Gemeinschaft über die Etikettierung von Rindfleisch und Rindfleischerzeugnissen sowie über die Verkehrsbezeichnung und Kennzeichnung von Fleisch von bis zu zwölf Monate alten Rindern."

605 BVerfG, Beschluss vom 21. 09. 2016 – 2 BvL 1/15.

Um den Grundsatz der Gewaltenteilung zu wahren, darf dem Verordnungsgeber nicht „die Entscheidung darüber [eingeräumt werden], welches Verhalten als Straftat geahndet werden soll".[606] Entscheidend kommt es darauf an, ob dem Verordnungsgeber die Entscheidung darüber überlassen ist, welches Verhalten strafbar sein soll.[607]

a) Konformität der Anforderungen in Bezug auf § 95 Abs. 1 Nr. 6 AMG

Anders als im Fall, welcher dem BVerfG zur Entscheidung vorlag, handelt es sich weder bei § 95 Abs. 1 Nr. 6 AMG noch bei § 96 Nr. 13 AMG um eine Blankettstrafnorm mit Rückverweisungsklausel. Auch die auf der Basis des § 48 Abs. 2 AMG ergangene Rechtsverordnung, die AMVV, verweist nicht auf die Strafnormen der §§ 95 Abs. 1 Nr. 6, 96 Nr. 13 AMG zurück. Vielmehr inkriminiert § 95 Abs. 1 Nr. 6 AMG die Abgabe von Arzneimitteln, die zur Anwendung bei Tieren bestimmt sind, die der Gewinnung von Lebensmitteln dienen, entgegen § 48 Abs. 1 Satz 1 i. V. m. einer Rechtsverordnung nach § 48 Abs. 2 Nr. 1 oder 2 AMG.

Art und Maß der Strafe sind unproblematisch in der Strafvorschrift selbst normiert. Hinsichtlich der Voraussetzungen der Strafbarkeit wird deutlich, dass die Abgabe von Arzneimitteln, die zur Anwendung bei Tieren bestimmt sind, die der Gewinnung von Lebensmitteln dienen, mit Strafe bedroht ist. Durch die Verweisung auf § 48 Abs. 1 Satz 1 AMG i. V. m. einer Rechtsverordnung nach § 48 Abs. 2 Nr. 1 oder Nr. 2 wird ebenfalls deutlich, dass die Abgabe der genannten Arzneimittel strafbewehrt ist, wenn diese unter die Verschreibungspflicht fallen.

Da es bei § 95 Abs. 1 Nr. 6 AMG um Arzneimittel geht, die zur Anwendung bei Tieren bestimmt sind, die der Gewinnung von Lebensmitteln dienen, kann sich der Verweis nur auf § 48 Abs. 1 Satz 1 Nr. 2 AMG beziehen. Dieser ordnet eine automatische Verschreibungspflicht für Arzneimittel an, die zur Anwendung bei Tieren bestimmt sind, die der Gewinnung von Lebensmitteln dienen, ohne dass es einer Benennung eines Stoffes in der Rechtsverordnung bedürfte.[608] Insofern ist der Verweis in § 95 Abs. 1 Nr. 6 AMG „in Verbindung mit einer

---

606 BVerfG, Beschluss vom 21. 09. 2016 – 2 BvL 1/15. Vgl. in diesem Sinne bereits MüKo/*Freund*, AMG, Vor §§ 95 Rn. 51 ff.; *Freund/Rostalski*, GA 2016, 443, 447 f.; *Freund*, ZLR 1994, 261, 286 f.; *Domeier*, Gesundheitsschutz und Lebensmittelstrafrecht, S. 266 ff.; *Reus*, Das Recht in der Risikogesellschaft, S. 157 ff.

607 BVerfG, Beschluss vom 21. 09. 2016 – 2 BvL 1/15 mwN.

608 Vgl. hierzu bereits D.I.3.a)bb). Es ist jedoch ministerielle Aufgabe Arzneimittel nach § 48 Abs. 1 Satz 1 Nr. 2 AMG bei Vorliegen bestimmter Voraussetzungen wieder aus der automatischen Verschreibungspflicht zu entlassen (§ 48 Abs. 6 AMG).

Rechtsverordnung nach § 48 Abs. 2 Nr. 1 oder 2" nicht nachvollziehbar. Zwar bezieht sich § 48 Abs. 1 Satz 1 Nr. 2 AMG auf solche Arzneimittel, die „nicht unter Nummer 1 fallen". § 48 Abs. 1 Satz 1 Nr. 1 AMG verweist wiederum auf die Ermächtigungsgrundlage nach § 48 Abs. 2 AMG, wonach eine Rechtsverordnung erlassen werden kann, sodass die Formulierung „in Verbindung mit einer Rechtsverordnung nach § 48 Abs. 2 Nr. 1 oder 2" auf den ersten Blick wiederum Sinn ergeben würde. Allerdings betrifft die Sanktionsnorm eindeutig nur solche Arzneimittel die zur Anwendung bei Tieren bestimmt sind, die der Gewinnung von Lebensmitteln dienen, wonach ja gerade die gesetzliche Verschreibungspflicht gilt. Vor diesem Hintergrund ist hinreichend klar, welches Verhalten strafbar ist. Hieran ändert auch die Tatsache nichts, dass das zuständige Ministerium nach § 48 Abs. 6 AMG ermächtigt wird, Arzneimittel bei Vorliegen bestimmter Voraussetzungen wieder aus der Verschreibungspflicht zu entlassen. Damit wird dem Verordnungsgeber nicht die Entscheidung über das „Ob" der Strafbarkeit übertragen. Vielmehr handelt es sich um eine Konkretisierung auf der dem Strafrecht vorgelagerten Ebene der Verhaltensnormen, die nichts mit der durch förmliches Gesetz angeordneten Strafbarkeit ganz bestimmter Typen von Verhaltensnormverstößen zu tun hat. Mögliche Tatbestände ergeben sich damit hinreichend aus § 95 Abs. 1 Nr. 6 AMG i. V. m. § 48 Abs. 1 Satz 1 Nr. 2 AMG. § 95 Abs. 1 Nr. 6 AMG ist demnach nicht als qualifizierte, sondern als „einfache Blankettstrafnorm"[609] einzuordnen.

b) Konformität der Anforderungen in Bezug auf § 96 Nr. 13 AMG

§ 96 Nr. 13 AMG inkriminiert die Abgabe von Arzneimitteln entgegen § 48 Abs. 1 Satz 1 Nr. 1 i. V. m. einer Rechtsverordnung nach § 48 Abs. 2 Nr. 1, 2 oder Nummer 7 oder entgegen § 48 Absatz 1 Satz 1 Nr. 3, auch in Verbindung mit einer Rechtsverordnung nach § 48 Absatz 2 Satz 1 Nr. 1 AMG. Durch die Verweisung ist somit klar, dass die Abgabe solcher Arzneimittel strafbar ist, die unter die in § 48 AMG normierte Verschreibungspflicht fallen. Ein Arzneimittel fällt dann unter die Verschreibungspflicht, wenn der im Arzneimittel enthaltene Stoff in der Rechtsverordnung, die durch die Exekutive erlassen wird, genannt ist. Ein Stoff wird dann der Verschreibungspflicht unterstellt, wenn dieser ein bestimmtes Gefährdungspotential aufweist.[610] Anhand bestimmter Kriterien zur Gefährlichkeit eines Arzneimittels und entsprechender Unterlagen gibt der Sachverständigenausschuss für Verschreibungspflicht ein Votum gegenüber dem

609 Vgl. hierzu MüKo/*Freund*, AMG, Vor §§ 95 Rn. 52.

610 Vgl. zu den genaueren Kriterien D.I.3.b)bb).

zuständigen Bundesministerium[611] ab. Dieses entscheidet über die Aufnahme des Stoffes, folgt aber in der Regel dem Votum des Sachverständigenausschusses für Verschreibungspflicht.[612] Entsprechend ist es ministerielle Aufgabe auf der Basis eingereichter Unterlagen und Voten des Sachverständigenausschusses für Verschreibungspflicht zu bestimmen, welche Stoffe es als gefährlich erachtet. Hiervon zu unterscheiden ist aber die Anordnung der Strafbarkeit der Abgabe eines Arzneimittels entgegen der Verschreibungspflicht. Dies geschieht durch § 96 Nr. 13 i. V. m. § 48 Abs. 1 Satz 1 Nr. 1 AMG, mithin durch formelles Gesetz. Die Listung der Stoffe in der AMVV stellt sich lediglich als eine Konkretisierung auf der dem Strafrecht vorgelagerten Eben der Verhaltensnormen dar; sie ist daher unbedenklich.[613] Die für den Gesetzlichkeitsgrundsatz wesentliche Strafbarkeitsanordnung findet sich allein im Parlamentsgesetz. § 96 Nr. 13 AMG ist daher noch als einfache Blankettnorm zu qualifizieren und entspricht dem strengen Gesetzesvorbehalt und dem Bestimmtheitsgrundsatz.

c) Prüfung der Ermächtigungsgrundlage anhand der Anforderungen des Art. 80 Abs. 1 Satz 2 GG

Nach Art. 80 Abs. 1 Satz 2 GG muss die Ermächtigungsgrundlage zum Erlass von Rechtsverordnungen Inhalt, Zweck und Ausmaß bestimmen. Auch hierdurch soll sich die Legislative nicht ihrer gesetzgebenden Kompetenz entledigen, sondern die genauen Grenzen der Ermächtigung abstecken.[614] Die Ermächtigungsgrundlage muss hinreichend bestimmt sein. Dies ergibt sich aus den allgemeinen Auslegungsregeln[615] sowie mit Blick auf die Intensität der Auswirkungen[616].

---

611 Das Bundesministerium für Ernährung und Landwirtschaft ist zuständig für Arzneimittel, die zur Anwendung bei Tieren bestimmt sind (§ 48 Abs. 4 AMG); soweit gesetzlich normiert auch im Einvernehmen mit dem BMWi. Das BMG ist zuständig für Humanarzneimittel, soweit gesetzlich normiert im Einvernehmen mit dem BMWi (§ 48 Abs. 2 AMG).

612 Vgl. Informationen des BfArM http://www.bfarm.de/SharedDocs/Glossareintraege/DE/S/SachverstAusschuss.html (zuletzt aufgerufen am 27. 01. 2017).

613 Im Sinne einer „ausfüllenden" Funktion BVerfGE 75, 329, 342; BVerfG, Beschluss vom 21. 09. 2016 – 2 BvL 1/15; s. dazu auch MüKo/*Freund*, AMG, Vor §§ 95 Rn. 52; *Reus*, Das Recht in der Risikogesellschaft, S. 156.

614 BVerfGE 58, 257, 277 mwN.; 113, 167, 268 f.; BVerfG, Beschluss vom 21. 09. 2016 – 2 BvL 1/15.

615 St. Rspr. vgl. BVerfGE 58, 257, 277; 113, 167, 269.

616 Das BVerfG nimmt hierbei eine Kongruenz an. Je mehr danach die Rechtsstellung einer Person betroffen ist, desto höher sind die Anforderungen an die Bestimmtheit; vgl. BVerfGE 58, 257, 277 f.; 113, 167, 269.

§ 48 Abs. 2 AMG normiert als Ermächtigungsgrundlage im Sinne des Art. 80 Abs. 1 Satz 2 GG den konkreten Rahmen. Die Exekutive ist nach § 48 Abs. 1 Satz 2 Nr. 1 i. V. m. § 48 Abs. 2 Satz 1 Nr. 1 AMG ermächtigt, solche Stoffe zu bestimmen, die in der medizinischen Wissenschaft nicht allgemein bekannte Wirkungen haben. Weiterhin ist das zuständige Bundesministerium ermächtigt solche Stoffe zu bestimmen, die auch bei bestimmungsgemäßen Gebrauch gesundheitsschädlich sein können, wenn sie ohne ärztliche Überwachung stattfinden (§ 48 Abs. 2 Satz 1 Nr. 2 lit. a) AMG). Zudem können solche Stoffe benannt werden, die bei häufig nicht bestimmungsgemäßen Gebrauch gesundheitsschädigend sind (§ 48 Abs. 2 Satz 1 Nr. 2 lit. b) AMG). Schließlich können solche Stoffe bestimmt werden, die bei Tierarzneimitteln Anwendung finden, die eine vorherige tierärztliche Diagnose erfordern oder Auswirkungen haben, die spätere Maßnahmen erschweren. Daneben existieren in § 48 Abs. 2 AMG eine Reihe an weiteren inhaltlichen Konkretisierungen in Bezug auf die Verschreibungspflicht. Vor diesem Hintergrund ist hinreichend klar, welchen Inhalt und welches Ausmaß die auf der Basis der Ermächtigung erlassene Rechtsverordnung haben kann. Ausreichend deutlich ist auch, zu welchem Zweck die Rechtsverordnung erlassen werden kann, nämlich um eine ausreichende, wirtschaftliche und vor allem unbedenkliche Arzneimittelanwendung zu gewährleisten.

V. Zwischenergebnis

Die gegenwärtige gesetzliche Systematik enthält keine ausreichende Differenzierung zwischen den verschiedenen Gefährdungssachverhalten. § 96 Nr. 13 AMG erfasst sowohl den Schutz des Tieres als auch den des Menschen. Dabei handelt es sich um zwei grundverschiedene Gefährdungssituationen. Schließlich führt die in den Sanktionsnormen mangelnde Differenzierung dazu, dass Sachverhalte sanktioniert werden, die gar kein Gefährdungspotential aufweisen, in denen es also schon an einer tragfähigen Legitimierung einer rechtlichen Verhaltensnorm fehlt. Umgekehrt fallen Fälle durch das strafrechtliche Raster, bei denen eine Sanktionierung aus Gründen des Wortlauts nicht möglich ist, obwohl ein Verbot aus sachlichen Gründen durchaus legitimiert werden kann – wie beispielsweise im Fall der fachfremden Verschreibung.

Auch unter dem Aspekt des Paternalismus zeigt sich, dass die Strafbewehrtheit des Verbots der Abgabe entgegen der Verschreibungspflicht grundsätzlich noch legitim ist. Sofern indes tatsächlich Feststellungen getroffen werden können, wonach der einzelne aufgeklärt und frei von Willensmängeln autonom entschei- det, sich selbst zu gefährden und dies für den Abgebenden eindeutig gegeben war, darf das Recht auf Selbstbestimmung nicht aus Gründen des Gesundheitsschutzes – der ein illegitim aufgezwungener wäre – zurückgesetzt werden. Insofern hat auch eine entsprechende Begrenzung der Strafe zu erfolgen.

Ein sachgerechtes Sanktionsnormensystem muss daher besser differenzieren. Damit ist nicht gemeint, dass etwa noch mehr Sanktionsnormen zu dem ohnehin schon bestehenden „Regelungsdschungel" geschaffen werden sollten. Vielmehr sind im Sinne einer gerechten Bestrafung gleiche Fälle gleich und ungleiche Fälle ungleich zu behandeln. In einem de lege ferenda zu schaffenden System müssen die erforderlichen Differenzierungen vollständig zum Ausdruck kommen. Dazu benötigt man Strafvorschriften und Vorschriften im Ordnungswidrigkeitenrecht, die angemessen differenzieren zwischen der (abstrakten bzw. konkreten) Gefährdung der Gesundheit des Menschen und der (abstrakten bzw. konkreten) Gefährdung der Gesundheit des Tieres. Strafe als härtestes Mittel unseres Rechtssystems darf nur Anwendung finden, wenn die (abstrakte bzw. konkrete) Gefährdung gewichtig genug ist. Anderenfalls kommt nur eine Ahndung mit einer Geldbuße über eine Ordnungswidrigkeit in Betracht. Überdies erscheint es sinnvoll, alle Fälle der Gesundheitsgefährdung des Menschen durch die Abgabe verschreibungspflichtiger Arzneimittel in *einer* Sanktionsnorm zu erfassen. Hierunter sind auch solche zu fassen die (auch missbräuchlich)[617] bei Tieren Anwendung finden, die der Gewinnung von Lebensmitteln dienen.

617 S. hierzu zugleich F.

F Die Differenzierung der Strafbarkeit bei der Abgabe von Human- und Tierarzneimitteln ohne die erforderliche Verschreibung

Nach dem gesetzlichen System wird derzeit derjenige strenger bestraft, der entgegen der Verschreibungspflicht ein Arzneimittel abgibt, welches zur Anwendung bei Tieren bestimmt ist, die der Gewinnung von Lebensmitteln dienen, als derjenige, der ein Humanarzneimittel ohne entsprechende Verschreibung abgibt. In beiden Fällen ist der Schutz der Gesundheit des Menschen der legitime Zweck der (strafrechtlichen) Reaktion auf den Verstoß. Im Fall der Abgabe von bestimmten Tierarzneimitteln, die mit drei Jahren Freiheitsstrafe inkriminiert ist, geht es um den mittelbaren Schutz des Menschen. Im Fall der Abgabe von Humanarzneimitteln, die nur mit einem Jahr Freiheitsstrafe inkriminiert ist, geht es um den unmittelbaren Schutz des Menschen. Fraglich ist daher, ob es sich überhaupt rechtfertigen lässt, die Nichtbeachtung des mittelbaren Schutzes des Menschen strenger zu bestrafen als die des unmittelbaren. Hierauf wird im Folgenden näher eingegangen.

I. Ausgangslage: abstrakte Gefährdung der menschlichen Gesundheit oder Ungleichgewicht des Gefährdungspotentials?

Sowohl § 95 Abs. 1 Nr. 6 AMG als auch § 96 Nr. 13 AMG pönalisieren die Abgabe von verschreibungspflichtigen Arzneimitteln ohne entsprechende Verschreibung. Bezweckt werden soll die Vermeidung einer Gesundheitsgefährdung des Verbrauchers. Auf den ersten Blick erfassen die Normen somit bei Verstoß der in Bezug genommenen Verhaltensnorm gleichermaßen den Schutz der menschlichen Gesundheit als legitimen Zweck der Verhaltensnorm.[618]

II. Rechtfertigungsversuche

Als Rechtfertigung für die strengere Bestrafung wird ins Feld geführt, dass der Konsument tierischer Lebensmittel keinen Einfluss darauf hat, mit welchen Arzneimitteln das Tier behandelt wurde, bevor es zu einem Lebensmittel verarbeitet

618 S. dazu ausführlich oben D.I.4.b).

wurde.[619] Folglich kann er sich im Vergleich zur Einnahme von Arzneimitteln in Eigenregie nicht selbst vor der Einnahme von arzneilichen Substanzen schützen. Er weiß nicht, ob die Bratwurst auf seinem Teller Rückstände von schädlichen Arzneimittelwirkstoffen enthält oder nicht. Die Argumentation ist zwar nachvollziehbar. Allerdings führt dieser Rechtfertigungsansatz nicht zu der Notwendigkeit, die unmittelbare und mittelbare Gesundheitsgefährdung in zwei Strafvorschriften mit unterschiedlicher Intensität zu erfassen. Obwohl die Schutzrichtung dieselbe ist und vergleichbare Gefahrenintensitäten gegeben sein können, ergibt sich im derzeitigen System eine unterschiedliche Strafandrohung von im Maximalfall zwei Jahren (!) Freiheitsstrafe.

Über die Stärke der Legitimation der Verschreibungspflicht ist es durchaus möglich, sowohl die mittelbare als auch die unmittelbare Gesundheitsgefährdung des Menschen in *einer* Strafvorschrift zu erfassen und Verstöße gegen die zugrunde liegende Verhaltensnorm einer angemessenen Bestrafung zuzuführen. Zwar kann sich der „Nutzer" bei der mittelbaren Gefährdung typischerweise nicht selbst schützen, so dass das Verbot der Abgabe entgegen der Verschreibungspflicht solcher Arzneimittel, die zur Anwendung bei Tieren bestimmt sind, die der Gewinnung von Lebensmitteln dienen, prima facie stärker legitimiert erscheint, als die Abgabe von Humanarzneimitteln, welche die unmittelbare Gefährdung des Menschen betrifft. Indessen sind ohne Weiteres vergleichbar gewichtige Verstöße bei der Abgabe von Humanarzneimitteln möglich. Man denke etwa an den erkennbar die relevanten Gefahren nicht überblickenden Nutzer, der bereits die Bedeutung der Verschreibungspflicht nicht richtig einzuschätzen vermag. Es wäre unangemessen, ihm gegenüber von einem möglichen Selbstschutz zu sprechen. Wenn im Einzelfall tatsächliche eine unterschiedliche Gewichtung bei der Legitimation der Verschreibungspflicht festzustellen sein sollte, kann dies sachgerecht im Rahmen der Strafzumessung bei der Verurteilung nach einer einheitlichen Sanktionsnorm Berücksichtigung finden. Diese einheitliche Strafvorschrift sollte gleich gelagerte Fälle, in denen es um den Schutz der menschlichen Gesundheit geht, auch gleichermaßen erfassen.

Für eine angemessene Reaktion hat der Gesetzgeber dabei bereits gewisse Grundentscheidungen getroffen, die hinsichtlich des zugrunde liegenden Verhaltens entsprechend differenzieren.[620] So etwa die Einordnung der oft lediglich als Ordnungswidrigkeit – und damit unterhalb der Strafe rangierend – erfassten

---

619 Kügel/Müller/Hofmann/*Hofmann*, AMG, § 48 Rn. 13.

620 Vgl. ergänzend zu den Vorbewertungen MüKo/*Freund*, StGB, Vor §§ 13 ff. Rn 78.

fahrlässigen Begehungsweise.[621] Hinzu kommen strafzumessungsrechtliche Erwägungen, wie etwa in § 46 StGB, die dazu führen, dass bestimmte Faktoren zur Ermöglichung einer angemessenen Reaktion auf den Normverstoß innerhalb des Strafrahmens erfasst werden können. Das gilt beispielsweise für die verschuldeten Auswirkungen der Tat nach § 46 Abs. 2 StGB. Ähnlich diesen Überlegungen ist über Strafzumessungskriterien der jeweilige Legitimationsgrund der Verhaltensnorm für eine angemessene Bestrafung zu würdigen. Für die weitere Folge der angemessenen Bestrafung kommt es somit neben dem begangenen Verhaltensnormverstoß auf diese differenzierten Feststellungen an. Neben dem Gefährdungspotential sind dies vor allem noch der Rang des zu schützenden Rechtsguts sowie etwaige Verhaltensfolgen – beispielsweise das Ausmaß der Verletzung.[622] Die Berücksichtigung dieser Faktoren für eine angemessene Bestrafung entspricht den Überlegungen, die auch die Strafgerichte bei der Strafzumessungsentscheidung anstellen. Sie führt zu einer differenzierten Bestrafung je nach Stärke des Normverstoßes und damit zu einer zweckrational legitimierten Reaktion auf denselben.[623] Die unterschiedliche Gewichtung der Legitimation der Verschreibungspflicht im Hinblick auf den mittelbaren und unmittelbaren Schutz der menschlichen Gesundheit kann über diese Strafzumessungserwägungen gewürdigt werden.

III. Sonderfall: Missbrauch von Humanarzneimitteln und einfachen Tierarzneimitteln bei Tieren, die der Gewinnung von Lebensmitteln dienen

Grundsätzlich wird der Schutz der mittelbaren Gefährdung der menschlichen Gesundheit über § 95 Abs. 1 Nr. 6 AMG erfasst, wonach die Abgabe entgegen der Verschreibungspflicht solcher Tierarzneimittel strafbewehrt ist, die zur Anwendung bei Tieren bestimmt sind, die der Gewinnung von Lebensmitteln dienen. Die Formulierung „Arzneimittel, die zur Anwendung bei Tieren bestimmt sind, die der Gewinnung von Lebensmitteln dienen" erfasst zunächst solche Tiere, die dazu geeignet sind, als Lebensmittel verarbeitet zu werden, also

621 So auch im Falle der fahrlässigen Abgabe verschreibungspflichtiger Humanarzneimittel nach § 97 Abs. 1 Nr. 1 AMG, der insoweit auf § 96 Nr. 13 AMG verweist.

622 Sachlich übereinstimmend MüKo/*Freund*, Vor §§ 13 ff. Rn. 79; *ders.*, GA 1999, 509, 527.

623 Entsprechend werden Milderungen, so etwa § 216 StGB zu § 212 StGB oder Strafschärfungen berücksichtigt, etwa im Falle der gemeinschaftlichen Tatbegehung des § 224 Abs. 1 Nr. 4 StGB.

etwa Schweine, Rinder, Enten, Fische, Hühner usw.[624] „Arzneimittel, die zur Anwendung bei solchen Tieren bestimmt sind“ bedeutet überdies, dass das Arzneimittel entsprechend der Tierart und der Indikation zugelassen sein muss.[625] Im Fall von Tieren, die der Gewinnung von Lebensmitteln dienen, gilt das etwa für Vetalgin® 500 mg/ml Injektionslösung, welches unter anderem *für Rinder zur Schmerzbehandlung* zugelassen ist. Indessen handelt es sich dabei nur um die gesetzlichen Vorgaben. Tatsächlich ist es aber keineswegs ausgeschlossen, dass Humanarzneimittel missbräuchlich Anwendung bei Tieren finden, die der Gewinnung von Lebensmitteln dienen. Ein vergleichbares Missbrauchspotential besteht bei Tierarzneimitteln, die nicht bei der Tierart Anwendung finden, für die sie zugelassen sind.[626] So hatte der Angeklagte in einem vom BGH zu entscheidenden Fall in mehreren Fällen Tierarzneimittel verkauft, die nicht für die Tierart zugelassen waren, für die sie angewendet wurden.[627] Das vom Angeklagten verkaufte Medikament Nergen war zum Zeitpunkt der Abgabe nicht für Tiere zugelassen, die der Gewinnung von Lebensmitteln dienen. Der Angeklagte verkaufte das Arzneimittel gleichwohl unter irreführender Bezeichnung zur Behandlung von Tieren, die der Gewinnung von Lebensmitteln dienen.[628] Hierzu ließ er die Etiketten des Medikaments austauschen, um den Wirkstoff und damit zugleich die Tierart und die Anwendungsgebiete zu verschleiern.[629] Überdies hat der Angeklagte ein als orale Lösung nur für Hühner und Puten zugelassenes verschreibungspflichtiges Arzneimittel unter unhygienischen Bedingungen in Injektionsflaschen abfüllen lassen.[630] Als Injektionslösung war das Arzneimittel für Rinder und Schweine – allerdings mit einem

624 Kügel/Müller/Hofmann/*Heßhaus/Laber-Probst*, AMG, § 58 Rn. 6 mit weiteren Beispielen.

625 Die Zulassung als Tierarzneimittel folgt auf Antrag bei der zuständigen Bundesoberbehörde, dem BVL. Die gesetzlichen Anforderungen sind im AMG und vor allem in der Richtlinie 2001/82/EG für Europa einheitlich festgelegt; hinsichtlich der Benennung der Zieltierart insbesondere in Art. 14 Nr. 4.1 Richtlinie 2001/82/EG und §§ 10 Abs. 5 Nr. 1 und Nr. 6, 11 Abs. 4 Nr. 5 AMG; vgl. auch *Rehmann*, AMG, § 58 Rn. 1.

626 Dies gilt ungeachtet dessen, ob es sich um einfache Tierarzneimittel handelt oder solche, die zur Anwendung bei Tieren bestimmt sind, die der Gewinnung von Lebensmitteln dienen.

627 BGH 1 StR 453/02, Urteil v. 03. 07. 2003, HRRS-Datenbank, Rn. 2, 19.

628 BGH 1 StR 453/02, Urteil v. 03. 07. 2003, HRRS-Datenbank, Rn. 24.

629 BGH 1 StR 453/02, Urteil v. 03. 07. 2003, HRRS-Datenbank, Rn. 24.

630 BGH 1 StR 453/02, Urteil v. 03. 07. 2003, HRRS-Datenbank, Rn. 29.

anderen Konservierungsstoff – zugelassen.[631] Das tatsächlich nur für Hühner und Puten zugelassene und in die Injektionsflaschen abgefüllte Medikament verkaufte der Angeklagte gewinnbringend an Inhaber eines Schweinezuchtbetriebes zur Anwendung bei Schweinen.[632] Auf die Flaschen hatte er ein selbst gedrucktes Etikett aufbringen lassen, welches dem Originaletikett für die Injektionslösung entsprach.[633] Ein Verstoß gegen die Verschreibungspflicht wurde in diesen Fällen allerdings nicht angenommen.[634] Für den Fall, dass tatsächlich eine Verschreibung für die Injektionslösung existierte, wäre das auf dem Rezept ausgewiesene Präparat nicht das, welches tatsächlich abgegeben wurde. Ein solcher Fall ist aber als Abgabe entgegen der Verschreibungspflicht einzuordnen, da das auf dem Rezept ausgewiesene Präparat auch das sein muss, welches abgegeben wird. Folglich existierte für das abgegebene Arzneimittel keine Verschreibung, sodass tateinheitlich auch ein Verstoß gegen die Verschreibungspflicht vorliegt.

Ein weiterer Fall betraf den der Abgabe verschreibungspflichtiger Humanarzneimittel an mehrere Besitzer von Bauernhöfen.[635] In diesem Fall hatte ein Deutscher illegal in Verkehr gebrachte verschreibungspflichtige Humanarzneimittel an einen italienischen Tierarzt vertrieben, der in ganz Europa mehr als 1,5 Millionen Rinder „behandelte".[636] Auf einem Hof in Oberbayern wurden im Zuge der Ermittlungen 15 Fässer á 25 kg mit Arzneimitteln sichergestellt.[637] Bei den Wirkstoffen handelte es sich um Diazepam, Dimetridazol, Isoniazid, und Arsanilsäure, die zum damaligen Zeitpunkt in Deutschland verschreibungspflichtig waren.[638] Überdies waren weder Arsanilsäure, Diazepam noch Isoniazid als Tierarzneimittel zugelassen.[639] Unter den beschlagnahmten Fässern befand sich auch ein Fass ohne Aufschrift, bei dessen Inhalt es sich um dem Betäubungsmittelgesetz unterliegendes Diazepam handelte, welches auch verschreibungspflichtig ist.[640] Dimetridazol war überdies nur zur Anwendung bei

631 BGH 1 StR 453/02, Urteil v. 03. 07. 2003, HRRS-Datenbank, Rn. 29.
632 BGH 1 StR 453/02, Urteil v. 03. 07. 2003, HRRS-Datenbank, Rn. 29.
633 BGH 1 StR 453/02, Urteil v. 03. 07. 2003, HRRS-Datenbank, Rn. 29.
634 Indes wurde ein Verstoß gegen § 56a Abs. 1 Nr. 3 i. V. m. § 95 Abs. 1 Nr. 8 AMG in Tateinheit mit § 8 Abs. 1 Nr. 2 i. V. m. § 96 Nr. 3 AMG angenommen.
635 Von dem Fall wird berichtet bei *Schludi et al.*, DAZ 2004, Nr. 50, S. 64, wobei das Urteil, auf das Bezug genommen wird, nicht veröffentlicht ist.
636 *Schludi et al.*, DAZ 2004, Nr. 50, S. 64.
637 *Schludi et al.*, DAZ 2004, Nr. 50, S. 64 f.
638 *Schludi et al.*, DAZ 2004, Nr. 50, S. 65.
639 *Schludi et al.*, DAZ 2004, Nr. 50, S. 65.
640 *Schludi et al.*, DAZ 2004, Nr. 50, S. 65.

Brieftauben zugelassen und zur Anwendung bei Tieren, die der Gewinnung von Lebensmitteln dienen, verboten.[641] Zwar ist in diesem Fall ebenfalls unklar, ob Rezepte ausgestellt oder diese möglicherweise gefälscht wurden. Allerdings wird hierdurch eindrücklich vor Augen geführt, dass vor allem im Zuge illegalen Arzneimittelhandels sowohl Humanarzneimittel als auch Tierarzneimittel missbräuchlich bei Tieren, die der Gewinnung von Lebensmitteln dienen, zum Einsatz kommen können.

Interessant sind in diesem Zusammenhang auch Berichte über die Abgabe von verschreibungspflichtigen Tierarzneimitteln über Facebook.[642] Hier werden offensichtlich insbesondere für Pferde Restmengen von verschreibungspflichtigen Arzneimitteln an Pferdehalter entgegen der Verschreibungspflicht entgeltlich abgegeben.[643] Hier ist nicht ausgeschlossen, dass diese Mittel missbräuchlich auch an Pferden Anwendung finden, die laut Equidenpass als Schlachttier deklariert sind.[644]

Die Fälle führen vor Augen, dass sowohl Human- als auch (einfache) Tierarzneimittel missbräuchlich bei Tieren Anwendung finden, die der Gewinnung von Lebensmitteln dienen. Insofern drängt sich bei dem derzeitigen Konzept der Sanktionsnormen die Frage auf, wie sanktionenrechtlich solche Fälle erfasst werden, in denen im Rahmen des Missbrauchs Humanarzneimittel oder (einfache) Tierarzneimittel an Tieren, die der Gewinnung von Lebensmitteln dienen,

---

641 *Schludi et al.*, DAZ 2004, Nr. 50, S. 65.

642 *Hofmann*, „Tierhalter handeln unkontrolliert mit Arzneimittel-Restbeständen" http://www.wir-sind-tierarzt.de/2015/12/facebook-toleriert-amg-verstoesse/ (zuletzt aufgerufen am 30. 01. 2017).

643 *Hofmann*, „Tierhalter handeln unkontrolliert mit Arzneimittel-Restbeständen" http://www.wir-sind-tierarzt.de/2015/12/facebook-toleriert-amg-verstoesse/ (zuletzt aufgerufen am 30. 01. 2017). Der Fall führt vor Augen, dass entgegen dem Wirtschaftlichkeitsgebot häufig zu große Mengen verschreibungspflichtiger Arzneimittel abgegeben werden, die in dieser Menge für den konkreten Fall der Behandlung gar nicht benötigt werden.

644 Es sind andere Fälle bekannt, in denen Humanarzneimittel etwa bei Pferden eingesetzt werden, obwohl es für die entsprechende Indikation bereits ein zugelassenes Tierarzneimittel gibt. Grundsätzlich sind Humanarzneimittel zwar teurer. Es gibt aber spezielle Gruppen, bei denen das Tierarzneimittel teurer ist, so dass der Tierarzt auf das günstigere Humanarzneimittel zurückgreift; vgl. *Hucklenbroich*, Sind Human-Medikamente für Tiere erlaubt? http://blogs.faz.net/planckton/2009/07/23/pferdedoping-sind-human-medikamente-fuer-tiere-erlaubt-136/ (zuletzt aufgerufen am 30. 01. 2017). In diesen Fällen ist jedenfalls nicht ausgeschlossen, dass dies auch entgegen der Verschreibungspflicht geschieht.

wissentlich entgegen der Verschreibungspflicht abgegeben werden. In den genannten Fällen ist gleichermaßen die mittelbare Gefährdung der menschlichen Gesundheit betroffen. Derjenige, der diese Arzneimittel abgibt, würde de lege lata aber über die Sanktionsnorm des § 96 Nr. 13 AMG bestraft werden, weil es ausweislich des Wortlauts lediglich auf die Abgabe von Human- bzw. einfachen Tierarzneimitteln und nicht zweckorientiert auf die Gefährdung der mittelbaren Gesundheit ankommt. Dieses Ergebnis ist deswegen misslich, weil in einem solchen Fall, das gleiche Gefährdungspotential – nämlich die mittelbare Gefährdung der menschlichen Gesundheit – besteht, wie in den Fällen, die über § 95 Abs. 1 Nr. 6 AMG erfasst werden.[645] Dies führt zu dem Ergebnis, dass der Abgebende in diesem Fall nach § 96 Nr. 13 AMG mit einer maximalen Strafandrohung von nur einem Jahr bestraft wird, wohingegen der Abgebende im Fall der Abgabe eines Tierarzneimittels, welches zur Anwendung bei Tieren *bestimmt* ist, die der Gewinnung von Lebensmitteln dienen, nach § 95 Abs. 1 Nr. 6 AMG mit bis zu drei (!) Jahren Freiheitsstrafe, bestraft wird. Zudem bleibt im Fall der Abgabe von Humanarzneimitteln der Versuch straflos, während dieser bei der Abgabe von Tierarzneimitteln, die zur Anwendung bei Tieren bestimmt sind, die der Gewinnung von Lebensmitteln dienen, über § 95 Abs. 2 AMG erfasst wird. Gleiches gilt hinsichtlich der unterschiedlichen Reichweite der Erfassung besonders schwerer Fälle und der Begehungsvariante der Fahrlässigkeit. Folglich ist die derzeitige gesetzliche Konzeption normativ zu undifferenziert, weil sie hinsichtlich der mittelbaren Gesundheitsgefährdung des Menschen nur solche Arzneimittel erfasst, die bei Tieren Anwendung finden, die der Gewinnung von Lebensmitteln dienen. Alle anderen verschreibungspflichtigen Arzneimittel, die ein Missbrauchspotential aufweisen, fallen indes aus dem gesetzlichen Erfassungssystem heraus.

Insofern zeigt sich, dass die Formulierung „zur Anwendung bei Tieren bestimmt sind, die der Gewinnung von Lebensmitteln dienen", die auf die Tierart und die Indikation abzielt, zu eng ist. Die automatische Unterstellung unter die Verschreibungspflicht nach § 48 Abs. 1 Nr. 2 AMG und die hohe Strafandrohung in § 95 Abs. 1 Nr. 6 AMG führen vor Augen, dass diese Arzneimittel zum mittelbaren Schutz der Gesundheit des Menschen nicht beliebig verfügbar sein sollen. Dies bedeutet im Umkehrschluss aber auch, dass die oben aufgezählten Situationen, in denen *andere* Arzneimittel bei Tieren Anwendung finden, die der Gewinnung von Lebensmitteln dienen, ebenfalls vom gesetzlichen Sanktionsnormensystem erfasst werden müssen. Insofern ist es nicht stimmig,

645 MüKo/*Freund*, AMG, § 96 Rn. 20.

auf die Tierart und Indikation abzustellen, da hierdurch eine Schutzlücke entsteht. Vielmehr ist auf die mittelbare Gefährdung der Gesundheit des Menschen abzustellen. Folgerichtig sind hierunter dann aber alle Arzneimittel zu fassen, die dieses Gefährdungspotential bieten.[646]

Vor diesem Hintergrund drängt sich zusätzlich die Frage auf, wie damit umzugehen ist, wenn *nicht der Verschreibungspflicht unterliegende* Humanarzneimittel oder Arzneimittel für eine andere Tierart oder ein anderes als von der Zulassung umfasstes Anwendungsgebiet vom Apotheker abgegeben werden, der genau weiß, dass das Arzneimittel beispielsweise dem Rind verabreicht werden soll.[647] Mangels Verschreibungspflicht ist der Abgebende – soweit das Sanktionsnormensystem richtig überblickt ist[648] – straflos.[649] Zwar besteht in diesen Fällen nicht dasselbe Gefährdungspotential wie bei verschreibungspflichtigen Arzneimitteln. Wenn ein nichtverschreibungspflichtiges Arzneimittel zweckentfremdet und abweichend von der Zulassung bei anderen Tieren eingesetzt wird, ist das Gefährdungspotential aber durchaus vergleichbar. In solchen Fällen gelangen gleichermaßen schädliche Arzneimittelrückstände in Lebensmittel, was es gerade zu verhindern gilt. Ein ernst zu nehmendes Gefährdungspotential mit Blick auf die menschliche Gesundheit ist wohl zu bejahen, da nach der gesetzgeberischen Wertung grundsätzlich alle Arzneimittel, die bei Tieren Anwendung finden, die der Gewinnung von Lebensmitteln dienen, der Verschreibungspflicht unterfallen sollen.[650] Somit lässt sich jedenfalls eine gesetzgeberische Wertung dahin gehend erkennen, dass alle Arzneimittel, die *beim Tier Anwendung finden*

---

646 Wie hiermit konkret de lege ferenda umzugehen ist, vgl. unter G.I. und II.

647 Vorausgesetzt, es handelt sich um apothekenpflichtige Arzneimittel. Bei freiverkäuflichen Arzneimitteln, die beispielsweise über die Drogerie bezogen werden können, findet keinerlei Beratung durch fachlich geschultes Personal statt.

648 § 97 Abs. 2 Nr. 23 i. V. m. § 58 Abs. 1 Satz 2 Nr. 2 AMG, wonach nicht verschreibungspflichtige Arzneimittel nur für die angegebenen Tierarten und die Anwendungsgebiete angewendet werden dürfen, betrifft hingegen nur die Sanktionierung der Person, die das Arzneimittel anwendet und gerade nicht der Person, die das Arzneimittel abgibt.

649 Gemäß § 97 Abs. 2 Nr. 21 i. V. m. § 56a Abs. 1 Satz 1 Nr. 3 AMG kommt allenfalls eine Ordnungswidrigkeit in Betracht, wenn der Tierarzt nicht verschreibungspflichtige Tierarzneimittel an den Tierhalter abgibt, obwohl er weiß, dass diese für eine andere Tierart und ein anderes Anwendungsgebiet angewendet werden. Für alle anderen abgebenden Personen sowie für die Abgabe von Humanarzneimitteln und solchen, die zwar für dasselbe Anwendungsgebiet, aber für eine andere Tierart abgegeben werden, existiert indes keine Sanktionsnorm. Vgl. im Allgemeinen zu § 56a Abs. 1 Satz 1 Nr. 3 AMG Kügel/Müller/Hofmann/*Heßhaus/Laber-Probst*, AMG, § 56a Rn. 8.

650 Vgl. § 48 Abs. 1 Nr. 2 AMG.

können, die der Gewinnung von Lebensmitteln dienen, grundsätzlich nicht frei verfügbar sein sollen. Der Umgang mit diesen Arzneimitteln soll kontrolliert werden. Unerwünschte Substanzen in Lebensmitteln sollen gerade nicht oder nur in einer für die menschliche Gesundheit nicht schädlichen Menge vorkommen. Auch hier zeigt sich wieder, dass die Eingrenzung auf den Indikationsbereich und die Tierart durch die Formulierung „Arzneimittel, die zur Anwendung bei Tieren, die der Gewinnung von Lebensmitteln dienen, *bestimmt sind*" zu eng ist. Denkbar sind beispielsweise Fälle, in denen der Zoohändler ein Mittel gegen Pilzbefall im Aquarium in Kenntnis des Einsatzes in der Forellenzucht abgibt. Der Zoohändler wird de lege lata nicht bestraft und fällt durch das System. Der Mensch, der die Forelle verzehrt, hat aber gleichwohl unerwünschte Arzneimittelrückstände auf seinem Teller. Insofern drängt sich die Frage auf, ob auch hier eine Strafvorschrift zu schaffen ist, die diese Fälle erfasst.[651] Hierbei sind ebenfalls Fälle unterschiedlichen Gefährdungspotentials zu berücksichtigen. So stellt sich beispielsweise der Fall der Abgabe einer als Humanarzneimittel zugelassenen Flasche Hustensaft an den befreundeten Schweinezüchter als weniger gefährlich mit Blick auf die Gefährdung des Menschen dar, als wenn das Mittel säckeweise abgegeben wird.

651 S. hierzu sogleich unten G.II.1.

G Anregungen zur Reform

Zur angemessenen Erfassung kriminellen und ordnungswidrigkeitenrechtlich relevanten Fehlverhaltens bedarf es eines Systems von Sanktionsnormen, das allen Sachverhalten mit der gebotenen Differenzierung gerecht wird. Grundvoraussetzung jeder Sanktionierung ist ein zu begründender Verstoß gegen eine rechtlich legitimierbare Verhaltensnorm. Die angemessene Sanktionierung dieses Verstoßes setzt voraus, dass die Legitimationsgründe der übertretenen Verhaltensnorm nach Art und Gewicht zutreffend bestimmt werden und auch geklärt wird, ob und ggf. in welchem Ausmaß spezifische Folgen des Fehlverhaltens eingetreten sind.[652]

I. Reformbedarf

Die Untersuchung hat gezeigt, dass das de lege lata bestehende System vor allem an der unzureichenden Differenzierung nach Art und Gewicht der Legitimationsgründe relevanter Verhaltensnormen leidet. Demgegenüber bedarf es eines Sanktionsnormensystems, welches dem normativen Gehalt der Verhaltensnormen gerecht wird. Insofern muss sich der spezifische Grund (Rechtsgüterschutz) der Verhaltensmissbilligung in der Sanktionsnorm widerspiegeln. Dies gelingt, indem der materiale Schutzzweck in den Wortlaut der Sanktionsnorm mit aufgenommen wird. Hieran fehlt es derzeit, weil die Sanktionsnormen der §§ 95 Abs. 1 Nr. 6, 96 Nr. 13 AMG diesen Aspekt des Rechtsgüterschutzes nicht erfassen, sondern allein formalistisch am Verhalten der *Abgabe* orientiert sind.

Nachfolgend sollen zunächst zusammenfassend die exemplarisch aufgezeigten Fälle, die einen Reformbedarf vor Augen führen, kurz aufgeführt werden.[653] Zudem wird abstrakt aufgezeigt, wie die gerügten Missstände beseitigt werden können, bevor im Anschluss Vorschläge möglicher Gesetzesformulierungen erfolgen.[654]

652 *Freund*, ZLR 1994, 261, 293.

653 Dass in diesem Rahmen nicht ausnahmslos alle Fälle aufgedeckt werden können, sondern exemplarisch auf das Notwendige begrenzt sind, dürfte auf der Hand liegen.

654 Hierbei wird auf der Basis des bestehenden Systems gearbeitet, wobei Unstimmigkeiten, insbesondere was die Gleichsetzung der Gesundheit von Mensch und Tier anbelangt, aufgezeigt wurden, vgl. dazu oben E.III.4. Insofern wäre insbesondere auf der Ebene der Verhaltensnorm eine entsprechende Anpassung von Nöten.

Fall 1: Festgestellt wurde in Bezug auf die fachfremde Verschreibung (der Tierarzt verschreibt ein Humanarzneimittel), dass der Abgebende ein solches Rezept nicht bedienen darf. Das Verbot der Abgabe eines verschreibungspflichtigen Arzneimittels auf der Grundlage einer fachfremden Verschreibung wurde über eine ratio-orientierte Konkretisierung der Verschreibungspflicht begründet. Auf der Ebene der Sanktionsnorm differenziert der Wortlaut aber nicht zwischen einer Verschreibung nach dem jeweiligen Berufszweig. Eine entsprechende Auslegung über die Grenzen des Wortlauts der Sanktionsnorm hinaus würde eine verbotene Analogie zur Begründung einer Strafbarkeit zu Lasten des Betroffenen bedeuten. Dies ist schon zwingend wegen des nullum crimen-Satzes ausgeschlossen. Nach dem de lege lata bestehenden System fällt der Abgebende somit durch die Maschen der Strafbarkeit, obwohl ein entsprechendes Gefährdungspotential vorliegt. Die bestehende Strafbarkeitslücke ist de lege ferenda durch die Aufnahme der fachspezifischen Verschreibung als Tatbestandsvoraussetzung zu füllen.

Fall 2: Es wurde gezeigt, dass der Schutz des Menschen und der Schutz des Tieres sachwidrig in einer Vorschrift (§ 96 Nr. 13 AMG) erfasst werden, obwohl es sich um grundverschiedene Sachverhalte handelt. Vor dem Hintergrund der Anwendung von Strafe als schärfstem Mittel des Rechtssystems stellt die Gefährdung der Tiergesundheit, jedenfalls was den reinen Tierschutz betrifft, einen wesentlich anderen Unwertgehalt im Vergleich zur Gefährdung der Gesundheit des Menschen dar. Die durchaus wichtigen Belange des Tierschutzes würdigend, ist eine Gleichstellung mit dem Schutz des Menschen aus strafrechtlicher Sicht verfehlt. So ist die Tötung eines Tieres auch nicht gleichermaßen mit Strafe bedroht wie die Tötung eines Menschen.[655] Als angemessene Reaktion auf den begangenen Verhaltensnormverstoß stellt sich demnach im Bereich des Tierschutzes eine Ahndung des Fehlverhaltens als Ordnungswidrigkeit dar.

Fall 3: Festgestellt wurde, dass Fälle denkbar sind, in denen evident kein Gefährdungspotential besteht. So beispielsweise im Switch-Verfahren, währenddessen es zu einem Verbotszeitraum kommen kann, der materiell nicht legitimiert ist. Ebenfalls wurden Fälle genannt, in denen dem Sachverständigenausschuss für Verschreibungspflicht oder dem zuständigen Ministerium Fehler bei der Bewertung der Kriterien in Bezug auf die Gefährlichkeit bzw. Ungefährlichkeit unterlaufen.

---

655 Vgl. auch MüKo/*Freund*, AMG, Vor §§ 95 Rn. 84. Entsprechend sind die tangierten Rechtsgüter von Leib und Leben als Grundrechte verankert, deren Schutz in die originäre Aufgabe des Staates fällt. Demgegenüber ist der Tierschutz in Art. 20a GG als Staatszielbestimmung normiert.

Über eine entsprechende teleologische Reduktion wurde dem Umstand Rechnung getragen, dass die Verbote bei offenkundig nicht bestehendem Gefährdungspotential nicht legitimiert sind. Ein materiell zureichender Verbotsgrund fehlt für eine Bestrafung. Mangels legitimierter Verhaltensnorm kann es keinen Verstoß gegen dieselbe geben, der Grundlage einer Bestrafung sein kann. Eine Strafnorm darf dementsprechend in diesen Fällen nicht zur Anwendung gelangen. Dies gelingt, indem eine relevante Gefährdung von Leib oder Leben des Menschen als Tatbestandsvoraussetzung gefordert wird. Die Fälle würden dann nicht von der Strafvorschrift erfasst werden. Aus Gründen der formellen Kontrolle kann allenfalls an eine Ordnungswidrigkeit gedacht werden.[656]

Fall 4: Es hat sich ergeben, dass Strafe bei Fällen nur geringen Gefährdungspotentials überzogen ist. Eine angemessene Reaktion auf den Verhaltensnormverstoß bei nur herabgesetztem Gefährdungspotential ist mit einer Geldbuße wegen einer Ordnungswidrigkeit möglich. Genannt wurden hier exemplarisch der chronisch kranke Patient, der immer in derselben Apotheke sein verschreibungspflichtiges Arzneimittel bezieht, dieses eine Mal aber kein Anschlussrezept eingeholt hat. Weitere Fälle sind die der Testkäufe durch Apotheker, die – wie von vornherein beabsichtigt – die erlangten Medikamente vernichten. Zu denken ist auch an den Fall, in dem die Entlassung aus der Verschreibungspflicht möglich, aber nicht sicher erscheint. Schließlich wurde der angehende Arzt genannt, der einen Tag vor der Approbation steht. Im Bereich dieser Bagatelldelikte fehlt es jedenfalls an einem für eine Strafe materiell zureichenden Verbotsgrund. In Betracht kommt die Erfassung als Ordnungswidrigkeit.

Fall 5: Aufgezeigt wurde die differenzierte Strafbarkeit bei der Abgabe von Tierarzneimitteln, die zur Anwendung bei Tieren bestimmt sind, die der Gewinnung von Lebensmitteln dienen, im Vergleich zur Abgabe von Humanarzneimitteln bzw. einfachen Tierarzneimitteln. Zwar hat der mittelbare Schutz des Menschen eine starke Legitimation. Jedoch ist das System jedenfalls insofern nicht stimmig, als die Abgabe von Humanarzneimitteln oder (einfachen) Tierarzneimitteln nicht ebenfalls von der strengeren Bestrafung erfasst werden, wenn sie missbräuchlich bei Tieren Anwendung finden, die der Gewinnung von Lebensmitteln dienen. Insofern ist die gesetzliche Begrenzung auf die Indikation und die Tierart zu eng, da die genannten Fälle aus dem gesetzlichen Erfassungssystem herausfallen.

Reformpolitisch sollten diese Fälle einheitlich bei der Abgabe verschreibungspflichtiger Arzneimittel erfasst werden. Soweit im Einzelfall eine mehr oder

656 S. hierzu oben G.II.2 Fn. 579.

weniger starke Legitimation aufweisbar sein sollte, kann dies im Rahmen der Strafzumessung Berücksichtigung finden. Hier muss auch das mitunter unterschiedlich stark gegebene Missbrauchspotential anderer Arzneimittel Berücksichtigung finden. Je nachdem, wie stark die erkennbare Missbrauchsgefahr für den Abgebenden ist, desto schwächer oder strenger hat die Bestrafung auszufallen. Hierbei ist vor allem hinsichtlich der Mengen, die abgegeben werden, zu differenzieren. Gibt der Apotheker nur eine Flasche verschreibungspflichtigen Hustensaft, welcher eigentlich für Menschen zugelassen ist, für die Behandlung eines einzelnen Rindes ab, wird dies anders zu bewerten sein, als wenn mehrere Kilogramm nur für den Menschen zugelassenes Antibiotikum zur Behandlung eines ganzen Rinderbestandes abgegeben werden. Vorausgesetzt jeweils, der Apotheker weiß oder hätte zumindest wissen müssen, dass das Mittel bei Tieren Anwendung findet, die der Gewinnung von Lebensmitteln dienen.[657]

Fall 6: Es kann vorkommen, dass nicht verschreibungspflichtige Arzneimittel (Human- oder Tierarzneimittel) wissentlich zur Verwendung bei Tieren, die der Gewinnung von Lebensmitteln dienen, abgegeben werden. Hier wurde der Fall genannt, in dem der Zoohändler dem Forellenzüchter säckeweise Mittel gegen Pilzbefall bei Aquarienfischen abgibt.[658] Die Abgabe bei Kenntnis des missbräuchlichen Einsatzes entgegen der Indikation ist bei bestehendem ernst zu nehmenden Gefährdungs- und Missbrauchspotential entsprechend zu bestrafen. Denn insofern ist nicht ersichtlich, warum diese Fälle aus dem strafrechtlichen System herausfallen sollten. Vielmehr ist es zum Schutz der menschlichen Gesundheit legitim zu fordern, dass die Abgabe solcher Mittel ebenfalls untersagt ist. Diese Fälle werden derzeit aber nicht erfasst. Sie sind auch nicht über die Verschreibungsverpflichtung zu erfassen, da die Mittel gerade nicht der Verschreibungspflicht unterliegen. Erforderlich ist daher die Schaffung einer Sanktionsnorm, die auf eine entsprechende Verhaltensnorm Bezug nimmt. Allerdings ist darauf zu achten, dass bagatellhafte Verstöße aus dem Anwendungsbereich der Norm herauszufallen haben.

Fall 7: Schließlich wurde festgestellt, dass Fälle existieren, in denen auch die Abgabe solcher Arzneimittel inkriminiert wird, die zur Anwendung bei Tieren bestimmt sind, die der Gewinnung von Lebensmitteln dienen, obwohl gar kein Gefährdungspotential für den Menschen besteht. Genannt wurde hier die Abgabe eines Tierarzneimittels, welches zur Anwendung bei Schweinen

657 Denkbar sind etwa Fälle, in denen der Tierhalter und der Apotheker kollaborieren.
658 Vgl. oben F.III.

bestimmt ist und im konkreten Fall bei einem Minipig Anwendung findet. Minipigs, die wie Haustiere gehalten werden, gelangen nicht in die Lebensmittelkette. Eine Gefährdung der menschlichen Gesundheit besteht somit nicht. De lege ferenda sind diese Fälle aus dem strafrechtlichen Erfassungssystem herauszunehmen. Dies gelingt über die Aufnahme der mehr als nur unerheblichen Gefährdung für Leib oder Leben des Menschen als Tatbestandsvoraussetzung.

II. Vorschläge einer Gesetzesformulierung de lege ferenda

1. Strafbewehrter Schutz der menschlichen Gesundheit bei Abgabe verschreibungspflichtiger Arzneimittel entgegen der Verschreibungspflicht – Schutz der menschlichen Gesundheit bei Abgabe nicht verschreibungspflichtiger Arzneimittel

§ 95 Abs. 1 Nr. 6 AMG sollte in Bezug auf den Schutz der menschlichen Gesundheit und in Bezug auf die Abgabe verschreibungspflichtiger Arzneimittel wie folgt lauten:

Mit Freiheitsstrafe bis zu drei Jahren oder mit Geldstrafe wird bestraft, wer (…)

6. ein verschreibungspflichtiges Arzneimittel entgegen § 48 Abs. 1Satz 1 in Verbindung mit einer Rechtsverordnung nach § 48 Abs. 2Nr. 1, 2 oder Nummer 7 oder entgegen § 48 Absatz 1 Satz 1 Nr. 3, auch in Verbindung mit einer Rechtsverordnung nach § 48 Absatz 2 Satz 1 Nummer 1,[659] oder entgegen einer fachspezifischen Verschreibung abgibt, sofern dadurch mehr als nur unerhebliche Gefahren für Leib oder Leben anderer Menschen zu erwarten sind. Dies gilt auch, wenn der Abgebende weiß oder damit gerechnet hat, dass das Arzneimittel missbräuchlich bei Tieren Anwendung finden soll, die der Gewinnung von Lebensmitteln dienen, sofern dadurch mehr als nur unerhebliche Gefahren für Leib oder Leben anderer Menschen zu erwarten sind.

6a. entgegen § 49 AMG ein nicht verschreibungspflichtiges Arzneimittel abgibt, obwohl er weiß oder damit gerechnet hat, dass das Arzneimittel missbräuchlich bei Tieren Anwendung finden soll, die der Gewinnung von Lebensmitteln dienen, sofern dadurch mehr als nur unerhebliche Gefahren für Leib oder Leben anderer Menschen zu erwarten sind.

Als Korrelat zu § 95 Abs. 1 Nr. 6a AMG könnte in § 49 AMG folgende Verhaltensnorm aufgenommen werden:

Nicht verschreibungspflichtige Arzneimittel dürfen nicht abgegeben werden, wenn diese missbräuchlich bei Tieren Anwendung finden sollen, die der Gewinnung von Lebensmitteln dienen, sofern dadurch mehr als nur unerhebliche Gefahren für Leib oder Leben anderer Menschen zu erwarten sind.

---

659 Die Verweise entstammen der Formulierung de lege lata.

Zu Ziffer 6:

Durch die vorgeschlagene Formulierung „entgegen einer fachspezifischen Verschreibung“ in Ziffer 6 wird Fall 1 erfasst. Der Apotheker, der ein Rezept anweist, welches ein Humanarzneimittel ausweist, aber von einem Tierarzt erstellt wurde, wird hierüber erfasst.

Gleichzeitig sind durch die Begrenzung auf zu erwartende „mehr als nur unerhebliche Gefahren für Leib oder Leben“ Fälle im Bereich von Bagatellen ausgenommen (Fall 4). Ebenfalls werden Fälle fehlenden Gefährdungspotentials ausgeschlossen. Erfasst wird damit Fall 3. Durch die Begrenzung auf zu erwartende Gefahren für Leib oder Leben anderer *Menschen* ist es ausgeschlossen, dass sachwidrig auch die Gesundheit des Tieres auf gleicher Stufe erfasst wird (wie in Fall 2 zusammengefasst).

Durch die fehlende Begrenzung auf Human- bzw. Tierarzneimittel[660], was durch die neutrale Formulierung „Arzneimittel“ deutlich wird und die Tatbestandsvoraussetzung einer zu erwartenden mehr als nur unerheblichen Gefährdung von Leib oder Leben des Menschen kann ebenfalls Fall 7 erfasst werden. Wird also ein verschreibungspflichtiges Tierarzneimittel, welches zur Anwendung bei Tieren bestimmt ist, die der Gewinnung von Lebensmitteln dienen, entgegen der Verschreibungspflicht abgegeben, obwohl eine Gefährdung für die menschliche Gesundheit in concreto ausgeschlossen ist, findet wegen der nicht zu erwartenden Gefährdung von Leib oder Leben anderer Menschen auch keine Bestrafung statt.

Durch die Formulierung „[d]ies gilt auch, wenn der Abgebende weiß oder damit gerechnet hat, dass das Arzneimittel missbräuchlich bei Tieren Anwendung finden soll, die der Gewinnung von Lebensmitteln dienen“, und die Verweisung auf § 48 und die entsprechende Rechtsverordnung werden zusätzlich alle Fälle des Missbrauchs von verschreibungspflichtigen Human- oder Tierarzneimitteln erfasst. Unabhängig davon, um welche Art von Arzneimitteln es sich handelt. Der zu eng geratenen Formulierung „zur Anwendung bei Tieren

660 Die grundsätzliche Differenzierung in Humanarzneimittel, Tierarzneimittel, die zur Anwendung bei Tieren bestimmt sind, die der Gewinnung von Lebensmitteln dienen, und einfache Tierarzneimittel ist nicht nur aus regulatorischen, sondern auch aufgrund unterschiedlicher Wirkmechanismen im menschlichen und tierischen Körper richtig. Für die strafrechtliche Beurteilung der Abgabe von Arzneimitteln entgegen der Verschreibungspflicht ist sie jedoch irrelevant. Hier kommt es nur auf die genannte Dreiteilung des unmittelbaren und mittelbaren Schutzes der menschlichen Gesundheit und des Schutzes der Tiergesundheit an. Die Differenzierung der unmittelbaren und mittelbaren Gefährdung kann bei Bedarf über die Strafzumessung Berücksichtigung finden.

bestimmt sind, die der Gewinnung von Lebensmitteln dienen", ist damit eine klare Absage erteilt. Maßgeblich ist nur, dass durch die Abgabe eines verschreibungspflichtigen Arzneimittels die menschliche Gesundheit gefährdet werden kann. Die Fälle wurden unter Fall 5 angeführt. Hier zeigt sich einmal mehr, dass es hauptsächlich auf die Gefährdung des entsprechenden Rechtsguts ankommt und nicht auf die Art des abgegebenen Arzneimittels.

Durch die Strafvorschrift ist gewährleistet, dass sowohl die unmittelbare Gefährdung als auch die mittelbare Gefährdung der Gesundheit des Menschen erfasst ist. Die im Einzelfall mitunter stärkere oder schwächere Legitimation bei der mittelbaren oder unmittelbaren Gefährdung, kann problemlos bei der Strafzumessung Berücksichtigung finden.

Durch die Erfassung der menschlichen Gefährdung von Leib und Leben in einer Strafvorschrift in Bezug auf die Abgabe verschreibungspflichtiger Arzneimittel ist auch die fahrlässige Begehungsweise in § 95 Abs. 4 AMG und die Versuchsstrafbarkeit in § 95 Abs. 2 AMG einheitlich erfasst. § 96 Nr. 13 AMG müsste dann konsequenterweise gestrichen werden. Durch die vorgeschlagene Strafvorschrift können bereits sechs der sieben aufgedeckten Fälle sachgerecht erfasst werden.

Zu Ziffer 6a:

Für die Erfassung der Strafbarkeit solcher Täter, die *nicht verschreibungspflichtige* Arzneimittel abgeben, obwohl sie wissen oder damit rechnen, dass die Arzneimittel bei Tieren Anwendung finden, die der Gewinnung von Lebensmitteln dienen, obwohl diese nicht dazu bestimmt sind, könnte eine Strafvorschrift wie unter Ziffer 6a dargestellt geschaffen werden. Entsprechend hierzu müsste die Verhaltensnorm – wie zu § 49 vorgeschlagen – eingeführt werden. Betroffen ist Fall 6. Genannt wurde der Fall des Zoohändlers, der den Forellenzüchter mit einem Mittel gegen Pilzbefall bei Aquarienfischen beliefert. Durch das Erfordernis einer zu erwartenden mehr als nur unerheblichen Gefahr für Leib oder Leben des Menschen sind zugleich Fälle im bagatellhaften Bereich ausgenommen – beispielsweise, wenn der Apotheker eine geringfügige Menge Hustensaft an den befreundeten Schweinezüchter abgibt.[661]

661 Die Behandlung von Tieren in der Massentierhaltung mit Antibiotika gegen Husten ist nach wie vor Gang und Gäbe, da die Tiere schneller wachsen; vgl. *Banse*, Ein Cocktail fürs Schwein, Deutschlandradio Kultur http://www.deutschlandradiokultur.de/antibiotika-einsatz-in-der-mast-ein-cocktail-fuers-schwein.976.de.html?dram:article_id=299302 (zuletzt aufgerufen am 12. 12. 2016) sowie *Meyer*, Antibiotikaeinsatz und Resistenzentwicklung in Deutschland, Studie im Auftrag der Bundestagsfraktion Bündnis 90/Die Grünen, S. 16 f. und grundsätzlich zu Antibiotika und ihrem Einsatz als Wachstumsförderer, S. 6.

2. Bußgeldbewehrter Schutz der menschlichen Gesundheit bei Abgabe verschreibungspflichtiger Arzneimittel entgegen der Verschreibungspflicht in formalisierter Form bei nur unerheblichen Gefahren

Bei nur bagatellhaften Verstößen, also solchen unerheblichen Gefährdungspotentials für Menschen, ist wegen des fehlenden Straftatcharakters Strafe unangemessen und nicht zu rechtfertigen. Für diese Fälle könnte eine Ordnungswidrigkeit in § 97 Abs. 2 Nr. 13b AMG in Bezug auf die Abgabe verschreibungspflichtiger Arzneimittel eingefügt werden:

Ordnungswidrig handelt auch, wer vorsätzlich oder fahrlässig (...)

13b. ein verschreibungspflichtiges Arzneimittel entgegen § 48 Abs. 1Satz 1 in Verbindung mit einer Rechtsverordnung nach § 48 Abs. 2 Nr. 1, 2 oder Nummer 7 oder entgegen § 48 Absatz 1 Satz 1 Nr. 3, auch in Verbindung mit einer Rechtsverordnung nach § 48 Absatz 2 Satz 1 Nummer 1, oder entgegen einer fachspezifischen Verschreibung abgibt oder Arzneimittel abgibt, von denen er weiß oder damit rechnet, dass sie missbräuchlich bei Tieren Anwendung finden sollen, die der Gewinnung von Lebensmitteln dienen.

Erfasst werden Fälle mit im Ansatz vorhandenem, aber unerheblichem Gefährdungspotential für Menschen,[662] (wie im Fall 4). Gleiches gilt in Bezug auf bagatellhafte Verstöße bei der Abgabe solcher Arzneimittel, die missbräuchlich bei Tieren Anwendung finden können, die der Gewinnung von Lebensmitteln dienen.

Selbst in Fällen evident fehlenden Gefährdungspotentials, wie beispielsweise in den oben genannten Fällen 3 und 7, ist es sinnvoll, zur formellen Kontrolle eine Regelung im Bereich der Ordnungswidrigkeiten zu schaffen.[663] Zur Sicherstellung des bestehenden Verbots der Abgabe verschreibungspflichtiger Arzneimittel entgegen der Verschreibungspflicht ist eine Sanktion unterhalb der Strafe, nämlich eine Geldbuße, angebracht. Insofern kann auch das Ordnungswidrigkeitenrecht die Geltungskraft der Verhaltensnorm schützen. Das zu beanstandende (Fehl-)Verhalten ist dann der rein formelle Verstoß gegen die

---

662 Die grundsätzlich bestehende strafprozessuale Möglichkeit der Einstellung wegen Geringfügigkeit nach § 153 StPO hat nicht denselben Charakter wie die Einordnung eines Verhaltens als nicht strafwürdiges; vgl. hierzu auch *Georgy*, Die strafrechtliche Verantwortlichkeit von Amtsträgern für Arzneimittelrisiken, S. 218.

663 Oben wurde bereits auf vergleichbare Fälle der formellen Baurechtswidrigkeit hingewiesen; vgl. Fn. 579. Nach § 84 BauO NRW stellt beispielsweise die formelle Illegalität eine Ordnungswidrigkeit dar.

Rechtsordnung, der keine weiteren Folgen für bestimmte Rechtsgüter hat.[664] Auf eine Gefahrschaffung für Leib oder Leben eines anderen Menschen oder eines Tieres kommt es nicht an. Sanktionsgrund ist allein der formelle Verstoß gegen die Verschreibungspflicht.

3. Bußgeldbewehrter Schutz der Tiergesundheit bei Abgabe verschreibungspflichtiger Arzneimittel entgegen der Verschreibungspflicht

Beispiel einer Ordnungswidrigkeit in § 97 Abs. 2 Nr. 13 d AMG in Bezug auf den Tierschutz bei Abgabe verschreibungspflichtiger Arzneimittel:

> *Ordnungswidrig handelt, wer vorsätzlich oder fahrlässig ein verschreibungspflichtiges Arzneimittel entgegen § 48 Abs. 1 Satz 1 Nr. 1 in Verbindung mit einer Rechtsverordnung nach § 48 Abs. 2 Nr. 1, 2 oder Nummer 7 oder entgegen einer fachspezifischen Verschreibung abgibt, sofern dadurch mehr als nur unerhebliche Gefahren für Leib oder Leben eines Tieres zu erwarten sind.*

Durch die Aufnahme des Tierschutzes in einer Ordnungswidrigkeit wird der grundsätzlich vorzunehmenden differenzierten Betrachtung von Mensch- und Tierschutz Rechnung getragen, wie dies in Fall 2 festgestellt wurde. Durch die Formulierung *der zu erwartenden „mehr als nur unerheblichen Gefahren für Leib oder Leben eines Tieres“* ist klargestellt, dass absolute Bagatellen nicht erfasst werden sollen.

III. Zwischenfazit

Das vorgegebene Konzept soll keine starre Einordnung der lediglich exemplarisch aufgezählten Fälle darstellen. Vielmehr soll vor Augen geführt werden, dass je nach normativem Gewicht des Verhaltensnormverstoßes Fälle denkbar sind, in denen Strafe die angemessene Reaktion auf den Verstoß ist. Unterschiedliche normative Gewichtungen können mithilfe der Strafzumessung korrekt erfasst werden. Verstöße im Bereich von Bagatellen sind als Ordnungswidrigkeiten zu erfassen. Das lediglich als erster Vorschlag zu betrachtende System ermöglicht die angemessene Erfassung von (Fehl)-Verhalten, wobei Bedenken gegen eine Überkriminalisierung ausgeräumt wurden. Insofern können bereits mit dem

664 Für den umgekehrten Fall, dass tateinheitlich sowohl die Strafvorschrift (bei bestehendem materiellen Gefährdungspotential) als auch die Ordnungswidrigkeit eingreifen würde, gilt § 21 OWiG.

ersten Vorschlag einer Gesetzesformulierung sieben Fällen erfasst werden, die de lege lata nicht sachgerecht erfasst werden.

Mit Blick auf die angesprochene Problematik des Paternalismus muss eine Bestrafung nach dem de lege ferenda zu schaffenden System dann entfallen, wenn tatsächlich festgestellt werden kann, dass der Betroffene in jeder Hinsicht autonom gehandelt hat und dies für den Abgebenden eindeutig war. Dies folgt aus dem verfassungsrechtlich verankerten Selbstbestimmungsrecht (Art. 2 Abs. 1 GG).[665] Allerdings werden diese Fälle deswegen selten sein, weil es sich regelmäßig um unvernünftige und leichtsinnige Entscheidungen handeln wird, deren Tragweite die Betreffenden Personen gerade nicht uneingeschränkt überblicken. Zum Schutz dieser Personen ist ein strafbewehrtes Verbot durchaus legitim. Handelt es sich demgegenüber tatsächlich um einen in jeder Hinsicht freiverantwortlichen Entschluss, wird hier die Auffassung vertreten, dass in solchen Fällen die Strafnorm über eine verfassungskonforme Auslegung nicht zur Anwendung kommen darf.[666]

665 Vgl. hierzu oben E.IV.5 und D.I.4.b).

666 Zwar bestünde auch die Möglichkeit, dies ebenfalls in einer Norm de lege ferenda zu erfassen. Allerdings erscheint wegen der grundsätzlichen Legitimität der strafbewehrten Verschreibungspflicht bei richtiger Erfassung des Unwertgehalts (vgl. dazu oben E.IV.5.) eine verfassungskonforme Auslegung stimmiger. Sofern man an dem de lege ferenda vorgeschlagenen System festhält, käme gleichwohl eine Ordnungswidrigkeit in Betracht, die bei Verstoß gegen die formale Kontrolle eingreifen würde; vgl. dazu G.II.2.

H Fazit und Ausblick

Ein sachgerechter Umgang mit stark wirkenden verschreibungspflichtigen Arzneimitteln, die bei unsachgemäßer Verwendung ernst zu nehmende Gefahren für Leib oder Leben in sich bergen, ist dringend geboten. Dennoch werden Arzneimittel in zunehmendem Maße missbräuchlich verwendet. Man denke beispielsweise an Substanzen, die heute in der Drogenszene populär sind, vormals aber als Arzneistoff entwickelt wurden, wie die von Bayer entwickelte Substanz Diacetylmorphin oder Diamorphin, besser bekannt als Heroin. Oder man denke an Arzneimittel, die mehr und mehr aufgrund ihrer Wirkung in der Drogenszene an Beliebtheit gewinnen, wie die halluzinogene psychotrope Substanz Ketamin, welche in der Anästhesie und zur Schmerzbehandlung eingesetzt wird.[667] Die schädigende Wirkung auf den Körper, die mit dem unkontrollierten Umgang solcher Stoffe einhergeht, liegt auf der Hand. Umso mehr drängt sich das Bedürfnis nach effektivem Rechtsschutz auf.

Der Schutz der grundrechtlich verbürgten Rechtsgüter fällt in den originären Aufgabenbereich des Staates. Insofern sind Begrenzungen im Hinblick auf die Abgabe von verschreibungspflichtigen Arzneimitteln, deren Einnahme ernsthafte Gefahren für Leib oder Leben nach sich ziehen kann, auch nötig und sinnvoll. Für die richtige Erfassung von Verhaltensunrecht und eine angemessene Bestrafung kommt es aber immer auf das Gefährdungspotential der Handlung mit Blick auf das zu schützende Rechtsgut an. Das derzeitige System wird dem nicht gerecht. Der Gesetzgeber sollte sich dementsprechend bemühen, im Bereich der strafbewehrten Verschreibungspflicht ein stimmiges Konzept zu schaffen, bei dem weder Fälle, die strafwürdig sind, durch das System fallen noch strafunwürdige Fälle unsachgemäß erfasst werden. Nur so ist der effektive Schutz des Bürgers garantiert. Dem kann durch die vorgeschlagenen Gesetzesänderungen nachgekommen werden. Durch die Benennung des jeweils mit der Verschreibungspflicht verfolgten legitimen Zwecks – dem jeweiligen Rechtsgüterschutz – im Wortlaut der Sanktionsnorm, fallen Sachverhalte, in denen keinerlei Gefährdung besteht, aus dem Anwendungsbereich der Strafnorm heraus. Fälle einer nur herabgesetzten Gefährdung werden unterhalb des Bereichs der Strafe angesiedelt und als Ordnungswidrigkeit erfasst. Umgekehrt können Fälle verfolgt werden, die strafwürdig sind, bislang aber aus dem

667 Vgl. hierzu etwa „Partydroge aus dem Pferdestall“, Artikel vom 12. 09. 2005 http://www.spiegel.de/spiegel/print/d-41768232.html (zuletzt aufgerufen am 12. 09. 2016).

System herausfallen.[668] In einem Fall hat der Gesetzgeber jedenfalls das Problem erkannt, dass Fälle fehlender Gefährdung für Leib oder Leben des Menschen aus der sanktionsrechtlichen Erfassung herausfallen müssen, nämlich im Falle der Abgabe verschreibungspflichtiger Arzneimittel an den Arzt für den Eigenbedarf.[669] Dies sollte konsequent weitergedacht werden. Mit dem geschaffenen System und dem Beispiel einer Gesetzesformulierung kann dieser Wertung auch in den übrigen Fällen entsprochen werden. Auch mit der Einführung der automatischen Verschreibungspflicht bei neuen Stoffsubstanzen (§ 48 Abs. 1 Satz 1 Nr. 3 AMG) hat der Gesetzgeber erkannt, dass eine ernst zu nehmende Gesundheitsgefährdung bereits mit dem Zutritt zum Markt besteht und nicht erst, wenn ein Stoff offiziell in der AMVV gelistet ist, sodass eine Strafbarkeit somit bereits in diesem Zwischenzeitraum in Betracht kommt. Mit dieser Situation vergleichbar ist aber die der Entlassung eines Stoffes aus der Verschreibungspflicht bei nicht mehr bestehendem Gefährdungspotential. Da der Sachverständigenausschuss für Verschreibungspflicht nur zweimal im Jahr tagt, kann es zu einem Verbotszeitraum von mehreren Monaten kommen, obwohl das strafbewehrte Verbot in diesem Zeitraum nicht legitimiert ist. Diese und andere aufgezeigte Unstimmigkeiten können nunmehr mit dem vorgeschlagenen Konzept der Gesetzesformulierung bereinigt werden.

Umgekehrt wurde gezeigt, dass ein Verbot der Abgabe entgegen der Verschreibungspflicht in einigen Fällen jedenfalls nicht *straf*bewehrt ist. Möglicherweise wird eine Entwicklung dahin gehend zu verzeichnen sein, dass Regulierungen im Bereich der Verschreibungspflicht entschärft werden.[670] Auch bei Wahrung des staatlichen Schutzauftrags, ist es jedenfalls angemessen, dass hier keine unnötigen Beschränkungen der Freiheit des Bürgers vorgenommen werden.

---

668 Dass vereinzelt Schutzlücken verbleiben, ist nicht auszuschließen. Das aufgezeigte System folgt aber einem stimmigen Konzept, indem gleiche Fälle auch gleich behandelt werden.

669 Vgl. § 4 Abs. 2 AMVV. Mangels bestehenden Gefährdungspotentials würde ein Verbot der Abgabe entgegen der Verschreibungspflicht nicht nur eine blanke Formalie darstellen, sondern könnte auch vor verfassungsrechtlichem Hintergrund nicht legitimiert werden.

670 Hier sei auch nochmals die nötige Reform im Bereich des § 48 AMG angesprochen, insbesondere in Bezug auf die fehlerhafte Gleichschaltung des Schutzes der Gesundheit von Tier und Mensch.

Literaturverzeichnis

Appel, Ivo: Verfassung und Strafe, Zu den verfassungsrechtlichen Grenzen staatlichen Strafens, Berlin 1998.

Baumann, Jürgen/Weber, Ulrich/Mitsch, Wolfgang/Eisele, Jörg: Strafrecht – Allgemeiner Teil, Lehrbuch, 12. Auflage, Bielefeld 2016, zit.: Baumann/Weber/Mitsch/Eisele/Bearbeiter.

Binding, Karl: Die Normen und ihre Übertretung – Eine Untersuchung über die rechtmäßige Handlung und die Arten des Delikts, Band 4, Die Fahrlässigkeit, Hamburg 1919.

Brehm, Wolfgang: Zur Dogmatik des abstrakten Gefährdungsdelikts, Tübingen 1973.

Canaris, Klaus-Wilhelm: Grundrechte und Privatrecht: eine Zwischenbilanz, Berlin u. a. 1999.

Cyran, Walter/Rotta, Christian: Apothekenbetriebsordnung Kommentar, 1. Aktualisierungslieferung zur 5. Auflage, Stuttgart Januar 2017.

Czettritz, Peter von/Wartensleben, Herbert/Ehlers, Alexander P. F./Dierks, Christian: Interviews: Rechtliche Aspekte zur Rücknahme von Lipobay, PharmR 2001, 268 ff.

Clinard, Marshall B./Yeager, Peter C.: Corporate Crime, New York usw. 1980.

Cramer, Peter: Der Vollrauschtatbestand als abstraktes Gefährdungsdelikt, Tübingen 1962.

Degenhart, Christoph: Staatsrecht I Staatsorganisationsrecht (mit Bezügen zum Europarecht), 32. Auflage, Heidelberg 2016.

Detterbeck, Steffen: Öffentliches Recht – Ein Basislehrbuch zum Staatsrecht, Verwaltungsrecht und Europarecht mit Übungsfällen, 9. Auflage, München 2013.

Deutsch, Erwin/Lippert, Hans-Dieter: Kommentar zum Arzneimittelgesetz (AMG), 3. Auflage, Heidelberg usw. 2010, zit.: Deutsch/Lippert/*Bearbeiter*.

Dieners, Peter/Reese, Ulrich: Handbuch des Pharmarechts – Grundlagen und Praxis, 1. Auflage München 2010, zit.: Dieners/Reese/*Bearbeiter*.

Domeier, Danja, Gesundheitsschutz und Lebensmittelstrafrecht – Zur Konkretisierung der Verkehrspflichten und ihrer Strafbewehrung, insbesondere mit Blick auf §§ 8 ff. LMBG, Frankfurt am Main usw. 1999.

Erbs, Georg/Kohlhaas, Max: Strafrechtliche Nebengesetze 211. Ergänzungslieferung, München 2016, zit.: Erbs/Kohlhaas/*Bearbeiter*.

Feinberg, Joel: The Moral Limits of the Criminal Law Volume 3: Harm to Self, New York 1986.

Fischer, Dagmar/Breitenbach, Jörg: Die Pharmaindustrie – Einblick – Durchblick – Perspektiven, 3. Auflage, Heidelberg 2010.

Freund, Georg: Richtiges Entscheiden – am Beispiel der Verhaltensbewertung aus der Perspektive des Betroffenen, insbesondere im Strafrecht, Zugleich ein Beitrag zur Relativität objektiver Daten, GA 1991, 387 ff.

Freund, Georg: Erfolgsdelikt und Unterlassen – Zu den Legitimationsbedingungen von Schuldspruch und Strafe, Köln usw. 1992.

Freund, Georg: Über die Bedeutung der „Rechts"-Folgenlegitimation für eine allgemeine Theorie juristischer Argumentation, JZ 1992, 993 ff.

Freund, Georg: Täuschungsschutz und Lebensmittelstrafrecht – Grundlagen und Perspektiven, ZLR 1994, 261 ff.

Freund, Georg: Der Zweckgedanke im Strafrecht, GA 1995, 4 ff.

Freund, Georg: Straftatbestand und Rechtsfolgenbestimmung – Zur Bedeutung der gesetzlichen Regelungstechnik und der »harmonisierten« Strafrahmen für die Strafzumessung, GA 1999, 509 ff.

Freund, Georg: Zur strafrechtlichen Verantwortlichkeit in Unternehmen, in: Marburger Gespräche zum Pharmarecht – Die Haftung der Unternehmensleitung – Risiken und ihre Vermeidung, 1. Symposion von Wissenschaft und Praxis, hrsg. v. *Dieter Meurer*, Frankfurt am Main 1999, zit.: *Freund*, in: Marburger Gespräche, 1. Symposion, S. 67 ff.

Freund, Georg: Strafrecht, Allgemeiner Teil, 2. Auflage, Berlin usw. 2009, zit.: AT.

Freund, Georg: Gefahren und Gefährlichkeit im Straf- und Maßregelrecht – Wider die Einspurigkeit im Denken und Handeln, GA 2010, 193 ff.

Freund, Georg/Klapp, Sarah: Anmerkung zum Beschluss des Bayerischen Oberlandesgerichts vom 28. 08. 2002 – 5 St RR 179/2002, JR 2003, 431 ff.

Freund, Georg/Rostalski, Frauke: Schlusswort, Zum Streit um die gesetzesalternative (sogenannte „echte") Wahlfeststellung, JZ 2015, 716 ff.

Freund, Georg/Rostalski, Frauke: Verfassungswidrigkeit des wahldeutigen Schuldspruchs – Zum eindeutigen Schuldspruch als dem zentralen Element der Bestrafung, JZ 2015, 4 ff.

Freund, Georg/Rostalski, Frauke: Gesetzlich bestimmte Strafbarkeit durch Verordnungsrecht? Rückverweisungsklauseln als Verstoß gegen das Delegationsverbot aus Art. 103 II, Art. 104 I 1 GG, GA 2016, 443 ff.

Frisch, Wolfgang: Vorsatz und Risiko, Köln usw. 1983.

Fuhrmann, Stefan/Klein, Bodo/Fleischfresser, Andreas: Arzneimittelrecht – Handbuch für die pharmazeutische Rechtspraxis, 2. Auflage, Baden-Baden 2014.

Georgy, Philipp: Die strafrechtliche Verantwortlichkeit von Amtsträgern für Arzneimittelrisiken – Am Beispiel öffentlich-rechtlicher Ethik-Kommissionen und des Bundesinstituts für Arzneimittel und Medizinprodukte, Berlin 2010.

Graul, Eva: Abstrakte Gefährdungsdelikte und Präsumtion im Strafrecht, Berlin 1991.

Greco, Luís: Zur Strafwürdigkeit des Selbstdopings im Leistungssport, GA 2010, 622 ff.

Gropp, Walter: Strafrecht Allgemeiner Teil, 3. Auflage, Berlin usw. 2005.

Gkountis, Ioannis: Autonomie und strafrechtlicher Paternalismus, Berlin 2011.

Heghmanns, Michael: Grundzüge einer Dogmatik der Straftatbestände zum Schutz von Verwaltungsrecht oder Verwaltungshandeln, Berlin 2000.

Hillgruber, Christian: Der Schutz des Menschen vor sich selbst, München 1992.

Hirsch, Andreas von: Direkter Paternalismus im Strafrecht: Sollte selbstschädigendes Verhalten kriminalisiert werden? In: Paternalismus im Strafrecht – Die Kriminalisierung von selbstschädigendem Verhalten, hrsg. *Hirsch, Andreas von u. a.*, Baden-Baden 2010, S. 57 ff.

Hirsch, Andreas von/Neumann, Ulfrid: „Indirekter Paternalismus“ im Strafrecht – am Beispiel der Tötung auf Verlangen (§ 216 StGB) In: Paternalismus im Strafrecht – Die Kriminalisierung von selbstschädigendem Verhalten, hrsg. *Hirsch, Andreas von u. a.*, Baden-Baden 2010, S. 71 ff.

Hirsch, Andrew von: Direkter Paternalismus: Sollten Selbstschädigungen bestraft werden? In: Paternalismus und Recht, hrsg. *Anderheiden, Michael u. a.*, Tübingen 2006, S. 235 ff.

Hirsch, Hans Joachim: Gefahr und Gefährlichkeit in: Festschrift für Arthur Kaufmann zum 70. Geburtstag, Heidelberg 1993, zit.: FS Kaufmann, S. 545 ff.

Hoerster, Norbert: Rechtsethische Überlegungen zur Freigabe der Sterbehilfe, NJW 1986, 1786 ff.

Horn, Eckhard: Konkrete Gefährdungsdelikte, Köln 1973.

Hufen, Friedhelm: Staatsrecht II – Grundrechte, 5. Auflage, München 2016.

Ipsen, Jörn: Staatsrecht II – Grundrechte, 19. Auflage, München 2016.

Jakobs, Günther: Strafrecht Allgemeiner Teil – Die Grundlagen und die Zurechnungslehre, 2. Auflage, Berlin usw. 1991.

Jarass, Hans/Pieroth, Bodo: Kommentar Grundgesetz für die Bundesrepublik Deutschland, 14. Auflage, München 2016, zit.: Jarass/Pieroth/*Bearbeiter*.

Jescheck, Hans-Heinrich/Weigend, Thomas: Lehrbuch des Strafrechts – Allgemeiner Teil, 5. Auflage, Berlin 1996.

Kaufmann, Arthur: Unrecht und Schuld beim Delikt der Volltrunkenheit, JZ 1963, 431 ff.

Kaiser, Gerd: Die Beschwer als Voraussetzung strafprozessualer Rechtsmittel: Zuständigkeiten zur Realisierung des objektiven Rechts im Strafverfahren, Heidelberg 1993.

Kindhäuser, Urs: Gefährdung als Straftat, Frankfurt am Main 1989.

Kindhäuser, Urs/Neumann, Ulfrid/Paeffgen, Hans-Ullrich: Strafgesetzbuch, 4. Auflage, Baden-Baden 2013.

Kingreen, Thorsten/Poscher, Ralf: Grundrechte Staatsrecht II, 32. Auflage, Heidelberg u. a. 2016.

Kirk, Beate: Der Contergan-Fall: eine unvermeidbare Arzneimittelkatastrophe? Zur Geschichte des Arzneistoffs Thalidomid, Stuttgart, 1999.

Kloesel, Arno/Cyran, Hermann (Hrsg.): Arzneimittelrecht – Kommentar mit amtlichen Begründungen, weiteren Materialien und einschlägigen Rechtsvorschriften sowie höchstrichterlichen Entscheidungen, Loseblattsammlung, 3. Auflage, Stuttgart 2004, Stand: 132. Ergänzungslieferung, 2017.

Koriath, Heinz: Zum Streit um die Gefährdungsdelikte, GA 2001, 51 ff.

Körner, Harald Hans/Patzak, Jörn/Volkmer, Mathias: Betäubungsmittelgesetz, Arzneimittelgesetz, Grundstoffüberwachungsgesetz, 8. Auflage, München 2016, zit.: Körner/*Bearbeiter*.

Kraemer, Alexandra: Tierschutz und Strafrecht – Luxus oder Notwendigkeit? Berlin 2011.

Kratzsch, Dietrich: Verhaltenssteuerung und Organisation im Strafrecht – Ansätze zur Reform des strafrechtlichen Unrechtsbegriffs und der Regeln der Gesetzesanwendung, Berlin 1985.

Kratzsch, Dietrich: Prävention und Unrecht – eine Replik, GA 1989, 49 ff.

Kuhlen, Lothar: Zur Problematik der nachträglichen ex ante-Beurteilung im Strafrecht und in der Moral, in: Recht und Moral, Beiträge zu einer Standortbestimmung, hrsg. *Jung, Heike u. a.*, Baden-Baden 1991, zit.: Jung/Müller-Dietz/Neumann/*Bearbeiter*, S. 341 *ff*.

Kügel, Wilfried/Müller, Rolf-Georg/Hofmann, Hans-Peter: Arzneimittelgesetz, 2. Auflage, München 2016, zit.: Kügel/Müller/Hofmann/*Bearbeiter*.

Lackner, Karl/Kühl, Kristian: Strafgesetzbuch Kommentar, 28. Auflage, München 2014, zit.: Lackner/Kühl/*Bearbeiter*.

Lagodny, Otto: Strafrecht vor den Schranken der Grundrechte – Die Ermächtigung zum strafrechtlichen Vorwurf im Lichte der Grundrechtsdogmatik dargestellt am Beispiel der Vorfeldkriminalisierung, Tübingen 1996.

Laufs, Adolf/Katzenmeier, Christian/Lipp, Volker: Arztrecht, 7. Auflage München 2015.

Maatsch, Asmus: Selbstverfügung als intrapersonaler Rechtspflichtverstoß. Zum Strafunrecht einverständlicher Sterbehilfe, Berlin 2001.

Mangoldt, Hermann von/Klein, Friedrich/Starck, Christian: Kommentar zum Grundgesetz, Band 1, 6. Auflage, München 2010.

Maunz, Theodor/Dürig, Günter: Grundgesetz Kommentar, 78. EL., München 2016, zit.: Maunz/Dürig/*Bearbeiter*.

Maurer, Hartmut, Staatsrecht I – Grundlagen, Verfassungsorgane, Staatsfunktionen, 6. Auflage, München 2010.

Meyer, Andreas Hagen: Die Gefährlichkeitsdelikte – Ein Beitrag zur Dogmatik der „abstrakten Gefährdungsdelikte" unter besonderer Berücksichtigung des Verfassungsrechts, Münster usw. 1992.

Möller, Kai: Paternalismus und Persönlichkeitsrecht, Berlin 2004.

Mosbacher, Andreas: Strafrecht und Selbstschädigung – Die Strafbarkeit „opferloser" Delikte im Lichte der Rechtsphilosophie Kants, Berlin usw. 2001.

Münchener Kommentar zum Strafgesetzbuch, hrsg. v. *Joecks, Wolfgang u. a.*, mehrere Bände, 2. Auflage, München 2013 und 3. Auflage, München 2017, zit.: MüKo/*Bearbeiter*.

Otto, Harro: Eigenverantwortliche Selbstschädigung und -gefährdung sowie einverständliche Fremdschädigung und -gefährdung in: Festschrift für Herbert Tröndle zum 70. Geburtstag am 24. August 1989, Berlin usw. 1989, zit.: FS Tröndle, S. 157 ff.

Pabel, Hermann-Josef: Sind Verkehrsverbote nach dem Arzneimittelgesetz auch Anwendungsverbote für den behandelnden Arzt? NJW 1989, 759 ff.

Papageorgiou, Konstantinos A.: Schaden und Strafe – Auf dem Weg zu einer Theorie der strafrechtlichen Moralität, Baden-Baden 1994.

Pfeil, Dieter/Pieck, Johannes/Blume, Henning: Apothekenbetriebsordnung – Kommentar mit Textsammlung, Stuttgart 12. Ergänzungslieferung 2015.

Podszun, Rupprecht: Schadensersatzpflicht bei Abgabe von Rx-Arzneien ohne Rezept, GRUR-Prax 2015, 346.

Prittwitz, Cornelius: Strafrecht und Risiko – Untersuchungen zur Krise von Strafrecht und Kriminalpolitik in der Risikogesellschaft, Frankfurt am Main, 1993.

Putz, Sarah Antonia: Strafrechtliche Produktverantwortlichkeit, insbesondere bei Arzneimitteln: zugleich eine Diskussion um den Modellcharakter des § 5 AMG, Frankfurt am Main 2004.

Räpple, Thilo: Das Verbot bedenklicher Arzneimittel – Eine Kommentierung zu § 5 AMG, Baden-Baden 1991.

Rehmann, Wolfgang A.: Arzneimittelgesetz – Kommentar mit Erläuterungen, 4. Auflage, München 2014.

Reus, Katharina: Das Recht in der Risikogesellschaft – Der Beitrag des Strafrechts zum Schutz vor modernen Produktgefahren, Berlin 2009.

Rigopoulou, Maria: Grenzen des Paternalismus im Strafrecht, Berlin 2013.

Rixen, Stephan/Krämer, Clemens: Apothekengesetz mit Apothekenbetriebsordnung (ApBetrO) Kommentar, München 2014, zit.: Rixen/Krämer/*Bearbeiter*.

Roxin, Claus: Strafrecht Allgemeiner Teil – Band I: Grundlagen. Der Aufbau der Verbrechenslehre, 4. Auflage, München 2006.

Rudolphi, Hans-Joachim: Inhalt und Funktion des Handlungsunwertes im Rahmen der personalen Unrechtslehre in: Festschrift für Reinhart Maurach zum 70. Geburtstag, Karlsruhe 1972, zit.: FS Maurach, S. 51 ff.

Sachs, Michael: Grundgesetz Kommentar, 7. Auflage, München 2014, zit.: Sachs/*Bearbeiter*.

Sieber, Ulrich: Lebensmittelstrafrecht in der Bundesrepublik Deutschland – Bedeutung, Charakteristika und Perspektiven – ZLR 1991, 451 ff.

Sitzmann, Valentin: Zur Strafbarkeit sado-masochistischer Körperverletzungen, GA 1991, 71 ff.

Sodan, Helge: Grundgesetz Beck´scher Kompakt-Kommentar, 3. Auflage, München 2015.

Spickhoff, Andreas: Medizinrecht, 2. Auflage, München 2014, zit.: Spickhoff/*Bearbeiter*.

Stratenwerth, Günter/Kuhlen, Lothar: Strafrecht Allgemeiner Teil I – Die Straftat, 6. Auflage, Köln usw. 2011.

Schludi, Haribert/Ruhland, Bernhard: Illegaler Arzneistoffhandel, DAZ 2004, Nr. 50, S. 64 ff.

Schmidhäuser, Eberhard: Selbstmord und Beteiligung am Selbstmord in strafrechtlicher Sicht, in: Festschrift für Hans Welzel zum 70. Geburtstag am 25. März 1974, Berlin usw. 1974, zit.: FS Welzel, S. 801 ff.

Schmitz, Stefan: Gefahrenabwehrrecht und psychisch Kranke – Zur Rechtmäßigkeit gefahrenabwehrrechtlicher Maßnahmen gegenüber psychisch Kranken unter besonderer Berücksichtigung des Schutzes vor selbstgefährdenden Handlungen, Baden-Baden 2006.

Schröder, Horst: Die Gefährdungsdelikte im Strafrecht, ZStW 81, 7 ff.

Schulte, Stefanie: Die Rechtsgüter des strafbewehrten Organhandelsverbotes – Zum Spannungsfeld von Selbstbestimmungsrecht und staatlichem Paternalismus, Frankfurt am Main u. a. 2009.

Schönke, Adolf/Schröder, Horst: Strafgesetzbuch Kommentar, 29. Auflage, München 2014, zit.: Schönke/Schröder/*Bearbeiter.*

Schünemann, Bernd: Moderne Tendenzen in der Dogmatik der Fahrlässigkeits- und Gefährdungsdelikte, JA 1975, 787 ff.

Schünemann, Bernd: Die Kritik am strafrechtlichen Paternalismus – Eine Sisyphus-Arbeit? In: Paternalismus im Strafrecht, Die Kriminalisierung von selbstschädigendem Verhalten, hrsg. *Hirsch, Andreas von u. a.*, Baden-Baden 2010, S. 221 ff.

VanDeVeer, Donald: Paternalistic Intervention – The Moral Bounds on Benevolence, Princeton 1986.

Vogel, Joachim: Verbraucherschutz durch strafrechtliche Produkthaftung – Kriminologische und funktionale Aspekte – GA 1990, 241 ff.

Volz, Manfred: Unrecht und Schuld abstrakter Gefährdungsdelikte, Göttingen 1968.

Wadl, M./Heckenbach K./Noll I./Ziesing, S./Pfister, W./Beer, J./Schubert, S./Eckmanns, T.: Increasing Occurrence of Multidrug-Resistance in Acinetobacter baumanii Isolates From Four German University Hospitals, 2002–2006, Infection 2010; 38: 47–51.

Weber, Klaus: Betäubungsmittelgesetz, Arzneimittelgesetz, 4. Auflage, München 2013.

Weigend, Thomas: Über die Begründung der Straflosigkeit bei Einwilligung des Betroffenen, ZStW 98 (1986), 44 ff.

Wemhöner, Gabriele/Frehse, Michael: Haftungsrechtliche Aspekte bei der ärztlichen Arzneimittelverordnung und Arzneimittelanwendung, PharmR 2004, 432 ff.

Wessels, Johannes/Beulke, Werner/Satzger, Helmut: Strafrecht Allgemeiner Teil – Die Straftat und ihr Aufbau, 45. Auflage, Heidelberg usw. 2015.

Wigge, Peter: Arzneimittelverordnung durch Arzt oder Apotheker – Rechtsfragen der Aut-idem-Regelung, PharmR 2002, 2 ff.

Wolter, Jürgen: Objektive und personale Zurechnung von Verhalten – Gefahr und Verletzung in einem funktionalen Straftatsystem, Berlin 1981.

Zieschang, Frank: Die Gefährdungsdelikte, Berlin 1998.

www.ingramcontent.com/pod-product-compliance
Ingram Content Group UK Ltd.
Pitfield, Milton Keynes, MK11 3LW, UK
UKHW021904290926
8980IPUK00015B/1054

9 783631 749449